无障碍读经典

庄子

樊伟峻 译注

長春出版社
全国百佳图书出版单位

图书在版编目（CIP）数据

庄子 / 樊伟峻译注. —长春：长春出版社，2016.1

（无障碍读经典）

ISBN 978—7—5445—4225—8

Ⅰ. ①庄… Ⅱ. ①樊… Ⅲ. ①道家 ②《庄子》—译文 ③《庄子》—注释 Ⅳ. ①B223.5

中国版本图书馆 CIP 数据核字（2015）第 279446 号

庄　子

责任编辑：杜　菲

封面设计：楠竹文化

出版发行：長春出版社　　总编室电话：0431—88563443

地　　址：吉林省长春市建设街 1377 号　　发行部电话：0431—88561180

邮　　编：130061

网　　址：www. cccbs. net

制　　版：吉林省久慧文化有限公司

印　　刷：涿州市京南印刷厂

经　　销：新华书店

开　　本：880 毫米×1230 毫米　1/32

字　　数：270 千字

印　　张：10. 25

版　　次：2016 年 1 月第 1 版

印　　次：2016 年 1 月第 1 次印刷

定　　价：25. 00 元

前　言

郭沫若先生说，先秦诸子中，以思想家而兼文学家的只有庄子一人（《庄子与鲁迅》）。所以谈庄子，一定要先知其人其思想，再溯源穷流，才能知晓其书。庄子以高蹈风尘的人格魅力及其作品恢宏奇崛的艺术价值历来备受推崇。

一、庄子其人与思想

对于庄子其人，史料记载甚少，仅有《史记·老庄申韩列传》的零星记述和《庄子》一书透露的信息。据记载，庄子名周，战国中期宋国蒙人，是著名的哲学家、文学家，道家学派的代表人物。他所生活的时代，周王朝已经名存实亡，礼崩乐坏，诸侯间相互攻伐，彼此崇尚武力，一般的士大夫则热衷追逐名利，而庄子鄙薄功名利禄，仅短暂地做过蒙地漆园吏这样的小官。楚威王礼聘他担任宰相，他不愿意供君主驱使，宁可学乌龟在污水中打滚，做一个无所羁绊的隐士。

庄子在世时其影响很小，他的学说在两汉时期因儒学正炽而无人问津。至魏晋时，庄子开始进入注疏家的视野，成为文人墨客追慕的对象和谈玄论道者热衷的话题人物。这一时期，庄子的学说以一种社会思潮的方式为时代所接受，“庄学”也成为显学。魏晋时期道教借鉴了道家的思想，庄子也逐渐被道教神化，特别是唐宋时期庄子声誉日隆，如唐玄宗封庄子为“南华真人”，他所著的《庄子》也被下诏称作《南华真经》。

庄子的思想，秉承老子而又有所发展，有所变异。庄子主张“天人合一”，认为天地与我并存世间，万物与我融为一体，提倡作为个体的人要顺应自然；强调“清静无为”，认为灵巧的人多劳累而有智慧的人多忧虑，得道之人无所追求，主张人类应该抛弃才智。庄子哲学思想中，也有朴素的辩证法成分，认为事物的彼方是由对立的此方而产生，事物的此方也依赖彼方而存在。当然，庄子的辩证法思想有时又不免陷入相对主义，这是他思想的缺陷。在庄子的思想中，最令后代士人追慕的是他的遗世绝俗的独立人格，特别是神游于现实世界之外，自由自在、无所作为的逍遥境界（“彷徨乎尘垢之外，逍遥乎无为之业”）。这种崇奉精神世界的自由逍遥，被众多研究者多斥为消极避世。实际上，老庄提倡的“独善其身”正与儒家高扬的“兼济天下”相辅相成，成为后代士大夫互补的人格修养路径，“身在江湖”而“心存魏阙”，也成为历代知识分子的常规心态。可以说，庄子的思想于无声无息中影响着整个中华民族的文化传承。

二、庄子其书及其特色

《庄子》一书以其特立独行的哲学思想及浓郁的浪漫主义文风影响着后代文学艺术的发展。书中所反映的哲学思想崇尚人与自然的和谐相处，提倡清正旷达，追求真实无瑕的道德境界，是对儒家舍生取义、敬业奉献的有益补充。

《庄子》一书，最早著录于《汉书·艺文志》，共有五十二篇。今传本源于晋代郭象的注本，只有三十三篇，分内篇七、外篇十五、杂篇十一。经学者考证，内篇为庄子自著，外篇有庄子自著的，也有后学所作，而杂篇有庄子学派的作品，也掺入了后人的伪作。

在先秦诸子散文中《庄子》的文学成就被公认最高，鲁迅先生就认为“晚周诸子之作，莫能先也”（《汉文学史纲要》）。《庄子》的文学性表现在大量运用隽永谐趣的寓言、充满丰富的想象、奇特的构思等方面，这些特点世间多有论述，笔者兹不赘述。

笔者想推许的是下面的两点。庄子实在称得上是一位文学天才，他将枯燥的哲学世界诗意化，“南华的文辞是千真万确的文学，人人都承认。可是《庄子》的文学价值还不只是在文辞上。实在连他的哲学不像寻常那一种矜严的、峻刻的、料峭的一味皱眉头、绞脑子的东西；他的思想本身便是一首绝妙的诗。”（闻一多《庄子》）初读《庄子》的人，常会觉得其文辞枝蔓芜杂，读完不时会有不知所云的感觉；细细品读，才能发现他隐于文字后面的真意。读《庄子》正是要按照他所提倡的“得意忘言”之法，方能真正进入作者所构筑的文学世界。《庄子》散文表面上看似很散乱，几个故事之间仿佛没有什么联系，倘若不明了贯注其中的是庄子深邃的思想和独特的逻辑思维，难以一下子读懂。这一点，正与现代散文所讲究的“形散而神不散”所契合。

庄子其人最真，其文流露出来的也是一种真性情，不矫饰，不做作。庄子在《田子方》篇中，借田子方称赞东郭顺子之口，道出了为人如何做到真诚，那是内心与自然真实契合，随顺外物而保持心性纯真，心境清虚宁静而能包容万物。如果人与事不合于道，他便端正自己，使自我悔悟而改正过失。在同篇中他又举了孙叔敖为人真诚的例子，孙叔敖担任楚国令尹三上三下，仍就怡然自得，这在于他认为官职俸禄的得失非其所有，失去了也无须忧愁。借用闻一多先生的一句话评价庄子，那就是“他那婴儿哭着要捉月亮似的天真，那神秘的惆怅，圣睿的憧憬，无边无际的企慕，无崖际的艳羡，便使他成为最真实的诗人”。明白了这一点，也就不难理解明末学者金圣叹将《庄子》与《离骚》《史记》等列为天下六大才子书的原委了，因为它们同是至情之文。

本书是以中华书局版郭庆藩《庄子解释》为底本，又参考了陈鼓应《庄子今注今译》、陆永品《庄子选择》、曹础基《庄子浅注》等诸多注本，在此谨表谢忱。为了使读者能无障碍地阅读此书，编撰者将原文中生僻的字、词进行随文注释，个别难以理解的句子、典故及其他相关知识则以“阅读指导”的形式列于相应的段落之后，原文与译文以左右对应的形式进行排版，最大程度上保证阅读的连续性和方便性，实现无障碍快乐阅读。

目录

内　篇

外　篇

杂　篇

内篇

逍遥游

题解

《逍遥游》是《庄子》的首篇，“逍遥”是悠然自得、自由自在的意思；“游”是指遨游于天地自然。《逍遥游》是一篇庄子与惠施辩论的文章。文章主要表现作者对人生哲学的理解及以自由自在作为理想的思想境界。作者以鲲鹏展翅九万里开篇，再辅以小雀相衬，又触及动植物、社会人生以及宋荣子、列子之流，从许多不能“逍遥”的事例归纳得出：要想真正成为一个“游无穷者”，就必须做到“无己”“无功”“无名”，即摆脱对各种外物的依赖和束缚，在精神上使自我回归于大道，做到忘掉自己、忘掉一切，超脱于现实，超越于我与人、我与物的各种限制，实现精神世界的绝对自由。这是庄子人生哲学的最高境界。

《逍遥游》是《庄子》的代表性篇目之一，文章想象奇特，构思新颖别致，行文一泻千里，跌宕起伏，运用生动的比喻和奇异的寓言进行说理，充满了浪漫主义色彩，形成了独特的风格。

原文

【一段】

北冥（北海。冥，míng，通“溟”，浩瀚无边）有鱼，其名为鲲

译文

北海有一条鱼，它的名字叫鲲。

(kūn,大鱼名)。鲲之大,不知其几千里也。化而为鸟,其名为鹏。鹏之背,不知其几千里也;怒(同"努",奋力,指鼓动翅膀)而飞,其翼若垂(通"陲",边)天之云。是鸟也,海运(海风刮起)则将徙(xǐ,迁往)于南冥。南冥者,天池(天然形成的池)也。

鲲的体积巨大,不知道有几千里长。鲲变化成鸟,名字又叫鹏。鹏的脊背广阔,不知道有几千里宽;鹏奋翅起飞,它的双翅好像挂在天边的云。这只鸟,当海风刮起时,就乘风迁往南海。南海,是天然形成的大池。

【二段】

《齐谐》(书名,出于齐国)者,志怪(即记录怪异。志,记,记载)者也。《谐》之言曰:"鹏之徙于南冥也,水击(击打,指拍水)三千里,抟(tuán,环绕)扶摇(指旋风)而上者九万里,去(指飞去南海)以六月息(气息,谓风)者也。"野马(游气浮动于天地之间,如野马奔驰)也,尘埃也,生物(空中活动之物)之以息相吹也。天之苍苍,其正色邪(yé,语气词,表示疑问或反语)?其(抑或,还是)远而无所至极(看不到尽头)邪?其视下也,亦若是(此,这样)则已(即"而已")矣。

《齐谐》这本书,是记录怪异事情的书。这本书上记载说:"当大鹏迁往南海时,翅膀拍打水面而起,激起三千里波涛,乘着旋风而直上九万里高空,它是凭借着六月的大风而到达南海的。"天空中,野马般奔驰的游气,飞扬弥漫的尘埃以及活动的生物,都要借助风的吹拂而在空中飘荡。天色苍苍茫茫,是它的本色吗?还是它太高远望不到尽头,从而造成的错觉?大鹏从天空向下看,也同人向天上看一样,都是这个样子罢了。

【三段】

且夫(提起下文的作用)水之积也不厚(深),则其负大舟也无力。覆杯水于坳堂(室内低洼处。坳,ào)之上,则芥(jiè,小草)为之舟;置杯焉则胶(粘住),水浅而舟大也。风之积也不厚,则其负大翼也无力。故九万里,则风斯(尽,皆)在下矣,而后乃今(即"乃今而后"的倒文)培风(凭风,乘风。培,通"凭");背负青天而莫之夭阏(没有阻碍。夭,折。阏,è,止)者,而后乃今将图南(图谋飞向南海)。

【四段】

蜩(tiáo,蝉)与学鸠(小斑鸠。鸠,jiū)笑之曰:"我决起(奋力)而飞,抢(qiāng,撞,碰到)榆枋(榆树和檀树。枋,fāng),时则不至而控(落)于地而已矣,奚以(何以)之九万里而南(南飞)为(句末语气助词)?"适(到)莽苍(指郊野)者,三飡(cān,通"餐")而反(通"返"),腹犹果然(很饱的样子);适百里者,

如果江河聚积的水不深厚,那么它负载大船就没有力量。倾倒一杯水在厅堂低洼之处,一株小草浮在上面就如同一只小船;放上一个杯子就粘住不动了,这是水浅而船大的缘故。风的力量不大,就无力承载鹏的巨大翅膀。所以鹏高飞九万里,大风尽在它的下面,而后才能乘风飞行;背负着青天而未受阻碍,而后才能图谋飞往南海。

寒蝉和小斑鸠讥笑大鹏说:"我们从地面疾速飞起,遇到榆树和檀树的树枝就停下来,有时飞不上去便落在地面罢了,为何要飞到九万里高空而再向南飞去呢?"到郊野去,携带三餐就能往返,肚子还饱饱的;到百里远的地方,

宿舂粮（当为“舂宿粮”，即一宿之粮。舂，chōng，用杵臼捣去谷物的壳）；适千里者，三月聚粮。之二虫又何知（即“知何”）！

只需要带过一宿的口粮；到一千里远的地方，就需要准备三个月的粮食。寒蝉和小斑鸠又能知道什么呢！

【五段】

小知（通“智”）不及大知，小年（寿命）不及大年。奚以知其然也？朝菌（一种朝生暮死的菌类植物）不知晦（huì，每月最后一天）朔（shuò，每月的第一天），蟪蛄（huì gū，蝉的一种，春生夏死，夏生秋死）不知春秋，此小年也。楚之南有冥灵（海龟，或谓树名）者，以五百岁为春，五百岁为秋；上古有大椿（传说中的神树）者，以八千岁为春，八千岁为秋，此大年也。而彭祖（传说中长寿的人物）乃今以久特闻，众人匹（比）之（指彭祖），不亦悲乎？

智慧小的人不了解智慧大的人，寿命短的人不能了解寿命长的人。怎么知道是这样呢？朝生暮死的菌类不知道一个月的时光，春生夏死、夏生秋死的蝉不能知道一年的时光，这就是短寿。楚国的南方有只大龟，把五百年当作一个春季，把五百年当作一个秋季。上古时代传说有棵大椿树，把八千年当作一个春季，把八千年当作一个秋季，这就是长寿。彭祖到现在还以长寿而传闻于世，人们都想与他相比，不也是很可悲吗？

【六段】

汤（商汤）之问棘（夏革，商朝大夫）也是已：“穷发（指草木

商汤向棘询问也是这样的：“北极草木不生的地方，

（不生之地）之北，有冥海者，天池也。有鱼焉，其广数千里，未有知其修（长）者，其名为鲲。有鸟焉，其名为鹏，背若泰山，翼若垂天之云；抟（tuán，环绕）扶摇羊角（指旋风）而上者九万里，绝（穿越）云气，负（倚靠）青天，然后图南，且适南冥也。斥（池塘，小泽）鴳（yàn，小麻雀）笑之曰：'彼且奚适也？我腾跃而上，不过数仞（rèn，古代的长度单位，周制八尺为一仞，汉制七尺为一仞）而下，翱翔蓬蒿（péng hāo，草野，僻野）之间，此亦飞之至（极，指理想境界）也！而彼且奚适也？'"此小大之辩（通"辨"，区别）也。

有一个广漠的大海，就是天池。那里有一种鱼，它的身子有几千里宽，没有人知道它究竟有多大，此鱼名字叫鲲。还有一只鸟，名字叫鹏，它的脊背像泰山那样高大，翅膀像天边的云。鹏凭借旋风飞上九万里的高空，穿越云气，背负青天，然后向南方飞去，将要飞到南方的大海。小泽里的麻雀讥笑它说：'大鹏将飞往何处？我腾跃而飞起，不过几丈高就落下来，在草野之间飞来飞去，这就是我飞翔的最高境界了。大鹏究竟要飞到什么地方去？'"这就是小和大的区别。

【七段】

故夫知效（指做官能有功效，引申为胜任。）一官，行比（适合）一乡，德合一君而（古通"能"，指能力）征（取信）一国者，其自视也，亦若此矣。而宋荣子（指宋钘〈píng〉，是齐国稷下学宫的学者）犹然（讥笑的样子）笑之。

所以，才智能胜任一官之职，行为能够适合一乡人的心意，德行能使国君满意，能力能取信一国民众的，他们陶醉于自己的处境，而与那些蜩鸠、斥鴳之类没有差别。而宋荣子讥笑他们。

且举世而誉之而不加劝(努力),举世而非之而不加沮(jǔ,沮丧),定(确定)乎内外(自我和外物)之分,辩(通"辨")乎荣辱之境(界限),斯已矣。彼其于世,未数数(shuò shuò,如"汲汲",着急的样子)然也。虽然,犹有未树(树立)也。

宋荣子能够做到当整个社会都赞扬他时,他也不会因此更加努力,当整个社会都在非难他时,他也不会因此而感到沮丧。宋荣子能够确定自我与外物的区别,能够分辨清荣与辱的界限,如此而已。他对于世俗的声誉并没有汲汲地去追求。尽管这样,宋荣子还是未能超然物外,达到真正逍遥无为的最高境界。

【八段】

夫列子(即列御寇,郑人)御(yù,驾驭)风而行,泠然(轻妙的样子。泠,líng)善也,旬(十天)有(通"又")五日而后反(通"返");彼(指列子)于致(求)福者,未数数然也。此虽免乎行,犹有所待(指依赖于风)者也。若夫乘(因循,顺应)天地之正(与"辩"相对,指规律、法则),而御六气(说法很多,一般指阴、阳、风、雨、晦、明)之辩(通"变"),以游无穷(谓无穷尽的境界,即绝对自由的境界)者,彼且恶(wū,何)乎待哉!故曰:至人无己,神人无功,圣人无名。

列御寇能够驾着风行走,样子轻妙极了,十天半月才回来;他对于求福的事,并没有孜孜地去追求。列子虽然可以不用步行,还是需要凭借风力的。若能遵循自然的本性,顺应六气的变化,逍遥于无穷的境界,他还需要依赖什么呢!所以说:修养最高的人,能够达到忘掉自己、超脱功业和不追求声名的境界。

【九段】

尧（名放勋，上古时的圣明君王）让天下于许由（尧时的隐士），曰："日月出矣，而爝火（小火，火把。爝，jué）不息（通"熄"），其于光也，不亦难乎！时雨降矣，而犹浸灌，其于泽（润泽）也，不亦劳（徒劳）乎！夫子（古代对男子的尊称。此处指许由）立而天下治，而我犹尸（主持）之，吾自视缺然（不够资格做君主的样子）。请致天下。"许由曰："子治天下，天下既已治也；而我犹代子，吾将为名乎？名者，实之宾（宾从，附庸）也。吾将为宾乎？鹪鹩（jiāo liáo，一种善于筑巢的小鸟。这里许由以鹪鹩自比，以深林比喻天下）巢于深林，不过一枝；偃鼠（即"鼹鼠"。偃，yǎn）饮河，不过满腹。归休乎君（即"君归休乎"。休，算了）！予无所用天下为。庖人虽不治庖（治理厨房的工作），尸祝（祭祀时主持祭礼的司仪）不越（越过。这里指越权）樽俎（zūn zǔ，指祭祀时用的酒器和礼器。这里指厨师）而代之矣。"

尧想把天下让给许由，说："日月都出来了，而火把还不熄灭，它要与日月比试光辉，不是很难吗？及时雨已经降临，还在浇水灌溉，这对于滋润禾苗，不是徒劳无益吗？先生如果被立为天子，天下一定会安定，而我还占着这个位子，我自愧自己能力不足。请容许我把天下让给你。"许由说："你治理天下，天下已经安定了；而我来代替你，我是为了名声吗？名声，是实体的附庸。难道我将要充当附庸吗？鹪鹩在深林里筑巢，所需不过栖于一枝；偃鼠在河中饮水，所需不过喝饱肚子。还是算了吧，我要天下干什么呢！厨师虽然不下厨房，主祭的人也不会越位代替他去烹调的。"

尧，相传为上古时期的帝王，又称唐尧。在位期间政治清明，天下太平，民风淳朴，史称“九族既睦”“协和万邦”。尧的品德很高，恩惠也很广博，百姓都不知该怎样称颂他。

【十段】

肩吾问于连叔（肩吾、连叔，都是虚构人物）曰：“吾闻言于接舆（与孔子同时代的隐士），大而无当（适当），往（此处指话题说到）而不返（回不来，谓说话漫无边际，离题万里）。吾惊怖其言，犹河汉（天河）而无极也，大有径庭（径，门外的道路。庭，院内堂前地。两者相隔很远，互不相关），不近人情焉。”

连叔曰：“其言谓何哉？”

“曰：‘藐姑射（传说中的神山名。射，yè）之山，有神人居焉。肌肤若冰雪，

肩吾向连叔请教说：“我听接舆所说的话，都是大话连篇而不着边际，说出去就收不回来了。我惊异他的言论，像银河一样漫无边际，和一般人的言论相差甚远，实在有点不近人情。”

连叔问道：“他都说了些什么呢？”

“他说：‘藐姑射山上，住着一个神人。肌肤像冰雪一般洁白，

绰约（轻盈柔美的样子。绰，chuò）若处子；不食五谷，吸风饮露；乘云气，御飞龙，而游乎四海之外；其神凝（凝聚、专一），使物不疵疠（cī lì，疾病、病害）而年谷熟。'吾以是狂（通"诳"，欺骗）而不信也。"

连叔曰："然！瞽（gǔ，眼瞎）者无以与（参与，这里相当于"观看"）乎文章（指华美的色彩和花纹）之观（景象），聋者无以与乎钟鼓之声。岂唯形骸（hái，尸骨）有聋盲哉？夫知亦有之。是其言也，犹时（通"是"，此）女（通"汝"，指肩吾）也。之人（神人。之，此。下同）也，之德（神人的道德）也，将旁礴（混同）万物以为一，世蕲（qí，求）乎乱（治），孰弊弊（辛苦经营的样子）焉以天下为事！之人也，物莫之伤，大浸（水）稽（及，至）天而不溺（nì，淹没在水里），大旱金石流、土山焦而不热。是其尘垢秕糠（bǐ kāng，秕子和糠，这里比喻糟粕），将犹陶铸（造就）尧、舜者也，孰肯以物（事，指世务）为事！"

体态犹如少女一般轻柔；不吃五谷杂粮，吸清风饮露水；乘着云气，驾着飞龙，遨游于四海之外。他的精神凝聚专一，能使万物不受灾害，年年谷物丰收。'我认为是接舆的谎言，不能相信。"

连叔说："当然了！瞎子是不能同他一起观赏花纹的美丽的，聋子是不能同他一起聆听钟鼓的乐声的。难道只是形体上有聋瞎的缺陷吗？人的思想也是会有聋瞎缺陷的。这些话说的就是你了。那个神人，他的品德，将与万物浑然一体，世人却期望他治理天下，他哪里肯劳顿忙碌去经营人世间的俗事呢！此种神人，外物无法伤害他，洪水滔天而不会溺死他，大旱能使金石熔化、土山枯焦，却不会让他感到炽热。神人留下的尘垢和糟粕，还可以造就出尧、舜这样的人，他又怎会把治理天下当回事呢！"

【十一段】

宋人资（货，贩卖）章甫（殷商时的一种帽子）而适（到）诸越（越人的自称），越人断发文身，无所用之。尧治天下之民，平海内之政，往见四子（指王倪、啮缺、被衣、许由，四人均为虚设的人物）藐姑射（yè）之山，汾水之阳（水的北面），窅然（茫然的样子。窅，yǎo）丧其天下焉。

宋国人到越国贩卖帽子，越人剪短头发，身刺花纹，根本用不着它。尧治理天下的百姓，安定了国家的政事，前往藐姑射山上，汾水的北岸，拜见四位得道的高人，不禁茫然若失，忘记了自己是天下之主。

【十二段】

惠子（即惠施，宋人）谓庄子曰："魏王贻（yí，赠）我大瓠（hù，葫芦）之种，我树（种植）之成而实（填充，装）五石（dàn，十斗为一石）。以盛水浆，其坚不能自举也。剖之以为瓢，则瓠落（即"廓落"，很大的样子）无所容。非不呺然（内中空虚的样子。呺，xiāo）大也，吾为其无用而掊（pǒu，击破）之。"

惠子对庄子说："魏王送给我大葫芦种子，我把它种下，它长成了葫芦，大葫芦能容装五石粮食。用它来盛水，它的坚固程度不足以承受水的压力。把它切开做成瓢，那么大的瓢根本派不上用场。葫芦并非不够大，而是我认为它毫无用处，便把它砸碎了。"

庄子曰："夫子固拙（不善）于用大矣。宋人有善为不龟手（使手不被冻裂。龟，通"皲"，jūn）之药者，

庄子说："先生真是不善于利用大的东西啊。宋国有一个善于制作治疗手皲裂药物的人，

世世以洴澼（píng pì，漂洗）絖（kuàng，古“纩”字，丝絮）为事。客闻之，请买其方以百金。聚族而谋曰：‘我世世为洴澼絖，不过数金。今一朝而鬻技（出卖技艺，这里指出售药方。鬻，yù）百金，请与之。’客得之，以说（shuì，劝说）吴王。越（越国）有难（难事，指军事行动），吴王使之将（jiàng，统率，指挥）。冬，与越人水战，大败越人，裂地（割地，划地）而封之。能不龟手一也；或（有的人）以封，或不免于洴澼絖，则所用之异也。今子有五石之瓠，何不虑（考虑）以为大樽（zūn，酒器，这里指舟楫）而浮乎江湖，而忧其瓠落无所容？则夫子犹有蓬之心（比喻心灵被茅草堵塞不通）也夫！”

他家世代以漂洗丝絮为业。有位客人听说了这件事，愿意出百金购买他的药方。他于是召集全家族人共同商量说：‘我家世代漂洗棉絮，所得不过数金。现在一旦卖药方而能得百金，就卖给他吧。’那位客人得到药方，就去游说吴王。这时越国正对吴国有军事行动，吴王就派他带兵御敌。冬天，与越人发生水战，并且大败越人。吴王就划出一块土地封赏他。能够使手不冻裂，药方是一样的，有人却能用它获得封赏，有人仍不免要受漂洗棉絮的辛苦，这是对药方使用方法的不同所致啊。现在你有能装五石粮食的葫芦，为什么不想着把它制成腰舟系在身上，浮游于江湖之上，反而忧愁它太大没地方放呢？先生的心思还是被茅草塞住了啊！”

【十三段】

惠子谓庄子曰：“吾有大树，人谓之樗（chū，臭椿树）。其大本（树干）拥肿（即“臃肿”，指

惠子对庄子说：“我有一棵树，人们叫它樗。它的树干长满了木瘤，

树干疙瘩盘结）而不中（zhòng，符合）绳墨（木匠用来画直的墨线），其小枝卷曲而不中规矩（木匠画圆和方的工具）。立之涂（通"途"），匠者不顾。今子之言，大而无用，众所同去也。"庄子曰："子独（难道，偏偏）不见狸（野猫）狌（shēng，黄鼠狼）乎？卑（低）身而伏，以候敖（通"遨"，遨游）者；东西跳梁（跳跃。梁，通"踉"），不辟（通"避"，避开）高下；中（zhòng，触到）于机辟（泛指捕兽工具），死于罔（同"网"）罟（gǔ，网的总称）。今夫斄牛（牦牛。斄，lí），其大若垂天之云，此能（能力，本事）为大矣，而不能执鼠。今子有大树，患其无用，何不树之于无何有之乡（谓空虚无有之地），广莫（通"漠"）之野，彷徨（páng huáng，徘徊，放任不拘的样子）乎（在）无为（无所作为，亦逍遥之意）其侧，逍遥（优游自在）乎寝卧其下。不夭（折）斤（斧子）斧，物无害者，无所可用，安（哪里）所困苦哉！"

不符合木匠取直的要求。它的小枝弯弯曲曲，也不符合圆规和直尺取材的标准。它生长于路边，匠人都不看它。现在你的言论，大话连篇却没有什么用处，大家都会舍弃它。"庄子说："你难道没有看见过野猫和黄鼠狼吗？它们低下身子，伏在地上，等待出游的小动物；忽东忽西地跳跃，不怕高不怕低；往往触动捕兽工具，死在罗网之中。牦牛，它的身体庞大得好像天边的云彩，它的本事很大，却不能捕捉老鼠。现在，你有一棵大树，却在忧虑它没有用处，为何不把它种在空虚无有的地方，辽阔的旷野，然后任意地优游徘徊在树旁，自由自在地躺卧在树下。不遭受斧子砍伐，也没有其他东西伤害它，虽没有用处，哪里会被困扰呢？"

齐物论

题解

《齐物论》是反映庄子哲学思想最重要篇章。"齐物论"包含齐物之论和齐同物论两个方面。在庄子看来，宇宙万物包括人的品性和感情，表面上有各种差别，实际上是浑然一体的、不分彼此的，这便是齐物之论；而人们的各种是非然否、观点争辩也因受了蒙蔽，表面看来也是千差万别的，是不能体认大道所致，从道的观点来看，言论也应该是齐一的，没有所谓是非和不同，这是齐同物论。庄子认识到宇宙之间万事万物有区别对立，但他认为这一切又都是统一的，是没有区别的，在认识上倒向了绝对齐同，因此庄子否定了是非、好坏、正误等的差别，也否定了先秦诸子对外物的辨别，从而陷入了相对主义形而上学的泥淖。

原文

【一段】

南郭子綦（楚昭王庶弟，楚庄王司马。住在城郭南端，因以为号。现有学者认为是虚拟人物。綦，qí）隐（倚靠）机（案）而坐，仰天而嘘（xū，吐气），荅焉（形体死寂的样子。嗒，tà）似丧其耦（通"偶"，指形体）。颜成子游（复姓颜成，名偃，字子游，

译文

南郭子綦靠着几案而坐，仰头向天而缓慢地吐气，好像是丧失掉他的形体进入了忘我的境界。颜成子游

子綦的弟子）立侍乎前，曰："何居（jī，缘故）乎？形固可使如槁木，而心固可使如死灰乎？今之隐机者，非昔之隐机者也？"子綦曰："偃，不亦善乎，而问之也（倒装句，意思是你问得不是很好吗）！今者吾（指真我，也即得道的我）丧我（指偏执的我），汝知之乎？女（rǔ，通"汝"，你）闻人籁（谓人吹竹管发出的声响。籁，lài）而未闻地籁（谓风吹各种窍孔发出的声响），女闻地籁而未闻天籁（谓物因其自然状态而自鸣）夫！"

子游曰："敢问其方（道理）。"子綦曰："夫大块（大地）噫（ài，噫气，吐气）气，其名为风。是唯无作，作则万窍怒呺（háo，古通"号"，吼叫）。而（你）独不闻之翏翏（liù liù，悠长的风声）乎？山林之畏佳（高大参差的样子），大木百围之窍穴（树孔），似鼻，似口，似耳，似枅（jī，柱子上支撑大梁的方木），似圈（牲畜栏圈），似臼，似洼（池沼，指

侍立在他面前，说："怎么会这样呢？形体固然可以使它像干枯的树木，心灵也能使它像熄灭的灰烬吗？现在你凭几而坐，与往日凭几而坐的神情不一样啊！"子綦回答说："偃，你问此事，不是问得很好吗？今天我忘掉自己，你知道吗？你听见过人籁但没有听见地籁，你听见过地籁但没有听见过天籁吧！"

子游问道："请问其中的道理。"子綦说："大地吐出的气，它的名字叫风。风不刮则已，刮起来整个大地千万个窍孔同时怒吼。你没有听见过长风呼啸的声音吧？山林高大参差，百围大树上的许多窍孔，有的像鼻子，有的像嘴巴，有的像耳朵，有的像梁柱上横木的穿孔，有的像栏圈，有的像舂臼，有的像池沼，

深窍）者，似污（泥坑，指浅窍）者。激（激流声）者、謞（xiào，飞箭声）者、叱者、吸者、叫者、譹（háo，通“嚎”）者、宎（yǎo，风吹到孔穴中发出的声音）者、咬（jiāo，哀叹声）者。前者唱于而随者（指窍穴）唱喁（yú，指前后相和的声音），泠（líng，泠风，清风，即小风）风则小和，飘风（大风）则大和，厉风（烈风，暴风）济（停止）则众窍为虚（寂静）。而独不见之调调（树枝大动的样子）之刁刁（树枝微动的样子）乎？”

子游曰：“地籁则众窍是已，人籁则比（并）竹是已，敢问天籁？”子綦曰：“夫吹万不同（风吹千万个窍穴而声音不同），而使其自已（自身）也。咸（都）其自取，怒者（发动者，产生者）其谁邪（yé，语气词，表疑问或反语）？”

有的像泥坑。窍穴中发出的不同声音，有的像湍水冲激的声音，有的像弓箭发射的声音，有的像斥责的声音，有的像吸气的声音，有的像叫喊的声音，有的像号哭的声音，有的像幽怨的声音，有的像哀叹的声音。好像前面的风声呜呜地唱着，后面的风声呼呼地和着。清风徐徐就有小的和声，大风呼呼就是大的和声，暴风突然停止了，那么所有的窍穴都寂然无声了。你没有看见起风时树枝摇曳的样子吗？”

子游说：“地籁是从各种窍穴里发出的声音，人籁是箫管里发出的声音，我冒昧地向你请教什么是天籁？”子綦说：“风吹千万个窍穴所发出的各种不同的声音，都是从它们自身发出的。这些声音的差别，都取决于它们自己，还有谁能使它们这样呢？”

【二段】

大知（通“智”，智慧）闲闲（广博安详的样子），小知间间（固执褊狭的样子）；大言炎炎（言辞激烈的样子），小言詹詹（言辞啰唆）。

具有大智慧的人率性散淡，广博安详；耍小聪明的人固执褊狭，斤斤计较。合于大道的言论富于雄辩，拘于智巧的浅薄见解啰啰唆唆。

其寐（mèi，睡）也魂交（魂牵梦绕），其觉也形开（形体不宁）。与接为构（jū，交合，引申为周旋），日以心斗。缦（màn，通“慢”，缓慢）者，窖（深沉）者，密（谨密）者。小恐惴惴，大恐缦缦（惊恐失神的样子）。其发若机（弩上发射的机关）栝（kuò，箭末端扣弦的部位），其司（通“伺”，伺机）是非之谓也；其留（谓持言不发）如诅盟（誓约），其守胜之谓也；其杀（衰，指神情渐趋沮丧）若秋冬，以言其日消（衰退）也；其溺（沉溺）之所为之，不可使复（恢复，回头）之也；其厌（塞，闭塞）也如缄（jiān，束箧〈qiè〉的绳索），以言其老洫（xù，枯竭）也；近死之心，莫使复阳（恢复生气）也。喜怒哀乐，虑叹变慹（zhé，惶恐），姚佚启态（姚，同“佻”，轻浮；佚，yì，放纵；启，狂放；态，扭捏作态）；乐出虚，蒸成菌。日夜相代乎前，而莫知其所萌（萌生）。已乎，已乎！旦暮得此（指上述种种反复无常的情态），其所由以生乎！

他们沉睡时魂牵梦绕，醒来时形体不宁。和外界接触纠缠不清，整日钩心斗角。有的迟缓疏怠，有的高深莫测，有的谨小慎微。小的惧怕便忧惧不安，大的惊恐更失魂落魄。他们说话就像射出的利箭一般快疾，是在窥伺别人的是非而发起攻击；他们不说话又像发过誓一样，只是在等待制胜的机会。他们有时神情衰败，犹如秋冬的草木慢慢凋零，这说明他们在一天天地走向消亡；他们有时沉溺在所作所为当中，无法恢复到原来的情状；他们有时心灵闭塞，如同被绳索束缚，说明他们已衰老颓败；他们有时心神接近死亡，不能再恢复生气。他们时而欣喜、时而愤怒、时而悲哀、时而欢乐，时而忧虑、时而嗟叹、时而反复、时而恐惧，时而浮躁、时而放纵、时而张狂、时而做作；好像乐声是从空虚的乐器中发出来，又像菌类由地气蒸发而生成的一样。这种种心态和情绪日夜更替出现，而不知它们从哪里萌生出来。算了吧，算了吧！一旦领悟到这些情态发生的道理，就可以明白它们产生的原因了。

【三段】

非彼（是“我”的对立面，指上述种种情态）无我，非我无所取（显现）。是（此，指人们对“非彼无我，非我无所取”这种道理的认识）亦近矣，而不知其所为使（驱使，支配）。若有真宰（指人的天然本性，身心的主宰者），而特（独）不得其眹（zhèn，通“朕”，迹象）。可行已信，而不见其形，有情（实）而无形。百骸（hái，骨节）、九窍（双目、双耳、双鼻孔、口、生殖器、肛门）、六藏（心、肝、脾、肺、肾，称为五脏，肾有二，合称六脏。藏，通“脏”），赅（gāi，完备）而存焉，吾谁与（“与谁”的倒装）为亲？汝皆说（yuè，通“悦”）之乎？其有私（偏爱）焉？如是（如此，指同样喜欢它们）皆有为臣妾乎？其臣妾不足以相治乎？其递相（轮流，互相）为君臣乎？其有真君（即真心、真我）存焉！如求得其情（真实情况）与不得，无益损乎其真（天然的本性）。一（一旦）受其成形，不亡（亦作“忘”，指忘记）

没有以上种种情态，就没有我自己；没有我，它们也就无从呈现。这样的认识相互依存，也就接近道了，但不知道是由谁指使的。如果真的有“真宰”驱使，却又找不到它的迹象。“真宰”的行动是能够验证的，但看不见它的形体，它确实存在又没有形迹。百骸、九窍、六脏，都完整地依附在我身上，我跟它们哪一部分最亲近呢？还是不分厚薄地全喜欢它们呢？还是对其中某一部分有所偏爱呢？如若同样喜欢它们，都把它们视为臣妾吗？把它们当作臣妾一样，它们就不相互制约了吗？还是轮流做君臣呢？或者另有“真君”主宰呢？无论寻求“真君”的真实情况与否，对其本身的自然本性都不会有所增减。世人一旦形性形成，就不能忘掉自身

以待尽(消亡)。与物相刃(互相斗杀)相靡(今作"磨",消磨),其行尽如驰而莫之能止,不亦悲乎?终身役役(忙碌的样子)而不见其成功,苶(nié,困顿,精神不振)然疲役(疲倦困顿)而不知其所归(目的,归宿),可不悲邪!人谓之不死,奚益!其形化(形体变化),其心与之然(和形体一起变化),可不谓大哀乎?人之生也,固若是芒(通"茫",愚昧)乎?其我独芒,而人亦有不芒者乎?

而等待最后的死亡。和外物接触便互相摩擦,驰骋追逐于其中而不能止步,这不是很可悲吗?他们终身奔波劳碌,却看不见成功,总是困顿疲倦却不知道自己的归宿,能不悲哀吗?这样的人即使不死,又有何益处呢!人的形体逐渐枯竭衰老,精神也随之衰弱销毁,这不是莫大的悲哀吗?人生在世,本来就这样愚昧无知吗?难道只有我一个人这样的昏昧,世人还有不愚昧无知的吗?

【四段】

夫随其成心(成见,偏见)而师(取法)之,谁独且无师乎?奚必知代(更替,变化)而心自取者(指心有见识的人)有之?愚者与有焉!未成乎心(心中尚无成见)而有是非,是今日适(到)越而昔至也。是以无有为有。无有为有,虽有神禹且不能知,吾独且奈何哉!

若各人依照自己的成见作为判断是非的标准,那谁没有标准呢?何必是懂得事物变化更替道理的智者才可以呢?愚蠢的人也会有判断是非的标准。心中尚未形成主观成见而有是非,就好像今日去越国而昨日就到了那样可笑。此种人是把没有当作有。如果把没有当作有,即使神明大禹也不能理解,我又有什么办法呢!

阅读指导

今日适越而昔至：这话原是惠子的论说，意思是说今昔没有变化，而这里则是借此话说明：如果成心在昔日已经形成，那么今日的是非不过是昔日是非的表现而已。

【五段】

夫言非吹（风吹）也，言者有言，其所言者，特未定（不可为准）也。果有言邪？其未尝有言邪？其以为异于鷇（kòu，即将出卵的幼鸟）音，亦有辩（通"辨"，区别）乎？其无辩乎？道恶（wū，什么，怎么）乎隐（隐蔽，隐晦）而有真伪？言恶乎隐而有是非？道恶乎往而不存？言恶乎存而不可？道隐于小成（片面的成就），言隐于荣华（指浮华不实之词）。故有儒墨之是非，以是其所非而非其所是，欲是其所非而非其所是，则莫若以明（用洞彻之心去观照事物，以明于大道）。

说话并不像风吹那么自然，发言的人各有见解，他们所说的话，并不能作为是非的依据。果真说了什么，还是未曾说什么？他们都自以为自己的发言不同于雏鸟的鸣叫，是真的有区别呢，还是没有区别呢？大道被什么隐蔽而有真和假的分别呢？言论被什么蒙蔽而有是非的分别呢？大道本来无所不在，为何去而不存呢？言论无所不可，为何存在而又不被认可呢？大道被小小的成就隐蔽了，言论被浮夸不实之词掩盖了。所以便产生了儒家和墨家的是非之辩，他们都把对方认为不对的看作是对的，把对方认为是对的看作是不对的。如果想肯定对方认为不对的，而否定对方认为对的，那么不如用虚静之心去观照事物的本来面目，从而观照事物的本源。

【六段】

物无非彼，物无非是（此。下同）。自彼则不见，自是则知之。故曰：彼出于是，是亦因（依赖）彼。彼是方（并）生之说也。虽然，方（始，随即）生方死，方死方生；方可方不可，方不可方可；因（依托）是因非，因非因是。是以圣人不由（取）而照（观照，鉴别）之于天（自然，事物的本然），亦因（遵循，顺着）是也。是亦彼也，彼亦是也。彼亦一（同样）是非，此亦一是非，果（果真）且有彼是（彼此，即是非）乎哉？果且无彼是乎哉？彼是莫得其偶（匹偶，指矛盾的对立面），谓之道枢（道的关键）。枢始得其环中，以应无穷。是亦一无穷，非亦一无穷也。故曰：莫若以明。

万事万物都是彼此对立依存的，以物观物，则物皆为彼；以物自观，则物皆为此。从他物那方面观察则看不见这方面，从自己这方面来了解当然知道了。所以说：事物的彼方是由对立的此方而产生，事物的此方也依赖彼方而存在，这就是彼和此同时产生、相互依存的理论。即使这样，万事万物都是生的同时也随即出现着死亡，死亡的同时也随即出现着复生；肯定的同时也在否定，否定的同时也在肯定；有是即有非，有非即有是，是非相互依托而存在。所以圣人不划分是非对立，而是观照事物的本然，这也是顺应是非的自然发展。（从事物相互转化的观点而言，）此也就是彼，彼也就是此。彼有彼的是非，此有此的是非。事物果真还有是非存在吗？果真没有是非存在吗？是非没有其对立的一面，就是大道的枢纽。掌握了大道的枢纽，就好像进入了环的中心，才能顺应是非的无穷变化。“是”的变化是无穷的，“非”的变化也是无穷的。所以说，不如用虚静之心去观照事物的本来面目。

【七段】

以指喻（说明）指之非指，不若以非指喻指之非指也；以马喻马之非马，不若以非马喻马之非马也。天地一指也，万物一马也。

用手指来说明手指不是手指，不如用非手指来说明手指不是手指；用白马来说明白马不是马，不如用非白马来说明白马不是马。（从事物相同的一面来说，）天地与一个手指，万物与一匹马，是没有差别的。

阅读指导

“以指喻指”四句：陈鼓应《庄子今注今译》：“‘指’‘马’是当时辩者辩论的一个重要主题，尤以公孙龙的指物论和白马论最著名。庄子只不过用‘指’‘马’的概念作喻说，原义乃在于提醒大家不必斤斤计较于彼此、人我的是非争论，更不必执着于一己的观点去判断他人。”

【八段】

可乎可，不可乎不可。道行之而成，物谓（称谓）之而然（这样）。恶乎然？然于然。恶乎不然？不然于不然。物固（本来）有所然。无物不然，无物不可。故为是举莛（tíng，草本植物的茎）与楹（yíng，厅堂前的柱子），厉（通“疠”，病癞。这里指丑陋的女人）与西施，恢（通“诙”，诙谐）恑（guǐ，通“诡”，诡秘）憰（jué，通“谲”，欺诈）怪（怪异），道通为一（浑一，一体）。

别人认可的我也随着认可，别人不认可的我也随着不认可。道路是人行走而成的，事物的名称是人叫出来的。为什么是这样的？它本来是这样的，就认为它是这样的。为什么不是这样的？它本来不是这样的，就认为它不是这样的。事物本来就有被认为是这样的，本来就有被认可的方面。因此，没有一个事物是不是这样的，没有一个事物不会被认可的。所以小草和大柱，丑陋的女人和美貌的西施，各种稀奇古怪的事物，从道的角度来看，都是浑然一体的。

【九段】

其分（分开，分解）也，成（形成，生成）也；其成也，毁（毁灭）也。凡物无成与毁，复通（浑然相通）为一。唯达者（通达大道的人）知通为一，为是（因此）不用（不固执己见，或不用成与毁的观念看待问题）而寓（寄寓）诸庸（功用）。庸也者，用也；用也者，通也；通也者，得也。适（至）得而几（差不多）矣。因（顺应自然）是已。已而不知其然，谓之道。劳（操劳，耗费）神明（精神，心神）为一（浑一，一致），而不知其同（同一）也，谓之“朝三”。何谓“朝三”？狙（jū，猴子）公赋（分发）芧（xù，橡子），曰：“朝三而暮四。”众狙皆怒。曰：“然则朝四而暮三。”众狙皆悦。名实（名，橡子的数目。实，实际给的橡子）未亏（亏损）而喜怒为用，亦因是也。是以圣人和（调和）之以是非而休（止，有无为任之的意思）乎天钧（自然均衡。钧，通“均”），是之谓两行（物我并行发展）。

旧事物的分解，意味着新事物的生成；而新事物的生成，也意味着旧事物的毁灭。一切事物都没有生成与毁灭的区别，都是浑然一体的。只有通达大道的人才能了解事物浑然一体的道理，因此他不会固执己见去区分事物的形成与毁灭，而是寄寓在各物的功用上。事物的功用就在于无用之用；认识了事物的无用之用，就能算通达的了；能够通达事理，便会无往而不自得；达到有所自得就近于大道了。这就是顺应自然的道理，顺应自然却不知其所以然，这就叫作“道”。辩者们耗尽心智去寻求一致，却不知道事物本来具有同一性，这叫作“朝三”。什么叫作“朝三”？养猴老人给猴子分发橡子，说：“早上给你们三升橡子，晚上给你们四升橡子。”猴子们听了都很生气。养猴老人又改口说：“那就早上给四升橡子，晚上给三升橡子吧。”猴子们听了都高兴起来。橡子的名称和实际数量都并未改变，而猴子的喜怒却因而不同，养猴老人只是顺着猴子的心理罢了。所以，圣人调和是非的争辩，而保持事理的自然均衡，这就叫物与我各得其所、并行发展。

【十段】

古之人，其知（通“智”）有所至（极，指最高境界）矣。恶（wū，怎么）乎至？有以为未始（未曾）有物者，至矣，尽矣，不可以加矣！其次以为有物矣，而未始有封（界限）也。其次以为有封焉，而未始有是非也。是非之彰（显现）也，道之所以亏也。道之所以亏，爱（私爱，偏好）之所以成。果且有成与亏乎哉？果且无成与亏乎哉？有成与亏，故昭氏（姓昭名文，善于鼓琴）之鼓（弹）琴也；无成与亏，故昭氏之不鼓琴也。昭文之鼓琴也，师旷（春秋时晋平公的乐师，精通音律）之枝策（枝，持。策，击乐器之物。枝策，举杖击节，即打拍子）也，惠子之据梧（倚靠梧桐）也，三子之知几（近）乎皆其盛（最强）者也，故载（从事，一说载誉）之末年（晚年）。唯其好（hào，喜爱）之也以异于彼（不同于别人），

古时候有道的人，他们的智慧达到了最高境界。怎么才算达到最高境界呢？那时候的人认为世界开创之初，没有形成万物，这是智慧的最高境界了，达到尽头了，不可以再增加了。次一等的人，认为世界之初有事物存在，但事物间不存在界限。再次一等的人，认为事物间存在界限，但没有是与非的不同。是非出现了，大道就会有亏损。大道亏损了，偏私的观念也就因此而形成了。果真有形成和亏损吗？还是无形成与亏损呢？有形成与亏损，就像昭文弹琴；没有形成与亏损，就像昭文没有弹琴。昭文善于弹琴，师旷善解音律，惠施倚靠梧桐树辩论，这三个人的技艺都极为高妙了，所以都把所从事的事业当作毕生的追求。他们都以为自己所喜爱的不同于别人，

其好之也欲以明（明白）之。彼非所明而明之，故以坚白（即"坚白论"）之昧（蒙昧）终。而其子又以文之纶（琴弦，代指鼓琴）终，终身无成。若是而可谓成乎，虽我亦成也；若是而不可谓成乎，物与我无成也。是故滑疑（gǔ yí，纷乱的样子，这里指迷乱人心的辩论）之耀，圣人之所图（摒弃）也。为是不用而寓诸庸，此之谓"以明"。

他们又都想将自己所喜爱的让别人也明白。不是别人必须明白的，却勉强人家必须明白，因此终身被"坚白同异"论题所迷惑蒙蔽。昭文的儿子又继承他父亲的鼓琴技艺，但终身没有什么成就。像这样守着一种技艺而花费毕生精力也能算是有成就吗？那么像我这样也算有成就了。像他们那样都不算有成就的话，那么外物与我都没有什么成就了。所以，迷乱世人的各种炫耀，都是圣人所摒弃的。因此，圣人不固执己见而是寄寓在事物的功用上，这就叫作"以明"。

阅读指导

"坚白"论：是战国时辩论的论题之一。以公孙龙为代表的主张"离坚白"论，认为人的视觉只能看到石头的白色而看不到石头的坚硬，触觉只能摸到石头的坚硬而摸不到石头的白色，认为石头的坚硬和白色是分离的。以墨子为代表的一派主张"盈坚白"论，认为坚硬与白色同是石头的属性，是不可分离的。

【十一段】

今且有言于此，不知其与是类乎？其与是不类乎？类与不类，相与为类（同类，相同），则与彼无以异矣。虽然，请尝（尝试）言之。有始也

现在在这里说的这些话，不知道与其他论者的话是相同还是不同呢？不管是相同还是不同，都是同为一类的，那就和其他论者没有什么区别了。虽是这样，还是让我尝试说明一下。宇宙万物有一个"开始"，

者（宇宙有个开始），有未始有始也者，有未始有夫未始有始也者；有有也者，有无也者，有未始有无也者，有未始有夫未始有无也者。俄而（突然）有无矣，而未知有无之果孰有孰无也。今我则已有谓（评说，议论）矣，而未知吾所谓之其果有谓乎？其果无谓乎？

同样有一个未曾开始的“开始”，还有一个未曾开始的“未曾开始”的“开始”。宇宙万物之初有“有”，还有“无”，有未曾有“无”的“无”，同样有那未曾有“未曾有无”的“无”。突然间产生了“有”和“无”，却不知道这个“有”和“无”，果真是不是“有”和“无”。现在我已经有这些评论了，但不知道我果真说过这些话，还是果真没有说过这些话呢？

【十二段】

天下莫大于秋豪（鸟兽秋天新生的毫毛。豪，通“毫”）之末（末梢），而大山（即“泰山”）为小；莫寿于殇（shāng，未成年而死）子，而彭祖为夭（夭折，指短寿）。天地与我并生，而万物与我为一（浑然一体）。既已为一矣，且得有言乎？既已谓之一矣，且得无言乎？一与言为二，二与一为三。自此以往，巧历（指善于计算的人。历，计算）不能得，而况其凡（凡夫，普通人）乎！故自无适（到，这里指推算）有，以至于三，而况自有适有乎！无适焉，因是已！

天下没有比秋天鸟兽的毫毛的末端更大的东西，这样的话泰山就是小的；世上没有人比夭折的孩子更长寿的，这样的话高寿的彭祖就是短命的。天地与我并存，万物与我亦浑然一体。既然物我已经浑然一体，还需要言说吗？既然已经称作浑然一体，还能没有什么言说吗？浑然一体的万物为一，加上我的议论，就成为二；二再加上言说者“彼”就成为三。以此类推，就是最善于计算的人都不能得出最后的数目，何况是普通人呢！从无可推到有，以至推到三，又何况从有推到有呢！不必再向前推算了，还是顺应自然吧！

【十三段】

夫道未始有封，言未始有常（恒常，定准），为是（“是非”之“是”，对的，正确的）而有畛（zhěn，界限）也。请言其畛：有左有右（古以右为尊，言左右实指上下尊卑），有伦（次序等级）有义（合宜），有分有辩（辩论），有竞（竞说不休）有争，此之谓八德（种）。六合（天地和东南西北四方）之外，圣人存而不论；六合之内，圣人论而不议；春秋（古代历史）经世（治理天下）先王之志（记载），圣人议而不辩。

大道无所不在，本来没有界限，至言本来也没有是非的定论，为了自己认为的“是”而有了这样那样的界限。请让我谈谈那些界限：有上下尊卑，有亲疏贵贱，有分别有辩论，有竞言有争锋，这是界限的八种表现。天地之外的事，圣人是知道它们存在而不去论说的；天地之内的事，圣人只论说大体而不细加评议；对于古代史中先王治理天下的记载，圣人只评论而不去争辩其是非。

【十四段】

故分也者，有不分也；辩也者，有不辩也。曰：何也？圣人怀（囊括于胸）之，众人辩之以相示（显示，这里有夸耀的意思）也。故曰：辩也者，有不见也。夫大道不称（说明，称谓），大辩不言，大仁不仁，大廉不嗛（qiān，通“谦”，谦逊），大勇不忮（zhì，嫉恨，害）。道昭（明）

天下事理有能分别的，也有不能分别的；有能辩说的，也有不能辩说的。这是为什么呢？圣人不分不辩，将万物都囊括胸中，众人则争论不休竞相夸示于人。所以说，凡是争辩，都有自己所看不到的地方。大道是不可称谓的，大辩者是不用语言的，最有仁爱之心的人是不说自己仁慈的，最廉洁的人是不谦让的，最勇敢的人是不伤害他人的。大道说明白了

而不道，言辩而不及，仁常而不周（普遍，周全），廉清而不信（真实），勇忮（zhì，害，伤害）而不成。五者圆而几（近）向方矣！故知止其所不知，至矣。孰知不言之辩，不道之道？若有能知，此之谓天府（天然的府库）。注（注入）焉而不满，酌（索取）焉而不竭，而不知其所由来（来源），此之谓葆光（潜藏的光明。葆，藏）。

就不是大道了，言语辨析的再周详也有所不及，仁爱经常普及也就不能保全了，廉洁过于清纯别人也就不相信了，逞血气之勇到处伤害人就不能成为真正勇敢的人。这五种情形犹如求圆却近似于方了。因此一个人能够知道止于他所不知的境域，就达到智的极点了。谁又能知道不用言说的辩论，不用称说的大道呢？如果有人能够知道，就可称得上是天然的府库了。这里无论注入多少都不会盈满，无论索取多少都不会枯竭，不知道这些东西来自哪里，这就叫作潜藏不露的光明。

【十五段】

故昔者尧问于舜曰："我欲伐宗、脍、胥敖（古代三个虚拟的小国名。脍，kuài；胥，xū），南面（古代帝王的座位是面向南方的，这里指帝位，引申为临朝听政）而不释然（心中平静的样子）。其故何也？"舜曰："夫三子（指上述三国国君）者，犹存乎蓬艾（蓬蒿、艾草）之间。若（你）不释然，何哉？昔者十日并出，万物皆照，而况德之进（胜过）乎日者乎！"

从前尧问舜说："我想讨伐宗、脍、胥敖三个小国，每临朝听政时总是心神不安。这是为什么呢？"舜回答说："那三个小国的君主，就像生长在蓬蒿艾草之间，你为什么还要放在心上呢？古代据说有十个太阳同时升起，普照万物，何况人的道德应当胜过太阳的光辉呢！"

【十六段】

啮缺问乎王倪(传说两人都是尧时的贤人，实际是作者虚构的人物。啮，niè)曰："子知物之所同是(共同认可，共同标准。是，肯定)乎？"曰："吾恶(wū，何，怎么)乎知之！""子知子之所不知邪？"曰："吾恶乎知之！""然则物无知邪？"曰："吾恶乎知之！虽然，尝试言之。庸讵(怎么，何以。讵，jù，怎么)知吾所谓知之非不知邪？庸讵知吾所谓不知之非知邪？且吾尝试问乎女(通"汝"，你)：民湿寝则腰疾偏死(半身瘫痪)，鳅(qiū，泥鳅)然乎哉？木处(居住在树上)则惴栗(zhuì lì，恐惧发抖的样子)恂惧(害怕。恂，xún)，猨(yuán，同"猿")猴然乎哉？三者孰知正处(真正舒适的居处)？民食刍豢(chú huàn，家畜)，麋(mí)鹿食荐(美草)，蝍蛆(jí jū，蜈蚣)甘(可口，这里指爱吃)带(蛇)，鸱(chī，猫头鹰)鸦嗜(shì，喜好)鼠，四者孰知正味(真正可口的味道)？

啮缺问王倪："你知道万物有共同之处吗？"王倪说："我怎么会知道呢？"啮缺又问："你知道你所不知道的原因吗？"王倪回答说："我怎么会知道呢？"啮缺接着又问："那么宇宙万物都无法知道了吗？"王倪回答说："我怎么会知道呢？即便如此，我还是姑且谈谈它吧。你怎么知道我所说的'知'不是'不知'呢？又怎么知道我所说的'不知'不是'知'呢？我还是先问你：人睡在潮湿的地方，腰部就会患病以致半身瘫痪，泥鳅也会这样吗？人待在高大的树上，就会惊恐不安，猿猴也会这样吗？人、泥鳅和猿猴，究竟谁懂得什么是舒适的居处呢？人爱吃家畜的肉，麋鹿爱吃草，蜈蚣爱吃小蛇，猫头鹰、乌鸦爱吃老鼠，人、麋鹿、蜈蚣、猫头鹰和乌鸦，这四类动物到底谁懂得什么是可口的美味呢？

猨猵狙(biān jū，猿类，头似狗)以为雌，麋与鹿交(交配)，鳅与鱼游(交合)。毛嫱、丽姬(皆古代美女。嫱，qiáng)，人之所美也，鱼见之深入，鸟见之高飞，麋鹿见之决骤(迅速奔跑)。四者孰知天下之正色哉？自我观之，仁义之端(头绪)，是非之涂(通"途"，途径)，樊然(杂乱的样子。樊，fán)淆乱(混乱)，吾恶能知其辩(通"辨"，分辨)！"啮缺曰："子不知利害，则至人(指能达到忘我境界、品德修养极高的人)固不知利害乎？"王倪曰："至人神矣！大泽焚而不能热，河(黄河)汉(汉水)冱(hù，冻结)而不能寒，疾雷破山、飘风振海而不能惊。若然者，乘云气，骑日月，而游乎四海之外，死生无变于己(使自身产生变化)，而况利害之端乎！"

猵狙把雌猿作为配偶，麋喜欢与鹿交配，泥鳅和鱼交合。毛嫱和丽姬，都是人们所称赞的美女，但是鱼看见了她们就要潜入水底，鸟看见了她们就要飞向高空，麋鹿看见了她们就要快速奔跑。人、鱼、鸟和麋鹿，是谁懂得天下真正漂亮的容貌呢？在我看来，那些仁义的头绪，是非的途径，都纷杂混乱，我怎么能知道它们的分别呢？"啮缺说："你不知道利与害，难道达到忘我境界的人也不知道利与害吗？"王倪说："达到忘我境界的人神妙极了！灌木丛生的沼泽焚烧起来也不会使他感到炽热，黄河和汉水冻结了也不会让他感到寒冷，迅疾的雷霆劈倒山峦、飘忽的狂风翻江倒海也不能使他感到惊恐。像他这样，驾驭云气，骑跨日月，遨游于四海之外，生与死对他都不会产生影响，何况利与害这些微不足道的小事呢！"

【十七段】

瞿鹊子问乎长梧子(两人都是虚构的人物。瞿，qú)曰："吾

瞿鹊子问长梧子，说："我

闻诸夫子（指孔子）：‘圣人不从事于务（事务），不就（趋附，追求）利，不违（避开）害，不喜求，不缘（因循）道；无谓（说，言谈）有谓，有谓无谓，而游乎尘垢（指世俗）之外。’夫子以为孟浪（荒诞，不切实际）之言，而我以为妙道之行（行径，表现）也。吾子以为奚若（怎么样）？”

听孔丘说过：‘圣人不去从事那些琐碎的事务，不追求利益，不躲避灾害，不喜欢妄求，不经意去符合大道；没有说什么又像说了什么，说了什么又像没有说什么，心神超然优游于世俗之外。’孔丘认为这些都是不切实际的话，而我却认为这正是精妙大道的表现。先生你是怎么看的？”

【十八段】

长梧子曰：“是黄帝之所听荧（迷惑）也，而丘也何足以知之！且女（通“汝”，你）亦大（通“太”）早计，见卵而求时夜（即“司夜”，指报晓的鸡），见弹而求鸮炙（xiāo zhì，烤鸮鸟肉）。予尝为女妄言之，女以妄听之。奚（何不）旁（通“傍”，依傍）日月，挟（怀抱）宇宙，为其吻合（合为一体），置（任由）其滑（乱）涽（hūn，暗），以隶（奴仆）相尊？众人役役（奔波不息的样子），圣人愚芚（浑然无所知。芚，chūn），参（糅合）

长梧子说：“这些话连黄帝听了都会迷惑的，而孔丘又怎么能够知道呢！你未免太操之过急了，就像看见鸡蛋便想得到司晨报晓的公鸡，看见弹丸便想得到烤熟的鸮鸟肉。我姑且为你随便说说，你也随便听听。为什么不依傍日月，怀抱宇宙，与万物合为一体，任其昏乱纷争，把世俗中的卑贱与尊贵看成一样呢？众人熙熙攘攘忙碌不止；圣人浑朴无知安于愚昧，他糅合

万岁（古今无数变异）而一（一体）成纯（精纯，纯朴）。万物尽然，而以是相蕴。予恶（wū，怎么）乎知说（通"悦"，愉快）生之非惑邪！予恶乎知恶死之非弱丧（自幼流落他乡）而不知归者邪！

古今无数变异，自身却精纯无比不受纷争困扰。万物都是这样，相互蕴涵在浑朴精纯的状态之中。我怎么知道贪生不是困惑呢？又怎么知道厌恶死亡正像自幼流落他乡而老大不知返回故乡呢？

【十九段】

"丽（即丽戎，春秋时的小国）之姬（美女），艾（地名，指艾地）封人（守卫封疆的人）之子也。晋国之始得之也，涕泣（tì qì，眼泪）沾襟。及其至于王（指晋献公）所，与王同筐床（指安适的床），食刍豢（chú huàn，指家畜），而后悔其泣也。予恶（wū，怎么）乎知夫死者不悔其始之蕲（qí，祈，求）生乎？梦饮酒者，旦而哭泣；梦哭泣者，旦而田猎（打猎。田，通"畋"）。方（正当）其梦也，不知其梦也。梦之中又占（占卜）其梦焉，觉而后知其梦也。且有大觉（领悟了大道而觉醒）而后知此其大梦（指一辈子不觉悟，如长期睡觉一般）也。而愚

"丽姬是艾地守封疆人的女儿，当晋国刚得到她时，她把衣服都哭湿了。等她到了晋国的王宫，和君王同睡一张安适的床，同吃美味的肉食时，才后悔当初不该哭泣了。我怎么知道那些死去的人不后悔他们当初的求生呢？梦见饮酒作乐的人，早晨可能会遇到悲伤的事而哭泣；梦见哭泣的人，早晨可能会很高兴地去打猎。正在做梦的人，却不知道自己正在做梦。梦中还在占卜做梦的吉凶，醒来后才知道自己是在做梦。只有彻底清醒的圣人，才能知晓人生就像一场大梦。愚昧

者自以为觉，窃窃然（明察的样子）知之。君乎，牧（牧夫，指养马的人）乎，固（鄙陋）哉！丘也与女（通“汝”，你），皆梦也；予谓女梦，亦梦也。是其言也，其名为吊诡（怪异）。万世之后而一遇大圣，知其解者，是旦暮遇之也。

之人却自以为清醒，以为什么都知道。愚昧的人喊叫‘高贵的君主呀，卑贱的牧夫呀’，真是鄙陋极了！孔丘和你都在做梦；我说你在做梦，其实我也在做梦。我说的这些话，可以称作奇谈怪论。万世之后，可能会遇到一个大圣人，他能悟出这个道理，就好像旦暮之间相遇一样。

【二十段】

“既使我（长梧子自称）与若（汝，你，指瞿鹊子）辩矣，若胜我，我不若胜（“胜若”的倒装），若果是也，我果非也邪？我胜若，若不吾胜，我果是也，而（通“尔”，你）果非也邪？其或是（有一方是对的）也，其或非也邪？其俱是也，其俱非也邪？我与若不能相知也，则人固受其黮（dǎn，暗昧）暗，吾谁使（即“使谁”）正（评判）之？使同乎若者正之，既与若同矣，恶（wū，怎么）能正之！使同乎我者正之，既同乎我矣，恶能正之！使异乎我与

“假使我和你展开辩论，你胜了我，我没有胜你，你果真正确，我果真错了吗？假使我胜了你，你没有胜我，我真的正确，你真的错了吗？是我们两人有一方是正确的，另一方是错误的呢？还是我们两人都对，或者两人都错呢？我和你都无法知道，世人本来就暗昧不明，我们让谁来评判正误呢？假使让见解和你相同的人来评判，他的观点已经和你相同了，又怎么能做出公正的评判呢！假使让和我见解相同的人来评判，他的观点已经和我相同了，又怎么能做出公正的评判呢！假使让见解和

若者正之，既异乎我与若矣，恶能正之！使同乎我与若者正之，既同乎我与若矣，恶能正之！然则我与若与人俱不能相知也，而待彼也邪？”

你我都不同的人来评判，他的观点已经和你我都不同了，又怎么能做出公正的评判呢！假使让见解和你我都相同的人来评判，既然他的观点已经和你我都相同了，又怎么能做出公正的评判呢！既然如此，我和你及其他人都无从知道，还等待造化了吧？”

【二十一段】

“何谓和（调和）之以天倪（自然的分际。倪 ní）？”曰：“是不是，然不然。是若果是也，则是之异乎不是也，亦无辩；然若果然也，则然之异乎不然也，亦无辩。化声（变化的声音，这里指不同的言论）之相待（对立），若其不相待，和之以天倪，因（因循，顺应）之以曼衍（变化发展。衍，yǎn），所以穷年（尽年，即安享天年）也。忘年（指生死）忘义（指是非），振（振动鼓舞，这里有“逍遥”之意）于无竟（通“境”），故寓（寄托）诸无竟。”

“什么叫作以自然的分际来调和是非呢？”长梧子说：“任何事物有‘是’便有‘不是’，有‘然’便有‘不然’。‘是’如若果真是‘是’，那么‘是’与‘不是’根本不同，也就不用去争辩了；‘然’如若果真是‘然’，那么‘然’与‘不然’根本不同，也就不用去争辩了。是非不同的争辩就像变化的声音一般彼此对立，如果使它们不相对立，就要用自然的分际来调和它，顺应它们的发展变化，这样便可安享天年了。忘掉生死忘掉是非，便能遨游于无穷的境域，这样就能终身寄托在无是无非的境域中了。”

【二十二段】

罔两（影外的微阴）问景（“影”的古字）曰：“曩（nǎng，从前）子行，今子止；曩子坐，今子起。何其无特操（独特的操守）与？”景曰：“吾有待（依赖，凭借）而然者邪？吾所待又有待而然者邪？吾待蛇蚹（fù，鳞皮）蜩（tiáo，蝉）翼邪？恶（wū，怎么）识所以然？恶识所以不然？”

罔两问影子说：“刚才你行走，现在你又停下来；刚才你坐着，现在又站了起来。你为何没有自己独立的操守呢？”影子回答说：“我有所依赖才这样的吧？我所依赖的东西也有所依赖才这样的吧？我所依赖的就像蛇凭借鳞皮而行和蝉依赖翅膀而飞吧？我怎么知道为什么是这样的？我又怎么知道为什么不是这样的呢？”

【二十三段】

昔者庄周梦为胡蝶，栩栩（形容轻盈畅快的样子。一本作“翩翩”，形容蝴蝶飞来飞去的样子）然胡蝶也。自喻（觉得）适志（得意）与（通“欤”，yú）！不知周也。俄然（突然）觉，则蘧蘧然（惊疑的样子。蘧，qú）周也。不知周之梦为胡蝶与？胡蝶之梦为周与？周与胡蝶则必有分矣。此之谓物化（物我界限的消解，万物化而为一）。

从前庄周梦见自己变成蝴蝶，一只轻盈飞舞的蝴蝶。自己感到非常惬意啊！不知道自己原来就是庄周。突然间醒来，惊疑地知道自己是庄周。不知道是庄周梦见自己变成了蝴蝶呢，还是蝴蝶梦见自己变成了庄周呢？庄周与蝴蝶必定有分别。这就叫作物化。

庄子运用浪漫的想象力和美妙的文笔，构筑了梦中自己化为蝴蝶，醒来后蝴蝶又变为自己的精彩故事，宣扬了作者关于人类认识没有一个固定准则的哲学思考，渗透了庄子诗化哲学的精义，引起了后代无数骚人墨客的共鸣，如李商隐《无题》即吟出“庄生晓梦迷蝴蝶，望帝春心托杜鹃”的名句。

养生主

题解

《养生主》是庄子讲述关于养生之道的。开篇揭示出全文的主旨，为人处世要"缘督以为经"。养生要"依乎天理"，从而揭示养生的核心，也就是要做到不必在乎形体上的缺陷，也不必计较生死变化，要"安时而处顺"。庄子所谓的"养生"，不是养护形体，主要是保养精神，即修养大道。养生之道重在听凭天命，顺其自然，忘却哀乐，不为外物所困滞。本篇虽然是谈论养生，实际上展示了庄子的哲学观和人生观。

原文

【一段】

吾生也有涯（边际，极限），而知也无涯，以有涯随（追随）无涯，殆（dài，危险，这里指陷入窘困境地）已（通"矣"）；已（既，如此）而为知（追求知识）者，殆（危险）而已矣！为善无近（接近，这里含有追求、贪图之意）名，为恶无近刑。缘（顺着）督（中，正中之道）以为经（常），可以保身，可以全生（即"性"，天性），可以养亲（指真君，即精神），可以尽年。

译文

我们的生命是有限的，而知识是无限的，以有限的生命去追求无限的知识，就会陷入困顿；既然已经这样困顿不堪了，还要追求知识，那就更加危险了。做了世俗所谓的善事不贪图名声，做了世俗所谓的恶事不遭受刑罚。顺应正中自然之道以为常法，就可以保护身体，保全天性，养护精神，安享天年。

【二段】

庖丁（厨师，名丁）为文惠君（旧说指梁惠王，疑为附会）解（分解）牛，手之所触，肩之所倚（yǐ，顶），足之所履（lǚ，踩，踏），膝之所踦（yǐ，屈一膝），砉（huā，骨肉分离之声）然响然（刀砍骨肉之声），奏（进）刀騞（huō，进刀之声）然，莫不中音，合于《桑林》之舞（相传殷商时代的乐曲名），乃中《经首》（尧时《咸池》乐曲的一章）之会（节奏，旋律）。

庖丁为文惠君宰牛，手抓牛肩顶，用脚踩住牛，用膝抵住牛，各种动作无不精准利索；刀割骨肉唰唰之声，肢体分离哗哗之声，无不合乎音乐的节拍，符合《桑林》舞曲的节奏，又合于《经首》之乐的旋律。

【三段】

文惠君曰："嘻，善哉！技盖（同"盍"，何）至此乎？"庖丁释（放）刀对曰："臣之所好者道也，进（超过）乎技矣。始臣之解牛之时，所见无非全牛者；三年之后，未尝见全牛也；方今之时，臣以神遇（精神与牛接触）而不以目视，官（感官）知（认知）止而神欲行。依乎天理（自然的纹理结构），批（劈）大郤（xì，通"隙"，筋骨间隙），导（引刀而入）大窾（kuǎn，空隙），因

文惠君说："嘿，太神奇了！你的宰牛技术为什么这样高超呢？"庖丁放下刀回答说："我对道的喜爱，已胜过了我的宰牛技术。我刚开始宰牛时，所看到的都是一头完整的牛；三年之后，就再也不去观看完整的牛了。现在，我只用心神与牛接触而根本不用眼睛去看，感官停止发挥作用，而只是心神在活动罢了。顺着牛身上天然的骨骼结构，劈开筋骨间隙，把刀引向骨节间的空隙，依照牛的

其固然。枝（支脉）经（经脉）肯（附在骨上的肉）綮（qìng，筋骨结合处）之未尝，而况大軱（gū，大骨）乎！良庖岁更刀，割也；族庖（一般的厨师）月更刀，折（砍）也；今臣之刀十九年矣，所解数千牛矣，而刀刃若新发于硎（xíng，磨刀石）。彼节者有间，而刀刃者无厚。以无厚入有间，恢恢乎（宽绰的样子）其于游刃（运转刀刃）必有余地矣，是以（因此）十九年而刀刃若新发于硎。虽然，每至于族（筋骨盘结处），吾见其难为，怵然（警惕的样子。怵，chù）为戒，视为止（目光专注，不敢旁视），行为迟，动刀甚微，謋（huò，解散）然已解，如土委（堆积）地。提刀而立，为之四顾，为之踌躇（chóu chú，从容自得的样子）满志（心满意足），善（擦拭）刀而藏之。”文惠君曰：“善哉！吾闻庖丁之言，得养生焉。”

自然结构去分解它。经络相接的部位和骨肉紧密结合的地方都不曾有妨碍，更何况那些大骨头呢！技术精良的厨师一年更换一把刀，他们是用刀切割筋肉；技术一般的厨师一个月更换一把刀，他们是用刀去砍筋骨。我现在用的这把刀已经十九年了，所宰的牛也有数千头了，可刀刃还像刚磨过的一样锋利。牛的骨节间是有空隙的，而刀刃仿佛没有厚度。用薄薄的刀刃插入有空隙的骨节间，刀刃运转自如显得游刃有余。因此，这把刀用了十九年还像新磨的一样。即使这样，每当遇到筋骨盘结之处，我知道其中的难度，便内心警惕，不敢分神，动作缓慢，动刀十分轻微，最后牛被分解了，犹如泥土溃塌散落在地。此时我提刀站立，环顾四周，从容自得，心满意足，把刀擦拭干净收好。”文惠君说：“好啊，我听了庖丁的一番话，悟出养生的道理了。”

【四段】

公文轩（复姓公文，名轩，宋国人）见右师（官名，这里以官职称人）而惊曰："是何人也？恶（wū，怎么）乎介（独脚）也？天与，其（还是）人与？"曰："天也，非人也。天之生是使独也，人之貌有与（赋予）也。以是知其天也，非人也。"泽雉（zhì，野马）十步一啄，百步一饮，不蕲（qí，希望）畜乎樊（fán，笼）中。神虽王（通"旺"，旺盛），不善（适意）也。

公文轩看见右师便惊奇地说："这是什么人呢？为什么只有一只脚呢？天生就是这样的，还是人祸造成的呢？"他想了想又自言自语道："是天生这样的，并不是人为的。是上天造就了他这副形体让他独脚的，人的形貌是上天赋予的。因此知道这是天生的，不是人为的。"水泽中的野鸡走上十步才能啄到一口食物，走上百步才能饮到一口水，但它不希望被畜养在笼子里。养在笼子里虽精神也很旺盛，但它并不会适意快活。

【五段】

老聃（即老子，姓李，名耳，字聃，春秋时楚人。聃，dān）死，秦失（老聃的朋友，或是庄子虚构的人物）吊之，三号而出。弟子曰："非夫子之友邪？"曰："然。""然则吊焉若此可乎？"曰："然。始也吾以为其人也，而今非也。向（刚才）吾入而吊焉，有老者哭之，如哭其

老聃死了，他的朋友秦失去吊丧，仅大哭了三声便离开了。秦失的弟子问道："老聃不是您的朋友吗？"秦失说："是我的朋友。"弟子说："那么这样吊唁朋友，可以吗？"秦失说："可以。我刚与他交朋友时，以为他是个俗人；现在他死了，知道他并非俗人。刚才我进去吊唁他，看见有老年人哭他，好像在哭自己

子；少者哭之，如哭其母。彼其所以会（会聚）之，必有不蕲（qí，希望）言而言，不蕲哭而哭者。是遁天（逃避自然。遁，dùn）倍（通"背"，违背）情，忘其所受，古者谓之遁天之刑（道理）。适（正当）来，夫子时也；适去，夫子顺也。安时而处顺，哀乐不能入也，古者谓是帝（天帝）之县（通"悬"，倒挂）解。"指（通"脂"，油脂）穷（燃尽）于为薪，火传也，不知其尽也。

早亡的孩子；有少年人哭他，就像哭自己的母亲。他们会聚在一起哭悼老聃，一定有老聃不希望他们称赞而称赞的话，不希望他们哭泣而哭泣的人。这是逃避天意，违背实情，忘掉了人的生命长短都禀受于天，古时候称这种做法为逃避自然的规范。正当他该来时，老聃应时而生；正当他该去时，老聃也顺势而死。安心适时，顺变不惊，哀乐的情绪便不能侵入内心，古时候把这种解脱称作天帝的解除倒悬之苦。"脂膏作为灯薪有燃尽的时候，但火种却可以流传下去，没有穷尽之时。

老子，又称老聃，楚国苦县（今安徽涡阳，一说河南鹿邑）人，是先秦道家学说的创立者，我国古代伟大的哲学家和思想家。他的哲学著作《老子》，又名《道德经》，是其思想的精髓，对中国思想文化产生了深远的影响。

人间世

题解

“人间世”，即人世间的生活，谈论处世的哲学，表述了庄子所主张的处人与自处之道。全篇虚构了七则寓言故事。颜回准备游说卫君，解除卫国的弊病，孔子告诫他要随遇而安，要忘形弃智，物我两忘，做到“心斋”，即尽力求得内心的虚寂静止；叶公子高将出使齐国，孔子告诉他担任使者如何做到“心斋”，表明了庄子所倡导的“乘物以游心，托不得已以养中”；又通过蘧伯玉之口说明处世之难，必须“正女身”，关键在于“顺”；最后又举了树木不成材却终享天年和支离疏形残而身全的例子，说明有用有为必有害，无用无为才可免于祸患。庄子针对当时战国血淋淋混战残杀的现实，表明了自己的处世之道，就是以“无用”“无为”的人生态度来面对险恶的社会现实。

原文

【一段】

颜回（字子渊，鲁国人，是孔子最为得意的学生）见仲尼（即孔子），请行。曰：“奚（xī，疑问代词，何处）之（去）？”曰：“将之卫。”曰：“奚为焉？”曰：“回闻卫

译文

颜回拜见孔子，向他辞行。孔子问：“到哪里去？”颜回回答说：“我将要去卫国。”孔子又问：“干什么呢？”颜回说：“我听说卫国的

君（卫庄公），其年壮，其行独（行为专断）；轻用其国，而不见其过；轻用民死，死者以国量（填满）乎泽若蕉（草芥），民其无如（往，去）矣。回尝闻之夫子曰：'治国去（离开）之，乱国就（扶助）之，医门多疾。'愿以所闻思其则（法则，办法），庶几（或许）其国有瘳（chōu，病愈）乎！"

国君，年轻气盛，做事专断；轻率地处理国事，却看不到自己的过失；轻率地役使百姓以致人民生灵涂炭，国中死去的人就像填满泽中的草芥一般遍布各地，百姓没有地方可去。我曾经听先生说过：'安定的国家就可以离开了，危乱的国家应前去扶助它，就像医生的门前有很多的病人在等着治疗。'我愿意根据先生的教诲去思考治理卫国的办法，或许这个国家还可以治理好吧！"

【二段】

仲尼曰："嘻！若（你）殆（dài，恐怕）往而刑耳！夫道不欲杂，杂则多，多则扰，扰则忧，忧而不救。古之至人，先存（立）诸己，而后存诸人。所存于己者未定，何暇（xiá，空闲）至于暴人（暴君，指卫君）之所行！且若亦知夫德之所荡（丧失）而知之所为出（外露）乎哉？德荡乎名，知出乎争。名也者，相轧（zhá，压，这里指倾轧）也；知也者，争之器（凶器）也。二者凶器，非所以尽行也。

孔子说："唉，你去了恐怕会遭到杀戮啊！推行大道应专心而不宜心杂，心杂就会多事，多事就会自忧，自忧则容易引来忧患，忧患多了自身都难保，更何况救助国家呢！古时候的至人，都是先修养充实自己然后才去扶助别人。现在你自己的道德尚未修养好，哪里有时间去纠正暴君的行为呢？况且你懂得道德丧失、智慧外露的原因吗？道德的丧失在于追求名声，智慧的外露在于争辩是非。名声，成为人们相互倾轧的根源；智慧，成为人们相互争斗的工具。名声和智慧都是招祸的凶器，不可以将它们推行于世。

“且德厚（纯厚）信矼（qiāng，诚实），未达（了解）人气（人的趣味）；名闻不争，未达人心。而强以仁义绳墨（本是木匠的工具，引申指规矩、法度）之言术（通“述”，陈述）暴人之前者，是以人恶有其美也，命之曰菑（zāi，同“灾”，害）人。菑人者，人必反菑之，若（你）殆（dài，恐怕，大概）为人菑夫！

“且苟（假如）为悦（喜好）贤而恶不肖（不贤，指坏），恶（wū，怎么）用而（你）求有以异？若（你）唯无诏（进言），王公（指卫君）必将乘人而斗其捷（巧辩）。而目将荧（眩惑）之，而色将平（平静）之，口将营（营救）之，容将形（表现）之，心且成（妥协）之。是以火救火，以水救水，名之曰益多。顺始无穷。若殆以不信（信任）厚言（忠诚之言），必死于暴人之前矣！

“且昔者桀（夏桀，夏朝最后一位君主，以残暴著称）杀关龙逢

“况且一个人即使德行纯厚、品性诚实，也未必符合别人的口味；即使不和别人争夺名声，别人也未必能理解。你如果勉强地用仁义规范的言论，在暴君面前陈述，这会被认为是借助别人的丑恶来宣扬自己的美德，而会被认为是在害人。害别人的人，人家必定会反过来害他，你恐怕要被人害了！

“况且假如卫君喜好贤才而讨厌不肖之人，那他身边自有贤能之人，何必用你去显示与别人的差异呢？除非你不向他极言进谏，否则卫君一定会抓住你说话的漏洞来施展他的巧辩之才，从而掩盖他的过失。到那时你会眼花目眩、面色和顺，嘴里只能说些自我解脱的话，卑微的神色将会显露出来，内心也就向他的错误主张妥协了。这是用火去救火，用水去救水，这就叫添乱。如果你开始时就依顺他的旨意，那以后就会没完没了。你恐怕有忠诚之言也不会被信任，那一定会死在暴君的面前了。

“从前夏桀杀害了直言进谏的关龙逢，

（桀的贤臣，因忠谏被杀），纣（商纣王）杀王子比干（纣王叔父，因忠谏而被挖心），是皆修其身以下伛（yǔ，屈身）拊（fǔ，拍打，这里指爱抚）人之民，以下拂（忤逆）其上者也，故其君因其修（善，美好）以挤之。是好名者也。昔者尧攻丛枝、胥敖（尧时两个部落小国），禹攻有扈（夏时国名。扈，hù），国为虚（通“墟”，废墟）厉（厉鬼），身为刑戮（lù，杀害）；其用兵不止，其求实（实利）无已（停止），是皆求名实者也，而独不闻之乎？名实者，圣人之所不能胜（克服）也，而况若（你）乎！虽然，若必有以（有所凭借，有办法）也，尝以语（说）我来！”

商纣王杀害了王子比干，这些贤臣都完善自身品德修养并以臣下之位抚爱人君的子民，但因以下属的地位忤逆了高高在上的人君的旨意，所以君主反会因他们品德修养高尚来排挤杀害他们。这都是喜好名声带来的结果。从前帝尧攻打丛枝和胥敖，夏禹攻打有扈，这三个国家最后都变成了废墟，百姓成为厉鬼，三国的君主也被杀戮。尧和禹不断用兵，贪图利益不停止，这都是他们追逐名和利造成的，你难道没有听说过这些事吗？对于名利的诱惑，连圣人都不能克服，更何况你呢！虽然如此，你肯定有你的办法，那就试着说给我听一听吧。”

【三段】

颜回曰：“端（端正）而虚（谦虚），勉（勤勉）而一（专一），则可乎？”曰：“恶！恶可！夫以阳（盛气）为充（满）孔（很）扬（张扬），采色（神采气色，表情）不定，

颜回说：“我外表端庄内心谦虚，勤奋勉力而始终如一，这样可以吗？”孔子说：“唉，这怎么可以呢？卫君骄盛之气充盈而又表露无遗，待人喜怒无常，

常人之所不违，因案（压制）人之所感，以求容与（畅快）其心。名之曰日渐之德（小德）不成，而况大德乎！将执（固执）而不化，外合而内不訾（zī，采纳），其庸讵（怎么。讵，jù）可乎！”

“然则我内直而外曲，成而上比（引用成说而上比于古人）。内直者，与天（自然）为徒（同类，或同一派别的人）。与天为徒者，知天子（人君）之与己，皆天之所子（动词，生）。而（岂）独以己言蕲（qí，祈求）乎而人（别人）善之，蕲乎而人不善之邪？若然者，人谓之童子（天真而未失自然本性的孩子），是之谓与天为徒。外曲者，与人之为徒也。擎（qíng，举，指执笏）跽（jì，跪拜）曲拳（躬身曲体），人臣之礼也，人皆为之，吾敢不为邪？为人之所为者，人亦无疵（cī，非难，诽谤）焉，是之谓与人为徒。成而上比者，与古为徒。其言虽教（有教益），

一般人都不敢忤逆他的心意，他也压制着人们的各种想法和劝告，从而求得自己内心的畅快。这种人每天用小德来慢慢感化他尚且不行，何况用大德来感化呢！他即便听了你的劝谏也会固执己见不会改变，即使表面附和而内心并不理会，你的忠告又怎么能行得通呢！”

颜回说：“那么我内心光明正大而外表恭顺，援引成说上比于古代的贤人。所谓内心正直，就是与自然同类。与自然同类，就知道人君和自己在本性上都是天生相同的。对于自己所说的话，何必祈求别人赞同呢，又何必祈求别人否定呢？像这样，世人会把我视作没有失去童心，这就叫作与自然同类。所谓外表恭顺，就是与世人为同类。手拿朝笏躬身跪拜，这是做臣子的礼节，别人都这样做，我敢不这样做吗？做别人所做的事情，那别人也不会非难我，这就叫作与世人为同类。援引成说而上比古代的贤人，就是与古人为同类。那些言论虽然很有教益，

谪(zhé，谴责)之实也，古之有也，非吾有也。若然(这样)者，虽直而不病(灾祸)，是之谓与古为徒。若是则可乎？”仲尼曰：“恶！恶可！大(太)多政法(法则。政，通“正”)而不谍(妥当)，虽固(浅陋)，亦无罪。虽然，止是耳矣(即“而已”)，夫胡可以及化！犹师心(师法自己的成心；执着于自己的成见)者也。”

颜回曰：“吾无以进矣，敢问其方(方法，办法)。”仲尼曰：“斋(清除心中的欲念)，吾将语若(告诉你。若，你)。有心而为之，其易邪？易之者，皞天(自然之道。皞，hào)不宜(适合)。”颜回曰：“回之家贫，唯不饮酒不茹(rú，吃)荤(肉食)者数月矣。如此，则可以为斋乎？”曰：“是祭祀之斋，非心斋也。”回曰：“敢问心斋。”仲尼曰：“若一志(心志专一，无杂念)，无听之以耳而听之以心，无听之以心而听之以气。

其实是在谴责人君的过失，这种做法古已有之，并非我的创造。像这样，虽然我直言指责，也不会招致灾祸，这就叫作与古人同类。做到这样可以了吗？”孔子说：“唉，怎么可以呢！要纠正人君过失的办法也太多，但都不妥当，不过，这些方法虽然浅陋，倒还不至于给你带来罪过。即使这样，也不过如此罢了，又怎么能感化卫君呢！我看你还是太执着于自己内心的成见了！”

颜回说：“我再没有什么方法能够进谏的了，冒昧地问您还有什么方法吗？”孔子说：“你斋戒清心，我再告诉你。你怀有积极的用世之心去劝谏卫君改过自新，岂是易事？如果容易的话，也与自然之道不相合。”颜回说：“我家境贫寒，不饮酒不食肉已经好几个月了。这样可以算作斋戒了吗？”孔子说：“你这是祭祀前的斋戒，并非内心的斋戒。”颜回说：“请问什么是内心的斋戒呢？”孔子说：“你要心志专一，不要用耳朵去听而要用心去领悟，不仅用心去领悟还要用虚静的心境去感应。

听止于耳（即“耳止于听”），心止于符（合）。气也者，虚而待物者也。唯道集虚（比喻空明的心境）。虚者，心斋也。”

耳的功用仅限于聆听外物，心的功用仅限于符合外物。‘气’这个东西才是能够以虚明无形之体来容纳宇宙间万事万物。唯有大道才能汇集于虚无的心境。这空明的心境就是所谓的‘心斋’。”

阅读指导

气者，虚而待物者也：能够容纳外物的气，显然不是指呼吸之气息，当指能够主宰万物和心志的道体的一种形式。

颜回曰：“回之未始得使（得到教诲），实自回也；得使之也，未始有回也。可谓虚乎？”夫子曰：“尽（指达到“心斋”的境界）矣！吾语（yù，告诉）若：若能入游其樊（藩篱，指卫国），而无感其名（不为名利所动），入（采纳）则鸣，不入则止。无门无毒（借为“窦”，孔），一宅（心灵安处，没有杂念）而寓于不得已，则几（近）矣。绝迹（脚印）易，无行地难。为人使易以伪（假），为天使难以伪。闻以有翼飞者矣，未闻以无翼飞

颜回说：“我不曾听到您关于‘心斋’的教诲之前，认为我还实实在在地存在；在受到您‘心斋’的教诲之后，便感到我自身不存在了。这可以算得上达到空明的心境了吗？”孔子说：“你对‘心斋’的理解很透彻了，现在我告诉你：假如你能够到卫君身边游说进谏，不要为名利而动心，卫君能听得进去就阐明你的观点，听不进去就不要讲了。不寻找门路去营求，内心专一而没有杂念，处理事务不得已而为之，这样做就差不多了。人不走路容易，但走路不留痕迹却很难做到。被欲念驱使就容易作伪，顺应自然而行就不易作伪。世人都听说鸟有翅膀能飞翔，却没有听说过鸟没有翅膀

者也；闻以有知知者矣，未闻以无知知者也。瞻（看，观照）彼阕（què，空，指空明的境界）者，虚室（空灵的内心）生白（光明），吉祥止止（前一“止”谓集、处；后一“止”即“之”，指空明的心境）。夫且不止，是之谓坐驰（形坐而神驰）。夫徇（xún，通“循”，顺着）耳目内通而外（排斥）于心知，鬼神将来舍（居，指依附），而况人乎！是万物之化也，禹、舜之所纽（关键）也，伏戏（今作“伏羲”）、几蘧（与伏羲都是传说中的古帝王。蘧，jù）之所行终，而况散焉者（疏散之人，指平常人）乎！”

能飞翔的；只听说过用心智去获取知识，却没有听说过不用心智也可以获取知识的。观照那空明的境界，空灵的内心会生出光明来，一切吉祥都会汇集于空明的心境。如果心境不能空明虚静，这就叫作形体坐着而心神驰骋。顺着耳目感官向内通达而排除外在心智的干扰，让空明之心来返听内视，这样连鬼神都会前来依附，而何况是人呢！如此万物都可以感化，这也是禹、舜处世的关键，伏羲、几蘧始终遵循的准则，更何况常人呢！”

颜回，字子渊，春秋时期鲁国人。他是孔子最得意的弟子，聪敏过人，谦逊好学，从来不把自己的怒气发泄到别人身上，也不会犯同样的过错。颜回在孔门众弟子中以德行著称，孔子称赞他用竹筐吃饭、用瓢饮水，就在简陋的小巷里居住，别人都受不了这份穷苦，只有他觉得很快乐。

【四段】

叶公子高（楚庄王玄孙，名诸梁，字子高，封叶地，僭号称公）将使于齐，问于仲尼曰："王使诸梁也甚重（很重要的使命），齐之待使者，盖将甚敬而不急。匹夫犹未可动（感化），而况诸侯乎！吾甚栗（lì，害怕）之。子常语（yù，对……说）诸梁也曰：'凡事若（或）小若大，寡（少）不道以欢成（欢然有成）。事若不成，则必有人道之患（人为的祸患。指国君的惩罚）；事若成，则必有阴阳之患（或悲或喜的感情引起体内失调而致病）。若成若不成而后无患者，唯有德者能之。'吾食也执（选取）粗而不臧（善，精美），爨（cuàn，烹饪，此指烧火之人）无欲清（清凉）之人。今吾朝受命而夕饮冰，我其内热与！吾未至乎事之情（真实）而既有阴阳之患矣；事若不成，必有人道之患。是两（双，指双重忧患）也，

叶公子高将要出使齐国，向孔子请教说："楚王让我出使齐国，有重要的使命。齐国接待别国使臣，表面上很恭敬，实际上很怠慢。我连一般人都感化不了，更何况诸侯呢！我对此很害怕。先生您常教导我说：'事情不论大小，很少有不依靠道术而能圆满成功的。事情如果办不成，一定会受到国君的处罚；事情如果办成了，则又会在阴阳失调的状态下患上疾病。事情不管办成或办不成都不会带来祸患，只有那些道德高尚的人才做得到。'我的饮食清淡而不求精美，家里烧火做饭，也就不必为了躲避燥热而寻求清凉了。现在我早上接受了使命，晚上就喝冰水，恐怕我已患上了内热症了吧！我还未出使齐国办事，就已经因阴阳失调而患上了内热症了，将来事情如果办不成，一定还会受到国君的责罚。这两方面的忧患，我作为

为人臣者不足以任（承担）之，子其有以语我来！”

仲尼曰：“天下有大戒（法）二：其一命也，其一义也。子之爱亲，命也，不可解于心；臣之事君，义也，无适（到）而非君也，无所逃于天地之间。是之谓大戒。是以夫事其亲者，不择地而安之，孝之至也；夫事其君者，不择事而安之，忠之盛（极点）也；自事（动词，修养）其心者，哀乐不易施（移动，改变）乎前，知其不可奈何而安之若命，德之至也。为人臣子者，固有所不得已。行事之情而忘其身，何暇至于悦生而恶死！夫子其行可矣！

“丘请复以所闻：凡交，近则必相靡（亲顺）以信（信任），远则必忠之以言，言必或（有人，指使臣）传之。夫传两喜两怒之言，天下之难者也。夫两喜必多溢美之言，

做臣子实在无法承受，先生您有什么避祸办法可以教导我吗？”

孔子说：“天下有两个引以为戒的大法：一是禀承天性，另一种是做人的道义。子女敬爱父母，这是人的自然天性，是不可以从内心解除的；臣子侍奉君主，这是臣子的职责，不论什么地方都不会没有君主统治的，这是无法逃避的现实。这就是所谓的引以为戒的大法。所以子女奉养父母，不论什么样的境地都能使父母安适，这就是最大的孝心；臣子侍奉君主，不论做什么事都能使君主安心，这就是最大的忠心。自我修养内心的人，无论是哀伤和喜悦都不能改变自己的情绪，明知事情艰难仍能安心去做，这就达到品德修养的最高境界了。为人臣子的，本来就有不得已去做的事情。做事时按照事情的实际去做就行了，不要顾念自身，这样的话怎么还会产生贪生怕死的念头呢？你这样去做就可以了。

“我再把我所听到的告诉你：大凡国与国之间的交往，交结邻近的国家一定要以彼此信任来求得安顺，交结远方的国家一定要以忠实的言语去维系，这种言语就需要使臣来传达。传达两国国君或喜或怒的言辞，是天下最难的事情。两国国君都喜欢的话语必定添加了过分溢美的言辞，

两怒必多溢恶之言。凡溢之类妄(虚假),妄则其信之也莫(不,无。一说疑惑的样子),莫则传言者殃。故法言(古代的格言)曰:‘传其常情,无传其溢言,则几乎全’。

“且以巧斗力者,始乎阳(公开),常卒(zú,最后)乎阴(隐藏),大(作“太”或“泰”)至则多奇巧(诡计);以礼饮酒者,始乎治(有规矩),常卒乎乱,大至则多奇乐(荒淫无度)。凡事亦然,始乎谅(诚信),常卒乎鄙(欺诈);其作(发生)始也简,其将毕也必巨。夫言者,风波也;行者,实丧(得失)也。风波易以动,实丧易以危。故忿(愤怒)设(产生)无由,巧言偏辞。兽死不择音,气息茀(bó,通“勃”)然,于是并生心厉(读作“厉心”,心生恶念)。克核(苛刻)大至,则必有不肖之心应之,而不知其然也。苟为不知其然也,孰知其所终!故法言(古代的格言)曰:‘无迁(改变)令,无劝(勉强)成,

两国国君都恼怒的话语必定添加了过分憎恶的言辞。凡是过分的话,都近似于虚假不实了;虚假的话语就会让人不相信,不真实的传言就会让使臣遭殃了。所以古代的格言说:‘要传达真实不妄的言辞,不要传达过分不实的言辞,这样差不多就可以保全自己了。’

“况且以智巧相互争斗的人,开始时是公开地较量,逐渐地就要着手腕,达到极点了就玩弄阴谋诡计;讲究饮酒礼仪的人,开始时还规规矩矩的,逐渐地就迷乱放荡了,达到极致则荒淫无度了。无论什么事情差不多都是这样,人们刚开始彼此信任,逐渐地就互相欺诈;事情刚开始办时简单细微,到快要结束时往往纷繁复杂,难以收拾。言语这东西,就像飘忽不定的风波,而传达言语也就难免有得有失实的地方。风波很容易兴起,计较得失也容易让人陷入险境。所以愤怒的产生也没有别的原因,是由于花言巧语片面失当造成的。被逼入绝境的野兽,会发出尖声嚎叫,勃然发怒,生出伤人的恶念。做事太苛刻过分,就会让别人心生报复的念头,而他自己还不知道为什么会这样。假如自己做了某件事情却仍不知道怎么回事,那别人谁又会知道他最终是什么样的下场呢!所以古代的格言说:‘不要随意改变已经传达的命令,不要勉强自

过度，益（古“溢”字，越轨）也。’迁令劝成殆（dài，坏）事。美成在久，恶成不及改，可不慎与（yú，语气助词，用于句末表示疑问、感叹或反语）？且夫乘（顺）物以游心，托不得已以养中（保养心中的精气），至矣。何作为报也？莫若为致命（传达君命），此其难者。”

己把事情办成；超过正常的尺度，就失实了。’改变命令、勉强办事反倒会把事情办坏。做成一件好事需要经历很久的时间，但坏事一旦做成就来不及悔改了，这能不慎重吗？顺应自然万物而优游自适，不得已而托付自身于自然，保养内心的精气，可谓最好的境界了。何必为报答君命而刻意去完成使命呢？不如照原样去传达国君的命令，这样做已经很难为人了。”

【五段】

颜阖（姓颜，名阖，鲁国的贤人。阖，hé）将傅（师傅，用作动词）卫灵公太子（蒯聩），而问于蘧伯玉（姓蘧，名瑗，字伯玉，卫国的贤大夫。蘧，qú）曰：“有人于此，其德天杀（天性刻薄）。与之为无方（规范，法度），则危吾国；与之为有方，则危吾身。其知（zhì，通“智”，智慧）适足以知人之过，而不知其所以过。若然者，吾奈之何？”

蘧伯玉曰：“善哉问乎！戒之，慎之，正女（通“汝”，你）身也哉！形（外表）莫若就（靠近，亲近），心莫若和（顺）。虽然，

颜阖将要做卫灵公太子的老师，便向卫国的贤大夫蘧伯玉请教说：“这里有这样一个人，他天性凶残刻薄。如果不用法度来劝导他，就会危害我们的国家；如果用法度来劝导他，就会危及我自身。他的智力足以了解别人的过失，却不知道别人为什么会出现过错。像这种情况，我应该怎么办呢？”

蘧伯玉说：“你问得很好啊！要警惕，要谨慎，先端正你自己。表面上你要亲近他，内心里顺应他的本性。即使这样，

之二者有患。就不欲入（陷入，苟同），和不欲出（显露）。形就而入，且为颠为灭，为崩为蹶（jué，失败）；心和而出，且为声为名，为妖为孽（灾祸）。彼且为婴儿，亦与之为婴儿；彼且为无町畦（tǐng qí，田界，界限），亦与之为无町畦；彼且为无崖（无拘束），亦与之为无崖。达（犹引导）之，入于无疵（毛病）。

“汝不知夫螳螂乎？怒（奋起）其臂以当（阻挡）车辙，不知其不胜任也，是（这里作动词，自恃）其才之美者也。戒之，慎之！积（屡，经常）伐（夸耀）而（你）美者以犯（触犯）之，几（危险）矣！

“汝不知夫养虎者乎？不敢以生物（活的动物）与之，为其杀之之怒也；不敢以全物（整个动物）与之，为其决（撕裂）之之怒也。时（通“伺”，伺候）其饥饱，达（疏导）其怒心。虎

这两者仍免不了有灾祸。表面亲近附和他而不要过分陷入，内心顺从诱导他而不要过分显露。外表过分将就顺从他，就会招致颠覆、毁灭、垮台和失败；内心里顺从诱导他太显露，会被认为争名声，也会带来灾祸。他如果像婴儿那样天真无知，你也姑且和他一样像婴儿般天真无知吧；他如果与你没有界限的束缚，你也就与他不要有界限的束缚；他如果放荡无拘束，你也随他一样放荡无拘束吧。这样慢慢地引导他，使他逐渐步入无过失的正途。

“你不了解那螳螂吗？奋力举起臂膀去阻挡车轮，却不知道自己的力量不能胜任，这是由于它把自己的才能看得太高的缘故。警惕啊，谨慎啊！你若经常夸耀自己的才能去触犯他，那你就很危险了。

“你不了解那些养虎的人吗？他们不敢用活的动物去喂老虎，怕老虎在扑杀活物时会激起它残杀的天性；也不敢拿完整的动物去喂老虎，怕它在撕裂整个动物时激发出凶残的本性。根据它的饥饱来喂食，从而疏导它容易发怒的性情。老虎

之与人异类，而媚（顺服）养己者，顺也；故其杀者，逆也。

“夫爱马者，以筐盛矢（通“屎”，即马粪），以蜄（shèn，大蛤，此指蛤壳）盛溺（尿）。适有蚊虻（méng）仆缘（附着），而拊（fǔ，拍打）之不时，则缺衔（咬断马勒口）、毁首（辔头）、碎胸（胸络）。意有所至而爱有所亡（失），可不慎邪！”

本来与人不同类，而虎却喜欢喂养它的人，就在于养虎人顺应了它的脾气秉性；至于那些被老虎伤害了的人，是由于他们忤逆了老虎的性情。

“那些爱马的人，用精美的竹筐装马粪，用珍贵的蛤壳接马尿。正巧有蚊虻叮咬在马身上，爱马人出于爱惜马想驱赶蚊虻却拍打得不是时候，马就会受惊咬断马勒，挣断辔头，损坏胸络。本意在于爱马，结果却失其所爱适得其反，这能不谨慎吗？”

【六段】

匠石（名叫石的木匠）之齐，至于曲辕（虚构的地名），见栎社树（把栎树当作社神。栎，lì）。其大蔽（遮盖）数千牛，絜（xié，用绳子丈量圆形物体的粗细）之百围（两手合抱），其高临山（高过山冈），十仞（rèn，古时八尺或七尺为一仞）而后有枝，其可以为舟者旁（读为方，且）十数。观者如市，匠伯（工匠之长，这里指匠石）不顾，遂行不辍（chuò，停止）。弟子厌（满足）观之，走（跑）及（赶上）匠石，曰：“自吾执斧斤以随夫子，未尝（曾）见材如此其

一个名叫石的木匠前往齐国，来到了一个叫曲辕的地方，看见一棵被当作社神的栎树。这棵树的树冠大到可以遮盖几千头牛，用绳子量足有一百多围，树身超过山冈，七八十尺以上才分出枝丫，其中可以造船的旁枝就有十来枝。观赏的人像赶集一样多，可石木匠根本不看一眼，一直向前走个不停。弟子们在旁边饱览一番，这才跑着赶上木匠石，说：“自从我拿起斧头跟随先生以来，从未见过这么好的木

美也。先生不肯视，行不辍，何邪(yé，语气词)？”曰：“已(停止)矣，勿言之矣！散木(没有用的树木)也，以为舟则沈(通“沉”)，以为棺椁(棺材。椁，guǒ)则速腐，以为器则速毁，以为门户则液樠(液体渗出。樠，mán)，以为柱则蠹(dù，蛀蚀)。是不材之木也，无所可用，故能若是之寿。”

匠石归，栎社见梦(托梦)曰：“女(通“汝”，你)将恶乎比予哉？若将比予于文木(纹理细密的可用之木)邪？夫柤(zhā，通“楂”，山楂)梨橘柚(yòu)、果蓏(luǒ，瓜类植物的果实)之属，实熟则剥(击打)，剥则辱(扭折)；大枝折，小枝泄(通“抴”，yè，牵扯)。此以其能苦其生者也，故不终其天年而中道夭，自掊(pǒu，抨击)击于世俗者也。物莫不若是。且予求无所可用久矣！几死，乃今得之，为予大用。使予也而有用，且得有此大也邪？且也

材。先生却不肯看一眼，走个不停，这是为什么呢？”石木匠回答说：“算了，不要再往下说了！那是无用的木材，用它来造船，船就会沉没；用它来做棺椁，棺椁很快会腐朽；用它来制器皿，器皿很快会毁坏；用它来做门户，门户就会渗出脂液而不合缝；用它做成柱子，柱子便会被害虫蛀蚀。这是一棵没有一点用处的木材，所以它才能有这么长久的寿命。”

石木匠回到家中，梦见社神栎树对他说：“你要用什么东西来和我比较呢？你要用纹理细密的树来和我相比吗？那山楂树、梨树、橘树、柚子树以及那些结果树，果实熟了就遭打落，打落果实也会扭折枝干，那些大枝条被折断，小枝条也被扯下来。这都是因为它能结出鲜美的果实而使自己一生受苦，所以不能享尽天年而半道夭折，这都是因自己显露才能而招来世俗人们的打击。万物都是如此。况且我寻求达到自身没有用处的境地已经很久了。几乎被砍死，到现在我才有幸保全了自己，这不材无用也就成了我最大的用处。假使我有用，我还能长得这样高大吗？而且

若与予也皆物也，奈何哉其相（视）物也？而（你）几死之散人（无用之人），又恶（wū，怎么）知散木！”

匠石觉而诊（zhěn，通“畛”，告）其梦。弟子曰：“趣（志趣）取无用，则为社何邪？”曰：“密（默，犹言闭嘴）！若无言！彼亦直寄焉，以为不知己者诟厉（辱骂。诟，gòu）也。不为社者，且几有翦（jiǎn，斩断）乎！且也彼其所保与众异，而以义喻（用常理来衡量）之，不亦远乎？”

你和我都是天地间的物，为什么你自恃有用，而把我视为无用呢？你不过是快要死去的无用之人，又怎么能够知道无用之用的散木呢？”

石木匠醒来后把他的梦告诉给弟子。弟子说：“栎树既然意在求取无用，为什么还要做社树以保全呢？”木匠石说：“闭嘴，你不要说了！它只不过是借社神寄托形体罢了，因此招致那些不了解它的人的辱骂和伤害。如果它不做社树，将会遭到砍伐之灾啊！况且栎树用以保全自身之道与众不同，你从常理来衡量它，不是相差得太远了吗？”

【七段】

南伯子綦（即南郭子綦，虚构人物。綦，qí）游乎商之丘（即商丘，宋国都城），见大木焉，有异，结驷千乘，隐将（实为“将隐”的倒文）芘（bì，通“庇”，遮蔽）其所藾（lài，荫）。子綦曰：“此何木也哉？此必有异材夫！”仰而视其细枝，则拳曲而不可以为栋梁；俯而视其大根，则

南伯子綦到商丘去游玩，看见一棵与众不同的大树，在它下面即使集结千辆四马拉的车，都能被树荫所遮蔽。子綦惊奇地说：“这是什么树呢？它一定有不同寻常的材质吧！”他仰头细细地观看它的细枝，细枝弯弯曲曲的不可以做栋梁；他低头察看它的树干，

轴解（木心分裂）而不可以为棺椁；咶（shì，舔）其叶，则口烂而为伤；嗅之，则使人狂酲（chéng，酒醉）三日而不已。子綦曰："此果不材之木也，以至于此其大也。嗟乎，神人以此不材！"

宋有荆氏（地名）者，宜楸（qiū，一种落叶乔木，木材质地细密）柏桑。其拱（两手相合）把（一手所握）而上者，求狙猴（猕猴）之杙（yì，小木桩）者斩（砍伐）之；三围四围，求高名（荣华高大）之丽（同"欐"，屋栋）者斩之；七围八围，贵人富商之家求椫傍（整块木做成的棺材。椫，shàn）者斩之。故未终其天年而中道之夭于斧斤，此材之患也。故解（禳除，即向神灵祈祷，以消除灾祸）之以牛之白颡（sǎng，额）者，与豚（tún，小猪，泛指猪）之亢（仰）鼻者，与人有痔病者，不可以适河（把人或牲畜投入河中祭神）。此皆巫祝（巫师）以知之矣，所以为不祥也。此乃神人之所以为大祥也。

树心直到表皮都裂开而不可以做棺材；用舌舔它的树叶，嘴就会溃烂而受伤；闻一闻它的气味，就会让人酒醉如狂，三天都不能醒过来。子綦叹道："这真是不成材的树木，所以才长得这么高大。唉，神人也是这样来显示他的不材吧！"

宋国有个叫荆氏的地方，适合种植楸树、柏树、桑树。当树木长到一两把粗，想做系猴子木桩的人便把它砍去；长到三围四围，想建高大华丽屋宇的人便把它砍去；长到七围八围，想用它做独板棺木的达官富商便把它砍去。所以它们不能安享天赋的寿命，没成材便中途夭折于刀斧之下，这就是材质有用而招来的祸患。因此古人在禳除灾祸祭祀神灵时，凡是白额头的牛和鼻孔上翻的猪以及生痔疮的人，都不可以用来沉入河中祭祀河神。这些都是巫师所知道的，认为它们都是不吉祥的。但这些正是神人认为最大的吉祥。

【八段】

支离疏（虚构的人物）者，颐（yí，面颊）隐于脐，肩高于顶，会撮（发髻。撮，zuǒ）指天，五管（五脏的穴位）在上，两髀（bì，大腿）为胁（从腋下至肋骨尽处的部分）。挫针（缝衣）治繲（jiè，脏旧的衣服），足以𫗦口（糊口）；鼓（簸）筴（cè，小簸箕）播精（用簸箕筛去糠而得精米），足以食十人。上征武士，则支离攘（捋起袖子）臂而游于其间；上有大役，则支离以有常疾不受功（当差）；上与病者粟，则受三钟（六斛四斗为一钟）与十束（捆）薪（xīn，柴）。夫支离其形者，犹足以养其身，终其天年，又况支离其德（使自己的品德看起来有缺陷）者乎！

【九段】

孔子适（到……去）楚，楚狂接舆（楚国隐士，姓陆名通，字接舆）游其门曰：“凤兮凤兮，何如德之衰也！来世

有个叫支离疏的人，他的脸部隐藏在肚脐下，肩膀高过头顶，脑后的发髻朝天直立，脊背间五脏的穴位向上，两条大腿和胸前肋骨并在一起。他替人缝洗衣服，足以吃饱肚子；替人簸米筛糠，足以养活十口人。国家征召武士时，支离疏捋起衣袖，伸长手臂，在人群间走来走去；国家征用民夫时，支离疏因为残疾而被免除劳役；国家救济贫病者时，就分拨给他三钟口粮和十捆干柴。像他这样身体残缺不全的人，尚且能够养活自己，安享天年，更何况那些忘掉世俗德行的人呢！

孔子来到楚国，楚国的隐士接舆来到他的馆舍门前，唱道：“凤鸟啊，凤鸟啊！你的德行为什么这样衰败呢？未来的时光

不可待，往世不可追也。天下有道，圣人成（成就事业）焉；天下无道，圣人生（保全生命）焉。方今之时，仅免刑焉。福轻乎羽，莫之知载（承受）；祸重乎地，莫之知避。已乎，已乎！临人以德。殆（dài，危险）乎，殆乎！画地而趋。迷阳（荆棘）迷阳，无伤吾行。郤曲（刺榆，一种带刺的小树。郤，xì）郤曲，无伤吾足。”

山木，自寇（自讨砍伐）也；膏（油脂）火，自煎也。桂可食，故伐之；漆可用，故割之。人皆知有用之用，而莫知无用之用也。

是不可期待的，过去的时光也不可追回。天下有道时，圣人可以成就自己的事业；天下无道时，圣人只能保全自己的生命。如今这个时代，即便圣人也仅能免受刑祸。幸福比羽毛还轻，却不知道怎么去承受；祸患比大地还重，却不知道怎么去躲避。算了吧，算了吧！不要在别人面前炫耀自己的德行了。危险啊，危险啊！不要画地为牢盲目投入其中。荆棘啊，荆棘啊，不要妨害我行路。刺榆啊，刺榆啊，不要伤害我的双脚。”

山上的树木因有用而招来砍伐之灾，油脂点燃照明而带来煎熬。桂树的皮肉可以食用，所以遭人砍伐；漆树可做涂料，所以遭人切割。人们都知道有用的用途，却不知道无用的用途。

德充符

题解

《德充符》谈论的是精神世界的修养。庄子在本篇中所讨论的“德”，并非儒家所谓的道德或德行，而是指一种心态。庄子所强调的是要体悟大道，因为宇宙万物都本于大道，世人应该顺应万物的变化，因循自然，遗情忘形，消除是非、宠辱、贵贱、好恶等观念，否定后天的智慧能力、社会约束。庄子认为，要保持自己的天性，就需要绝对地服从天道，体现在观念形态上便是要做到“忘情”和“忘形”。“忘形”就是物我俱化，死生同一；“忘情”即篇中所言“无情”，也就是“不以好恶内伤其身，常因自然而不益生”。

全篇虚构了五个小故事，塑造了六个特型人物，反复强调形残貌丑不影响道德纯美的价值。

原文

【一段】

鲁有兀者（断足之人。兀，wù）王骀（假托的人名。骀，tái），从之游（跟随他的门徒）者与仲尼相若（相等）。常季（传说孔子的弟子）问于仲尼曰：“王骀，兀者

译文

鲁国有一个断了脚的人叫王骀，跟随他游学的门徒数量与孔子的学生差不多。常季问孔子说：“王骀，是一个断了脚的残疾人，

也，从之游者与夫子中分（对半分）鲁。立不教，坐不议，虚而往，实而归。固有不言之教，无形而心成（无形之中心有所获，即潜移默化）者邪？是何人也？”

仲尼曰：“夫子，圣人也。丘也直（只，特）后（落后）而未往耳！丘将以为师，而况不若丘者乎！奚假（何止）鲁国，丘将引天下而与从之。”

常季曰：“彼兀者也，而王（wàng，胜过）先生，其与庸（常人）亦远矣。若然者，其用心也，独若之何？”

仲尼曰：“死生亦大矣，而不得与之变；虽天地覆坠，亦将不与之遗（失，指毁灭）。审（明晰，通晓）乎无假（待，依托）而不与物迁，命（顺任）物之化而守（坚持）其宗（本，主旨）也。”

跟随他学习的人和跟随您学习的人在鲁国各占一半。他对弟子立不施教，坐不讲述，然而跟随他的弟子们去之前头脑空空，回来时大有收获。难道真有不用言语去教诲，而无形之中就能潜移默化吗？这是什么样的人呢？”

孔子说：“这位先生，他是圣人啊！我只是落在后面，还没有来得及向他请教呢。我将拜他为老师，何况那些不如我的人呢！其实何止鲁国，我将引领天下人去向他学习。”

常季说：“他是一个被砍去了脚的人，却能超过您，若与平常人相比则会显得更深远。像他这样的人，运用起自己的心智来又将怎样呢？”

孔子说：“死和生是人生中的一件大事，不会使他随之改变；即使天塌地陷，他也不会随之毁灭。他通晓无所依凭的道理却不随万物一起变迁，听任事物的变化而固守其一贯的主旨。”

常季曰："何谓也？"

常季说："这是什么意思呢？"

仲尼曰："自其异者视之，肝胆楚越也；自其同者视之，万物皆一也。夫若然者，且不知耳目之所宜，而游心（心灵自由驰骋）乎德之和（混同）。物，视其所一而不见其所丧（缺失），视丧其足犹遗土也。"

孔子说："从事物那些彼此相异的一面来看，即使是距离临近的肝与胆看起来也像楚国和越国一样遥远；从事物那些彼此相同的一面去看，万物又都是一样的。像他这样的人，将不会对耳朵和眼睛适合欣赏什么样的声音和色彩感兴趣，而是让自己的心神在无差别无喧闹的和谐境界中自由遨游。对于宇宙万物，从其浑然一同的方面来看就不会在意它所缺失的，所以在他看来，失去了一只脚就像丢掉了一块泥巴似的。"

常季曰："彼为己（修养自己），以其知得其心，以其心得其常心（原始本然之心。此心无分别、无好恶作用）。物（外物，此指众多的门徒）何为最（聚，归依）之哉？"

常季说："王骀只是修养自己罢了，用他的智慧获得明理之心，再用这个明理之心去获得没有分别、没有善恶的本然之心。他这样，那么众人为什么还归附在他身边呢？"

仲尼曰："人莫鉴（jiàn，照）于流水，而鉴于止水，唯止能止众止。受命于地，唯松柏独也正，在冬夏青青；受命于天，唯尧（yáo）、舜（shùn）独也正，在万物之首。

孔子说："人不能在流动的水面照见自己的身影，而在静止的水面才能照出自己的影子，只有静止的事物才能让别的东西也静止下来。树木都从大地接受生命，只有松柏得到了自然的正气，枝叶冬夏常青；众人类都从上天接受了生命，只有尧舜禀受了天地间的正气，成为万民的首领。

幸能正生（端正自己的心性。生，通“性”），以正众生。夫保始之征（信，诺言），不惧之实（品质），勇士一人，雄入于九军（天子六军，诸侯三军，合称九军，此指军队众多）。将求名而能自要（要求）者而犹若是，而况官（主宰）天地，府（包藏）万物，直（只）寓（寄托）六骸（头、身、四肢，代指人体。骸，hái），象（虚像，形式）耳目，一（同一）知之所知而心未尝死（丧失）者乎！彼且择日（指日）而登假（升于高远。假，通“遐”，高远），人则从是也。彼且何肯以物为事乎！”

幸而他们能够使自己的心性纯正，也就能够端正众人的品性。那些遵守先前的诺言，具有无所畏惧品质的勇士，就是独自一人，也敢冲入敌人的千军万马中作战。将士为了寻求名誉尚且能够严格要求自己，更何况主宰天地，包藏万物，只是把身体当作寄托的所在，把耳目当作虚设的形式，把人们的所有认识都视为同一而未曾失去其本然之心的人呢！王骀指日将飞升，与大道冥合为一体。别人都乐于追随他。他又把众人的追随当成一回事呢！”

孔子，名丘，字仲尼，春秋时期鲁国人。我国古代著名的思想家、教育家和古文献整理家，儒家学派的创始人。他创办私学，据说他教过的弟子达三千余人，有名的弟子七十二人。孔子整理了当时通行的《诗》《书》《礼》《乐》《易》，并修订了《春秋》。孔子的思想不仅影响了古代中国，也影响着当代中国，对全世界也产生巨大影响。目前全世界已有孔子学院475所，孔子课堂851个。

【二段】

申徒嘉（姓申徒，名嘉，郑国贤人），兀者也，而与子产（姓公孙，名侨，字子产，春秋时期郑国人）同师于伯昏无人（虚构的人物）。子产谓申徒嘉曰："我先出则子止，子先出则我止。"其明日，又与合堂同席而坐。子产谓申徒嘉曰："我先出则子止，子先出则我止。今我将出，子可以止乎？其（还是）未邪？且子见执政（子产为郑国执政大臣，故自称执政）而不违（回避），子齐（等同）执政乎？"

申徒嘉曰："先生之门，固有执政焉如此哉？子而（乃）说（yuè，通"悦"，愉快）子之执政而后人（瞧不起别人）者也？闻之曰：'鉴（镜子）明则尘垢不止，止则不明也。久与贤人处则无过。'今子之所取（获取）大（指学问道德精深）者，先生也，而犹出言若是，不亦过（过分）乎？"

申徒嘉是一个被砍了脚的人，与郑国的子产同是伯昏无人的弟子。子产对申徒嘉说："我若先出去你就留下，你若先出去我就留下。"第二天，他们又在同一个屋子同一张席子上坐着。子产又对申徒嘉说："我若先出去你就留下，你若先出去我就留下。现在我要出去了，你可以停留一会儿吗？还是不能呢？况且你看见我都不懂得回避，难道是你也把自己看成是执政大臣而想与我平起平坐吗？"

申徒嘉说："先生门下的弟子，哪有像你这样端着执政大臣的架子来拜师学习的呢？你这是以自己拥有执政大臣的地位而沾沾自喜，而瞧不起别人吧？我听说过这样的话：'镜子明亮就不会有灰尘落下，落上灰尘镜子就不会明亮了。长久地和贤人相处在一起就不会犯过错。'现在你求取的是先生精深的学问道德，竟然还说出这样的话来，不是太过分了吗？"

子产曰："子既若是（如此，指断足）矣，犹与尧争善。计（估量，衡量）子之德，不足以自反（反省）邪？"

申徒嘉曰："自状（申述）其过（过错），以（认为）不当亡者（形体残缺的人）众；不状（陈述，辩解）其过，以不当存者寡。知不可奈何而安之若命，唯有德者能之。游于羿（yì，尧时的神射手）之彀中（弓箭射击范围之内。彀，gòu，使劲张弓）。中央者，中（zhòng，射中）地也；然而不中者，命也。人以其全足笑吾不全足者多矣，我怫然（生气时盛怒的样子。怫，fú）而怒，而适（到）先生之所，则废然（怒气消除的样子）而反（通"返"，返回）。不知先生之洗我以善（以善来教导我）邪，吾之自寐（自我觉悟）邪？吾与夫子游十九年矣，而未尝知吾兀者也。

子产说："你已经是身体残缺的人了，还与尧争善心。你估量一下自己的德行，受过断足之刑还不足以让你自省吗？"

申徒嘉说："对自己的过错做自我辩解，认为不应当受断足之害的人很多；不为自己的过错做辩解，认为自己不应当保留足的人很少。知道事情的无可奈何而能安然面对，把它视为自然命运的安排，那只有有德的人才能做得到。人活在这个世界上，就像处在善射的后羿张弓搭箭的射程之内。那中心之地，正是弓箭最容易射中的地方；然而有时没有被射中，那是命运。那些双脚齐全而嘲笑我形体残缺不全的人很多，我听了会非常生气；可是只要来到伯昏无人先生这里，我的怒气就全消失了。不知这是先生用善道教导了我，还是自己跟随先生时间久了而自我觉悟的呢？我跟随先生已经十九年了，先生却从来没有觉得我是一个断了脚的人。

今子与我游于形骸之内（指人的精神世界），而子索我于形骸之外（外貌，指身体残疾），不亦过乎！”

子产蹴然（惭愧不安的样子。蹴，cù）改容更貌曰：“子无乃（读为“仍”，复，再）称（称述）！”

现在你与我交往于道儒的修养之中，你却用外在的形貌来要求我，这不算过错吗？”

子产很惭愧，收敛了刚才得意的神色，恭敬地说：“请你不要再说下去了！”

【三段】

鲁有兀者叔山无趾（虚构人物。无趾，脚趾被砍去），踵见（用脚后跟行走去求见。踵，zhǒng）仲尼。仲尼曰：“子不谨（谨慎），前既犯患（忧患，这里指过失、过错）若是（像这样）矣。虽今来，何及矣！”

无趾曰：“吾唯不知务（时务）而轻用吾身，吾是以亡足。今吾来也，犹有尊足者（即“尊于足者”，比足还尊贵的东西，指道德）存，吾是以务全之也。夫天无（没有什么）不覆，地无不载，吾以夫子为天地，安知夫子之犹若是也！”

鲁国有一个被砍去脚趾的人名叫叔山无趾，用脚后跟走路去拜见孔子。孔子说：“你不谨慎，以前竟然犯了这样的过错。现在即便来向我请教，又哪里来得及呢！”

无趾说：“我因不识时务才轻率地作践自己的身体，以致断去了脚趾。现在我来这里，是因为有比脚还尊贵的东西存在，我想务求保全它。苍天没有什么不覆盖，大地没有什么不承载，我把先生当作天地，哪里知道先生也是以貌取人的人呢！”

孔子曰："丘则陋（lòu，浅薄，鄙陋）矣！夫子胡不入乎？请讲以所闻。"

孔子说："我实在是浅薄得很！先生怎么不进来呢？请把您所听到的对我讲一讲。"

无趾出。孔子曰："弟子勉之！夫无趾，兀者也，犹务学以复补前行之恶，而况全德（形体健全）之人乎！"

无趾走了。孔子对他的弟子们说："你们应该努力啊！无趾虽是一个被断了脚趾的人，还努力求学以弥补以前行为中的过错，何况我们这些形体健全的人呢！"

无趾语老聃（老子。聃，dān）曰："孔丘之于至人，其未邪？彼何宾宾（犹"频频"）以（而）学子（即"学于子"。子，对老聃的尊称）为？彼且蕲（qí，追求）以諔诡（chù guǐ，奇异）幻怪之名闻，不知至人之以是为己桎梏（zhì gù，镣铐。在脚为桎，在手为梏）邪？"

无趾对老子说："孔丘这个人，拿得道的至人标准来衡量，他恐怕还没有达到吧？他为什么不停地来向你求教呢？他还要追求以奇异怪诞的名声传扬天下，难道不懂得得道之人都把这些视为是束缚自己的枷锁吗？"

老聃曰："胡不直使彼以死生为一条（一致），以可不可为一贯（相通）者，解其桎梏，其可乎？"

老子说："你为什么不让他了解生死一体、是非同一的道理，从而解除束缚他的枷锁，这样可以了吧？"

无趾曰："天（自然）刑（惩罚）之，安可解！"

无趾说："这是来自自然的惩罚，怎么可以解除呢！"

【四段】

鲁哀公问于仲尼曰："卫有恶人（容貌丑陋的人）焉，曰哀骀它（āi tái tuō，虚构人名）。丈夫与之处者，思而不能去也；妇人见之，请于父母曰'与为人妻，宁为夫子妾'者，十数而未止也。未尝有闻其唱（倡导）者也，常和人而已矣。无君人之位（人君的地位）以济（救助）乎人之死，无聚禄（积聚钱财）以望（本指月满，此指饱）人之腹，又以恶骇（hài，惊骇，害怕）天下，和（hè，附和）而不唱，知不出（超出）乎四域（四方，指人世），且而雌雄（指妇人、丈夫）合（亲近）乎前，是必有异乎人者也。寡人召而观之，果以恶骇天下。与寡人处，不至以月数，而寡人有意乎其为人也；不至乎期（jī，一周年）年，而寡人信之。国无宰（主持政务的官员），寡人传国（把国事委托于人）焉，闷然（无心的样子）而后应，

鲁哀公问孔子说："卫国有一个相貌丑陋的人，名叫哀骀它。男子和他相处，都想念他而舍不得离开；女子见到他，便请求父母说，'与其做别人的妻子，还不如做这位先生的妾'，这样的女子已经十多个了，而且还在增加。从未听过他倡导什么，只是附和别人罢了。他没有君主的权位去挽救那些濒临死亡的人们，也没有聚敛大量财物为人们解决温饱，他又因面目丑陋而使天下人惊骇，总是附和别人而不倡导什么，他的认识也没有过人之处，男女却都愿来亲近他，他一定有不同于别人的地方。我把他召见观察他，果然面貌丑陋得足以让天下人惊骇不已。他和我相处不到一个月，我就对他的为人很欣赏；不到一年，我就十分信任他了。国家没有主持政务的官员，我便把国事委托给他，他一副心不在焉无心应承的样

氾然（漠不关心的样子。氾，同“泛”）而若辞。寡人丑（惭愧）乎，卒（最终）授之国。无几何也，去寡人而行。寡人恤（xù，忧虑）焉若有亡（失）也，若无与乐是国也。是何人者也？”

仲尼曰：“丘也尝使（游）于楚矣，适见豚子（小猪。豚，tún）食（吃奶）于其死母者。少焉眴若（惊慌的样子。眴，shùn），皆弃之而走。不见己焉尔（才如此），不得类（不同一类，指不像活着的样子）焉尔。所爱其母者，非爱其形也，爱使（支配，主宰）其形者也。战而死者，其人之葬也不以翣（shà，棺材的装饰品）资（送）；刖（yuè，砍掉脚底的刑罚）者之屦（jù，用葛麻制成的鞋），无为爱之。皆无其本矣。为天子之诸御（指宫女及其嫔妃），不爪翦（同“剪”），不穿耳；取妻者止于外，不得复使。形全犹足以为尔，而况全德之人乎！今哀骀它未

子，漠不关心又像要推却。我自愧不如，感到很羞愧，最终还是把国事交给他了。没过多长时间，他又离我而去了。我很忧郁好像丢失了什么似的，感觉整个国家像再没有谁可以和我共享欢乐了一样。他究竟是什么样的人呢？”

孔子说：“我曾经到楚国游玩，看见一群小猪正在吮吸一头死去的母猪的乳汁。不一会儿，小猪们都露出惊恐不安的样子，抛开母猪而逃离了。这是因为小猪发现母猪已经没有了任何的感觉，不像活着时候的样子，才弃它而去。小猪爱它们的母亲，不是爱它的形体，而是爱主宰形体的精神啊。埋葬战死疆场的士兵不用棺材饰物；被砍去了脚的人，对原来的鞋子没理由再去珍爱，这都是因为他们失去了根本啊！做天子嫔妃的，不剪指甲，不穿耳眼；娶妻的内侍不能再进宫去服役。为保全形体的完整尚且能做到这一点，更何况德行完美的人呢！现在哀骀它还没有

言而信，无功而亲，使人授己国，唯恐其不受也，是必才全（天性完美未损）而德不形（显露）者也。”

哀公曰：“何谓才全？”

仲尼曰：“死生、存亡、穷达、贫富、贤与不肖（品行不好。肖，xiào）、毁誉、饥渴、寒暑，是事之变，命（天命，自然）之行也。日夜相代（替）乎前，而知（同“智”）不能规（读作“窥”，观察）乎其始者也。故不足以滑（乱）和（和顺），不可入于灵府（心灵）。使之和豫（和顺安适）通（流畅）而不失于兑（悦），使日夜无隙（间断）而与物为春（与物同游于春和之中），是接而生时于心者也。是之谓才全。”

“何谓德不形？”

曰：“平者，水停之盛（极）也。其可以为法（效法、借鉴）也，内保之而外不荡（激荡）也。德者，成和之修（养成和顺

开口就得到信任，没有功业也能获得亲敬，能让别人情愿把国政交付给他而还担心他不会接受，他一定是天性完美未损而又不愿把高尚德行显露在外的人啊！”

鲁哀公问：“什么叫天性完美无损呢？”

孔子回答说：“像死生、存亡、穷达、贫富、贤与不肖、毁誉、饥渴、寒暑，这些都是事物的变化，天命的运行。它们就像日夜在我们面前更替一样，我们的智力却不能窥探到它们的起始。所以这些变化不足以扰乱我们和顺的本性，不会侵扰我们的心灵。能使心灵和顺安逸、通畅而不失怡悦，能日夜不间断地与万物融会呈现出欣欣向荣之气，能让它在与外界万物的接触中无时不有和谐感应。这就叫作天性完美无损。”

鲁哀公问：“什么叫作德行不显露呢？”

孔子回答说：“平，是水最极端的静止状态。它可以作为我们取法的准则，内心保持极端的静止状态，外部就不会被激荡。道德可以帮助我们成就和顺的修养。

的修养）也。德不形者，物不能离也。”

哀公异日以告闵子（姓闵，名损，字子骞，鲁人，孔子弟子。闵，mǐn）曰：“始也吾以南面而君天下，执民之纪（纲纪）而忧其死，吾自以为至通（非常通达）矣。今吾闻至人之言，恐吾无其实，轻用吾身而亡其国。吾与孔丘，非君臣也，德友而已矣！”

道德不显露形迹，万物自然亲附它不肯离去。”

鲁哀公有一天把孔子的话告诉了闵子骞，说：“起初，我以国君的地位治理天下，执掌着国家的纲纪并忧虑着人民的生死，我以为自己最通达了。现在我听了至人的言论之后，非常担心我没有治国忧民的实际政绩，只是轻率地动用了我的身心，而使国家陷入危亡的境地。我和孔子并不是君臣，而是以道德相交的朋友。”

【五段】

闉跂支离无脤（曲足、伛背、无唇，形容一个人形残貌丑，并以此特征作为人物名字，是虚构人物。闉，yīn；脤，chún）说（shuì，游说）卫灵公，灵公说（同“悦”）之；而视全人，其脰（dòu，颈）肩肩（细长的样子）。瓮盎（wèng àng，盆）大瘿（yǐng，瘤子。瓮盎大瘿，脖子上长着盆子大的瘤子，这里用形体特征来指虚构的人物）说齐桓公，桓公说之；而视全人，其脰肩肩。故德有所长而形有所忘。

有一个跛脚、伛背、无唇的人去劝说卫灵公，卫灵公很喜欢他；看到身体健全的人，反而觉得他们的脖颈太细长了。一个脖子上长着大瘤子的人游说齐桓公，齐桓公很喜欢他；再看到那些身体健全的人，反而觉得他们的脖子太细长了。所以，道德上有所建树，他们形体上的缺陷就会被人所遗忘。

人不忘其所忘而忘其所不忘，此所谓诚（真）忘。故圣人有所游，而知为孽（niè，灾孽），约（约束，指礼仪之类）为胶（胶着），德（通“得”，施小恩小惠）为接（交接），工（工巧）为商（做生意）。圣人不谋，恶（wū，怎么）用知？不斫（zhuó，砍），用胶？无丧，恶用德？不货，恶用商？四者，天鬻（yù，同“育”，养育）也；天鬻者，天食也。既受食于天，又恶用人！有人之形，无人之情。有人之形，故群于人，无人之情，故是非不得于身。眇（miǎo，细小，微小）乎小哉，所以属于人也！謷（áo，高大）乎大哉，独成其天！

人们如果不能忘记他们本来应该忘记的东西（形体缺陷），却忘记了他们所不应该遗忘的东西（道德），这才是真正的遗忘。所以圣人优游自适，把智巧看作是灾孽，把礼仪的约束看作是禁锢，把施加小恩小惠看作是交接外物的手段，把工巧看作是商贾的行径。圣人从不处心谋虑，哪里用得着智慧？不雕琢万物，哪里会用得着胶漆？不感到缺损什么东西，哪里用得着推行道德？不购买什么，哪里还用得着通商交换？这四种做法就叫作天养。所谓天养，就是承受大自然的供给。既然秉承大自然的养育，又哪里用得着人为的东西呢！圣人虽然有人的形体，却没有世俗之人的性情；有人的形体，所以能和人们结成群体；无世俗的人情，所以世俗之间的是非纷争都影响不了他。渺小啊，与人同类！伟大啊，独能与自然浑融一体！

【六段】

惠子谓庄子曰：“人故无情乎？”庄子曰：“然。”惠子曰：“人而无情，何以谓之人？”庄子曰：“道与之貌，天与之形，恶（wū，怎么）得不谓之人？”惠子曰：“既谓之人，

惠子对庄子说：“人本来就没有情吗？”庄子说：“是这样的。”惠子说：“人如果没有情，怎么还可以称作是人呢？”庄子说：“道赋予他容貌，天赋予他形体，怎么不能称作是人呢？”惠子说：“既然被称作是人，

恶得无情？”庄子曰：“是非吾所谓情也。吾所谓无情者，言人之不以好恶内伤其身，常因（顺应）自然而不益（增益）生（生命）也。”惠子曰：“不益生，何以有其身？”庄子曰：“道与之貌，天与之形，无以好恶内伤其身。今子外乎子之神，劳乎子之精，倚树而吟，据（靠）槁梧（gǎo wú，枯槁的梧桐树）而瞑（睡眠）。天选（选择，授予）子之形，子以坚白（即“坚白论”，战国时著名的论题）鸣！”

怎么会没有情呢？”庄子说：“是是非非的分别是我所说的‘情’。我所说的无情，是说人不要以好恶爱憎之类的‘情’损害了自己的本性，要经常顺其自然而不人为地随意增益生命。”惠子说：“不去人为地增益生命，怎么会保存自己的身体呢？”庄子说：“道赋予人容貌，天赋予人形体，不要以外在的好恶而伤害了自己内在的本性。现在你放纵自己的心神、耗费自己的精力去追逐外物，倚着树干呻吟，靠着干枯的梧桐树打瞌睡。大自然给予了你形体，你却对坚白之论争论不休。”

大宗师

题解

“宗”有敬仰、尊崇之意，篇名“大宗师”，意思就是尊奉万物之宗、万众之师的天道，或者尊崇天道的体现者——“古之真人”。庄子认为古之真人，能够忘怀于物，淡情寡欲，不计生死，随物而变，天人合一。真人能够做到“无人”“无我”，能够体察大道。在本篇里有庄子论道最重要、最完整的文字，是其哲学思想的纲领。庄子用“相濡以沫，不如相忘于江湖”的形象譬喻，说明大道才是人们存身立命的处所。接下来论述了道的修养以及道的传授。做人要安时处顺，随顺自然，作者连用三个寓言故事表明对生死的态度。最后达到忘却生死，摒弃仁义礼乐，进一步进入坐忘的境界。

原文

【一段】

知天（自然）之所为（有所作为），知人之所为者，至矣！知天之所为者，天而生（顺应自然而生）也；知人之所为者，以其知（通“智”，智慧）之所知，以养其知之所不知，终其

译文

知道天道自然的运化，也知道人类所为，可谓达到认知的极致了。知道自然的作用，便是认识了万物皆顺应自然而产生；知道了人类的所为，就是用自己的智慧所通晓的知识去涵养他的智慧所未通晓的知识，使自己能

天年而不中道夭者，是知之盛也。虽然，有患。夫知有所待(所依赖的对象作为认识的条件)而后当(得当)，其所待者特(但)未定也。庸讵(yōng jù，怎么)知吾所谓天之非人乎？所谓人之非天乎？且有真人而后有真知。

享尽天然的寿命而不中途夭折，这是智力的最高境界了。虽然这样，还是有问题。认识一定要有所依赖的对象作为条件而后才能判断它是否正确，而认识所反映的对象又是不稳定的。怎么知道我所说的自然作用不是人类所为呢？所说的人类所为不是自然作用呢？有了真人然后才会有真知。

【二段】

何谓真人？古之真人，不逆(忤逆)寡(少)，不雄成(以自己的成功傲视他人)，不谟士(即"谋事"，谋虑事情。谟，mó。士，通"事")。若然者，过而弗悔，当而不自得也。若然者，登高不栗(lì，害怕，恐惧)，入水不濡(rú，湿)，入火不热。是知之能登假(至)于道者也若此。

什么叫作真人呢？古代的真人，不忤逆微少，不自恃成功，不谋虑事情。像这样的人，错过了时机而不会懊悔，等到了机会也不自得。若能做到这样，登高不会惧怕，下水不会沾湿，在火中也不觉燥热。只有认识达到了大道境界的人才能做到这样。

【三段】

古之真人，其寝(qǐn，睡觉)不梦，其觉(jué，睡醒)无忧，其食不甘，其息深深。真人之息以踵(zhǒng，脚后跟)，众人之息以喉。屈服者，其嗌

古代的真人，睡觉时不做梦，醒来时不忧愁，饮食不求精美，呼吸深沉静默。真人的气息通达脚跟，普通人的气息止存喉咙。辩论中被屈服的人，他的言

(ài,咽喉窒塞)言若哇(呕吐)。其耆(shì,同"嗜",嗜好)欲深者,其天机(天然的本能)浅。

语吞吐就像喉头被堵塞一般难受。那些嗜好欲望深重的人,其天然本性就变得单薄了。

【四段】

古之真人,不知说(yuè,同"悦")生,不知恶(wù,厌恶)死;其出不䜣(同"欣",欣喜),其入不距(通"拒",拒绝);翛然(无拘无束、自由自在的样子。翛,xiāo)而往,翛然而来而已矣。不忘其所始,不求其所终;受而喜之,忘而复之。是之谓不以心损道,不以人助天,是之谓真人。若然者,其心忘,其容寂,其颡(sǎng,额)頯(kuí,宽大的样子);凄然似秋,暖然似春,喜怒通四时,与物有宜而莫知其极。故圣人之用兵也,亡国而不失人心;利泽施乎万世,不为爱人。故乐通物,非圣人也;有亲(指偏爱),非仁也;天时(选择时机),非贤也;利害不通,

古代的真人,不贪图生的快乐,也不厌恶死的痛苦;出生了不欣喜,入土了不拒绝;无拘无束地离开人世,无拘无束地来到人世而已。不忘记生命的本源,不寻求自己的归宿;接受了自然赋予的生命而欣然自得,忘却了生死而回归到自然。这就叫作不以自己的心智毁弃自然之道,不以人为的力量去辅助天命,这就叫作真人。像这样的人,心思安定忘记了一切,容貌静寂安闲,额头宽大扁平;他表情严肃得像肃杀的秋天,态度和蔼又像温暖的春天;喜怒无心,如同四季一样,随事合宜,无迹可寻。所以圣人即便发动战争,灭亡了别的国家却也不会失掉敌国的人心;恩泽延续到万世,并非偏爱什么人。所以说,有心与外界交往而取悦于人的,就不是圣人;对人有亲疏之分的,就不是仁人;做事揣度以求合于天时的,就不是贤人;不能看到利害相通相融的,

非君子也；行名（追求名声）失己，非士也；亡身不真，非役人也。若狐不偕、务光、伯夷、叔齐、箕子、胥余、纪他、申徒狄，是役人之役（为人所役），适人之适，而不自适其适者也。

就不是君子；追求虚名而迷失自己本性的，就不是士人；自丧真性，只能被人役使，就不是役使之人。像狐不偕、务光、伯夷、叔齐、箕子、胥余、纪他、申徒狄，他们都是为人所役，把别人的快乐当自己的快乐，而不是以自己的快意为快意。

阅读指导

狐不偕：姓狐，字不偕，古代贤人。一说尧时人，不接受禅让，投河而死。

务光：夏末隐士，汤让天下而不受，投河而死。

箕子：商纣王的叔叔，因忠谏不从而佯狂为奴，被纣王囚禁。

胥余：不详。旧注说是箕子之名，或谓比干、伍子胥。

纪他：商时隐士，担心汤让位，投窾水而死。

申徒狄：商时人。因仰慕纪他，负石沉河而死。

伯夷和叔齐，分别是殷商末年孤竹君的长子和三子。相传孤竹君晚年时欲立三子叔齐继承君位，等到孤竹君去世后，叔齐打算让位于伯夷，但伯夷认为这样做违背了父亲生前的遗愿，就逃离了孤竹国。人们又推叔齐继位，叔齐认为如果自己继承了君位，不合兄弟道义，也逃离了孤竹国。

【五段】

古之真人，其状（形体）义（读为“峨”，巍峨）而不朋（读为“崩”，崩坏），若不足而不承；与（通“豫”，安闲）乎其觚（gū，通“孤”，超群）而不坚（固执）也，张（大度）乎其虚而不华也；邴邴乎（安适的样子。邴，bǐng）其似喜也，崔崔乎（活动的样子）其不得已也。滀（chù，本指水积聚，这里指容颜和悦而有光泽）乎进我色也，与乎止（归依）我德也，广乎其似世（通“大”）也，謷（áo，高）乎其未可制也，连乎（沉默不语）其似好闭也，悗（mèn，不经意）乎忘其言也。以刑为体，以礼为翼，以知（同“智”）为时，以德为循。以刑为体者，绰（宽大）乎其杀也；以礼为翼者，所以行于世也；以知为时者，不得已于事也；以德为循者，言其与有足者至于丘（山丘）也，而人真以为勤行者也。故其好之也一（相同），

古代的真人，他的形体高大而不崩坏，好像不足却无须承受；他安闲特立而又不固执，胸怀宽广而不浮华；他安静自适，面带喜色，一举一动仿佛出于不得已。他容颜和悦令人可亲，德行宽厚令人归依，内心博大似宽广的世界，意态高远而不可驾驭，沉默不语好像封闭了自我，漫不经心好像忘记了自己要说的话。他把刑律作为主体，把礼仪作为辅助，凭借着智慧适时应变，以高尚道德作为处事准则。以刑律为主体的人，杀人也是宽厚仁慈的；以礼仪为辅助的人，正是为了推行于世；以智慧审时的人，是不得已应付世事；以道德为准则的人，与有脚的人能登上山丘一样平常，可世人却认为他是勤于行走的人。所以，真人无心好恶，喜欢和厌恶的都浑然一样。他把万物混同为一，

其弗好之也一。其一也一，其不一也一。其一与天为徒，其不一与人为徒。天与人不相胜（对立）也，是之谓真人。

一样与不一样都是相同的。当他混同万物时，与天道同游；当他处于芸芸众生之间，则与世人同类。天人合一，互不对立，达到这种境界的就是真人。

【六段】

死生，命（自然而不可避免的）也；其有（通"犹"）夜旦之常，天（自然规律）也。人之有所不得与（干预），皆物之情（本性）也。彼（人）特（独）以天为父，而身犹爱之，而况其卓（卓越、伟大，指天道）乎！人特以有君为愈乎己，而身犹死之，而况其真乎！

人的生死是不可避免的生命活动，就像昼夜交替一样，都是自然规律。人是无法干预的，这都是事物的本性。人们把天看作是生命之父，而终身爱戴它，更何况那派生天地的伟大天道呢！人们认为君主的才智、地位超过自己，应该舍身为他效忠，何况主宰万物的大道呢！

【七段】

泉涸（hé，水干），鱼相与处于陆，相呴（xǔ，吐气）以湿，相濡（rú，沾湿）以沫，不如相忘于江湖。与其誉尧（yáo）而非桀（jié，夏朝末代君主，是个暴君）也，不如两忘而化其道（同化于大道）。

泉水干涸了，鱼儿一起被困在陆地上，相互吐气以湿润周身，又用唾液沾湿对方，与其这样，倒不如在江湖里自由自在，彼此相忘。与其赞誉唐尧而责难夏桀，不如把两人的是非善恶都忘掉，同化于大道之中。

【八段】

夫大块(天地)载我以形(是"以形载我"的倒装,下三句同。载,承受,寄托),劳我以生,佚(通"逸",闲逸)我以老,息(安息)我以死。故善(好事)吾生者,乃所以善吾死也。夫藏舟于壑(hè,山谷),藏山于泽,谓之固(牢固)矣!然而夜半有力者负(背)之而走,昧者不知也。藏小大(即"藏小于大")有宜,犹有所遁(dùn,失)。若夫藏天下于天下而不得所遁,是恒(常)物之大情(本质)也。特犯(通"范",铸造)人之形而犹喜之。若人之形者,万化而未始有极也,其为乐可胜计邪!故圣人将游于物之所不得遁而皆存。善妖(通"夭",少)善老,善始善终,人犹效之,又况万物之所系(从属)而一化(一切变化)之所待(所依赖的,指大道)乎!

天地赋予我形体使我有所寄托,给予我生命使我操劳,又用衰老使我安闲,又用死亡让我安息。所以,我把我的生存看作是好的事,也必然会把我的死去看作是好的事。把船藏在山谷里,把山隐在深泽中,可以说是很牢固的了。然而,半夜有大力士把它们背走,愚昧的人一点儿也不知道。把小的东西藏在大的地方很适宜,但不免还会丢失。假若把天下藏于天下之中,是不会丢失的,这是万物固有的至理。人们一旦获得自然所赋予的形体就欣然自喜。如果知道人的形体,即使千变万化也是未曾有穷尽的,那这样获得的乐趣岂能数得清呢!所以圣人遨游于万物不会亡失的境界中而与大道共存。他能够坦然地面对寿命长短与生老病死,人们都去效法他,何况对于万物的根源、各种变化所依赖的大道呢!

【九段】

夫道有情（实）有信（真），无为无形；可传而不可受（通"授"），可得（内心领悟）而不可见；自本自根，未有天地，自古以固存；神鬼神帝，生天生地；在太极（指混沌之气）之先而不为高，在六极（六合，指天地和四方）之下而不为深，先天地生而不为久，长于上古而不为老。狶（xī）韦氏得之，以挈（qiè，整顿）天地；伏戏（读作"伏羲"）氏得之，以袭（xí，调和）气母（元气）；维斗（北斗星）得之，终古不忒（tè，差错）；日月得之，终古不息；堪坏（昆仑山之神。坏，pēi）得之，以袭（入）昆仑；冯夷（黄河之神）得之，以游大川；肩吾（泰山之神）得之，以处大山；黄帝得之，以登云天；颛顼（zhuān xū，黄帝子孙）得之，以处玄宫（北方帝宫）；禺强（水神）得之，立乎北极；西王母得之，坐乎少广（山名），莫

大道是真实可信的，它无所作为，也没有留下任何形迹；它可以心传而不可以口授，可以领悟而不可以用眼睛看；它是万物最原始的本根，没有天地之前，本来就已存在着；它产生了鬼和天，能产生天地；它在混沌之气之先也不算高远，在天地四方之下也不算深邃，先于天地之前产生也不算长久，年代早于上古也不算老。豨韦氏得到大道，就用它来整顿天地；伏羲氏得到大道，就用它来调和元气；北斗星得到大道，永远不会改变它的运行轨道；日月得到大道，就会运行不止；堪坏得到大道，可以入主昆仑；冯夷得到大道，可以遨游大河；肩吾得到大道，可以镇守泰山；黄帝得到大道，可以登天成仙；颛顼得到大道，可以居住北方帝宫；禺强得到大道，可以立足北极；西王母得到大道，可以端坐少广山，没有

知其始，莫知其终；彭祖得之，上及有虞，下及五伯（五霸。即齐桓公、晋文公、秦穆公、楚庄王、宋襄公）；傅说（殷时贤臣）得之，以相武丁，奄（囊括）有天下，乘东维（与下文“箕尾”皆星名），骑箕尾，而比（并列）于列星。

人知道大道的开始，也不知道它的结束；彭祖得到大道，寿命延长，从虞舜时代一直活到五霸时代；傅说得到大道，用以辅佐殷高宗武丁，才统治天下，他死后乘着东维星与箕尾星，列于众星之中。

【十段】

南伯子葵（虚拟的人物，即南伯子綦）问乎女偊（虚拟的得道之士。偊，yǔ）曰：“子之年长矣，而色若孺子，何也？”

曰：“吾闻道矣。”

南伯子葵曰：“道可得学邪？”

曰：“恶！恶可！子非其人也。夫卜梁倚（虚拟的人物）有圣人之才（资质）而无圣人之道（虚淡之心境），我有圣人之道而无圣人之才。吾欲以教之，庶几（或许）其果为圣人乎？不然，以圣人之道告圣人之才，亦易矣。吾犹守（坚持）而告之，参（同“三”）日而后

南伯子葵问女偊：“你的年寿很高了，怎么看起来面色还像小孩呢？”

女偊回答说：“我得到道了。”

南伯子葵又问：“道可以学吗？”

女偊说：“不！不可以！你不是可以学道的那种人。卜梁倚有圣人的资质而没有圣人的虚淡之性，我有圣人的虚淡之性却没有圣人的才质。我准备教导他，或许他可以成为圣人吧？即使不能，用圣人之道指导具备圣人之才的人是很容易的。我坚持着引导他，三天后

能外天下（遗忘天下）；已外天下矣，吾又守之，七日而后能外物（忘物）；已外物矣，吾又守之，九日而后能外生（忘身）；已外生矣，而后能朝彻（通）；朝彻，而后能见独（道独立无待，故独可指道）；见独，而后能无古今；无古今，而后能入于不死不生。杀生者（与下文"生生者"同指道）不死，生生者不生。其为物，无不将（送）也，无不迎也，无不毁也，无不成也。其名为撄（yīng，扰动）宁（安宁）。撄宁也者，撄而后成者也。"

南伯子葵曰："子独恶乎闻之？"

曰："闻诸副墨（文字。同下文的洛诵、瞻明、聂许、需役、于讴、玄冥、参寥、疑始，皆据意假托之名）之子，副墨之子闻诸洛诵（反复诵读。洛，通"络"）之孙，洛诵之孙闻之瞻明（见解洞彻。瞻，zhān），瞻明闻之聂许（耳闻心许），聂许闻之需役（践行），需役闻之于讴（吟

他已能将世俗天下抛弃了；既然能遗忘天下了，我继续引导他，七天之后他能把万物置之度外；既然把万物遗忘了，我继续引导他，九天之后他能忘掉自我的存在；既然能将自身忘掉了，心境便能豁然贯通；既然能够彻悟了，便能够体悟绝对的大道；能够体悟大道了，才不会受古今时间的限制；不受古今时间的束缚了，才可达到无生无死的境地。灭绝生命的道，它本身不会死亡，能够产生生命的道，本身不会有诞生的问题。道对于天下万物，无所不送，无所不迎，无所不毁，无所不成。这就叫作'撄宁'。所谓'撄宁'，就是动而后静，乱而后定。"

南伯子葵曰："你是从哪里学的道呢？"

女偊说："我是从副墨的儿子那里学到的，副墨的儿子是从洛诵的孙子那里学到的，洛诵的孙子是从瞻明那里学到的，瞻明是从聂许那里学到的，聂许是从需役那里学到的，需役是从于讴那

咏嗟叹），于讴闻之玄冥（幽深静寂），玄冥闻之参寥（参悟虚寂。寥，liáo），参寥闻之疑始（万物起源）。”

里学到的，于讴是从玄冥那里学到的，玄冥是从参寥那里学到的，参寥是从疑始那里学到的。”

【十一段】

子祀、子舆、子犁、子来（四人都是虚构的人物）四人相与语（相互交谈。语，yù）曰：“孰能以无为首，以生为脊，以死为尻（kāo，脊椎骨末端，指屁股）；孰知死生存亡之一体者，吾与之友矣。”四人相视而笑，莫逆于心，遂相与为友。

子祀、子舆、子犁、子来四人在一起交谈，说：“谁能以‘无’为头颅，以‘生’为脊梁，以‘死’为屁股；谁能认识到死生存亡是一体的，我就和他交朋友。”四人相视而笑，内心契合，彼此结为好友。

俄而（不久）子舆有病，子祀往问之。曰：“伟哉，夫造物者将以予为此拘拘（拘挛弯曲的样子）也。”曲偻发背（弯腰驼背。偻，lóu），上有五管（五脏脉管），颐（yí，面容、脸）隐于齐（古“脐”字），肩高于顶，句赘（发髻）指天，阴阳之气有沴（lì，凌乱，不和）。其心闲而无事，跰跹（pián xiān，走路蹒跚的样子）而鉴（jiàn，照）于井，曰：“嗟乎！

不久子舆生病了，子祀前往探问。子舆说：“伟大啊！造物者把我变成如此蜷曲不展的样子！”子舆变得弯腰驼背，五脏的穴位向上，面颊隐藏在肚脐之下，肩膀高过头顶，发髻向上直竖，阴阳之气郁结不调。可是子舆心态悠闲像没发生什么事似的，他一瘸一拐地走到井边，照着井水中的自己，说：“哎呀！

夫造物者又将以予为此拘拘也。”

子祀曰：“女（通“汝”，你）恶之乎？”曰：“亡（wú，古同“无”），予何恶！浸（逐渐）假（假使）而化予之左臂以为鸡，予因以求时夜（司夜，指公鸡报晓）；浸假而化予之右臂以为弹，予因以求鸮炙（xiāo zhì，烤鸮鸟肉）；浸假而化予之尻以为轮，以神为马，予因以乘之，岂更驾哉！且夫得者，时也；失者，顺也。安时而处顺，哀乐不能入也，此古之所谓县解（解其倒悬。县，通“悬”）也。而不能自解者，物有结之（为阴阳之气所束缚）。且夫物（指人）不胜天久矣，吾又何恶焉！”

俄而子来有病，喘喘然将死。其妻子环而泣之。子犁往问之，曰：“叱！避！无怛化（无需惊惧于生死的变化。怛，dá，惊恐）！”倚其户与之语曰：“伟哉造化！又将奚（xī，何）

造物者又把我变成如此蜷曲不展的样子啊！”

子祀说：“你厌恶这种变化吗？”子舆回答说：“不！我为什么要厌恶呢？假使把我的左臂变成公鸡，我就用它来司晨报晓；把我的右臂变成弹丸，我就用它来获取鸮鸟烤着吃；把我的屁股变成车轮，把我的精神变成马，我就乘着它，哪里还用得着再去寻找别的车驾呢！况且，我获取生命，是适时而得；失去生命，是顺应变化。安于适时而顺应变化的人，悲哀与欢乐的情绪便不会侵扰内心，这就是古人所说的解脱倒悬的束缚。那些不能自我解脱的人，是内心受到了外物的束缚。且人为的力量不能胜过自然的变化已经很久了，我怎么会厌恶这种变化呢！”

不久子来生病了，喘息急促将要死去了。他的妻子儿女围在他身边哭泣。子犁前往探问他，对子来的妻子说：“去！走开！不要惊动将要变化的人！”子犁倚着门对子来说：“伟大的造物者啊！又将把你

以汝为？将奚以汝适（往）？以汝为鼠肝乎？以汝为虫臂乎？”子来曰：“父母于子（“子于父母”的倒文），东西南北，唯命之从。阴阳于人（“人于阴阳”的倒文），不翅（不啻，何止）于父母。彼（指造化）近（使，让）吾死而我不听，我则悍（违逆不顺）矣，彼何罪焉？夫大块（天地）载我以形，劳我以生，佚我以老，息我以死。故善吾生者，乃所以善吾死也。今大冶铸金，金踊跃曰：‘我且必为镆铘（mòyé，宝剑名）！’大冶必以为不祥之金。今一犯（通“范”，铸造）人之形而曰：‘人耳！人耳！’夫造化者必以为不祥之人。今一以天地为大炉，以造化为大冶，恶乎往而不可哉！”成然（安然）寐（mèi，睡着了），蘧然（自得的样子。蘧，qú）觉。

变成何物？将把你送往何方？要把你变成鼠肝吗？要把你变成虫臂吗？”子来说：“子女对于父母，不管东西南北，都要听从父母的话。人对于自然变化，何止于儿子对于父母。自然造化让我去死，我若是不听，就是忤逆不顺了，这有什么过错呢？天地赋予我形体使我有所寄托，给予我生命使我操劳，用衰老使我安闲，又用死亡使我安息。所以我把我的生看作是好事，也必然把我的死看作是好事。譬如现在一个铁匠正在铸造金属器物，金属跳起来说：‘一定要把我铸成良剑镆铘！’铁匠一定会认为它是不祥之器。现在造物者一旦把人铸造出人的形体，这个人就大叫着：‘我是人啦！我是人啦！’造物者一定会认为它是不祥之人。现在把天地作为大熔炉，把造物者作为工匠，天地万物都将处于造物者的铸造之中，那往哪里去不可以呢！”子来安然酣睡般离开了人世，又自得地醒来似回到了人间。

【十二段】

子桑户、孟子反、子琴张（三人都是虚拟的人物）三人相与语，曰：“孰能相与于无相与，相为（wèi，帮助）于无相为？孰能登天游雾（指精神超然物外），挠挑（宛转循环）无极（无穷之境），相忘以生，无所终穷（指死亡）？”三人相视而笑，莫逆于心，遂相与为友。

莫然（即“漠然”，恬淡无心）有间（不久），而子桑户死，未葬。孔子闻之，使子贡往侍事（帮助料理丧事）焉。或编曲，或鼓琴，相和而歌曰：“嗟来（犹“嗟乎”，感叹之声）桑户乎！嗟来桑户乎！而（通“尔”，你）已反其真（返归自然，指死亡），而我犹为人猗（yī，叹词，相当于“啊”）！”子贡趋（快步走）而进曰：“敢问临尸而歌，礼乎？”二人相视而笑曰：“是恶知礼意！”子贡反（通“返”，返回），以告孔子曰：“彼何人者邪？修行无有，

子桑户、孟子反、子琴张三人相互谈论，说：“谁能够在无心交往中相互交往，相互帮助却像没有帮助一样？谁能够超然物外，上下遨巡于无穷之境，忘却生死，而永远没有穷尽呢？”三个人相视而笑，内心契合，于是成为朋友。

他们淡然交往了不久，子桑户死了，还没有下葬。孔子听说后，便派子贡前去帮助办理丧事。只见孟子反和子琴张一人编曲，一人弹琴，相互唱和道：“哎呀，子桑户啊！哎呀，子桑户啊！你已经返归自然了，而我们还寄寓在人世啊！”子贡快步走到他们面前，说：“请问面对着死者的尸体唱歌，符合礼仪吗？”他们俩相互看了看，笑着说：“你们这种人哪里懂得礼的真正本意呢！”子贡回来，把这件事告诉了孔子，说：“他们是什么人呢？不用礼仪修养德行，

而外其形骸，临尸而歌，颜色（脸色）不变，无以命（名，称，形容）之。彼何人者邪？”孔子曰：“彼游方之外（礼教世俗之外）者也，而丘游方之内者也。外内不相及，而丘使女（通“汝”，你）往吊之，丘则陋矣！彼方且（正要）与造物者为人（犹“为偶”，为朋友），而游乎天地之一气（万物之初的混沌状态）。彼以生为附赘（附生的多余的肉疖。赘，zhuì）县疣（悬生的肉瘤。县，同“悬”。疣，yóu），以死为决疢（huàn，皮肤上的肿包）溃痈（yōng，脓疮）。夫若然者，又恶（wū，怎么）知死生先后之所在！假于异物，托于同体；忘其肝胆，遗其耳目；反复终始，不知端倪；芒然彷徨乎尘垢之外，逍遥乎无为之业。彼又恶能愦愦（kuì kuì，纷乱）然为世俗之礼，以观众人之耳目哉！”

子贡曰：“然则夫子何方之依（选择）？”孔子曰：“丘，天

把自身形骸置之度外，面对尸体唱歌，脸上没有一点儿哀戚表情，无法形容他们。他们到底是什么人呢？”孔子说：“他们是超脱尘俗逍遥于人世之外的人，我孔丘是生活在世俗礼教之中的人。超脱之人和入世之人彼此不相接近，我却派你前往吊唁他，这是我的鄙陋啊！他们正要与造物者结为伴侣，遨游于万物之初的混沌状态。他们把生命看作是多余的肉瘤，把死亡看作是脓疮溃破般适意。像他们这样的人，又哪里知道死生先后的区别呢！假借着各种不同的物体，聚合成同一的形体；遗忘内部的肝胆，遗忘外部的耳目；他们把生死变化视作是生命的循环往复，理不出其中的头绪；他们茫茫然神游于现实世界之外，自由自在地逍遥于无所作为的境界中。他们又怎么能心烦意乱地遵守世俗的礼仪，让众人听闻观看呢！”

子贡说：“那么，先生是选择方内还是方外呢？”孔子说：“我是

之戮民也。虽然，吾与汝共（通“拱”，向往）之。”子贡曰：“敢问其方？”孔子曰：“鱼相造（至）乎水，人相造乎道。相造乎水者，穿池而养给；相造乎道者，无事（漠然无所作为）而生（通“性”，心性）定。故曰：鱼相忘乎江湖，人相忘乎道术。”子贡曰：“敢问畸人（异人，不平常的人。畸，jī）。”曰：“畸人者，畸于人而侔（móu，齐，同）于天。故曰：天之小人，人之君子；人之君子，天之小人也。”

摆脱不了方内桎梏的人，终究要遭天道处罚的人。即使这样，我还是与你向往着方外之道。”子贡说：“请问有什么方法能遨游于方外？”孔子说：“鱼追寻水而获得生命，人追寻道而获得生命。追寻水的鱼，挖个水池来养活；追寻道的人，漠然无所作为，心性恬淡不为外物所动。所以说，鱼儿游于江湖之中便会忘掉一切而自由自在，人们游于大道之中便会忘掉一切而逍遥自适。”子贡说：“请问那些方外的不平常之人是什么人？”孔子说：“那些不平常之人是异于世俗而合于自然天道的人。所以说，天道视为的小人，却是人世间的君子；人世间的君子，却被天道视为小人。”

【十三段】

颜回问仲尼曰：“孟孙才（复姓孟孙，名才，鲁人），其母死，哭泣无涕，中心不戚，居丧不哀。无是（指眼泪、心悲、情哀）三者，以善处丧盖鲁国，固有无其实（处丧之心）而得其名（善于处丧的名声）者乎？回壹（yī，语气助词，表示强调）怪之。”

颜回问孔子说：“孟孙才的母亲死了，他哭泣没有眼泪，心中不忧伤，服丧不哀恸。他没有做到哭泣、心悲、情哀，却以善于处理丧事而闻名鲁国，难道有不具备处丧的真实内心便可博得善于处丧的虚名吗？我觉得很奇怪。”

仲尼曰："夫孟孙氏尽之（尽到服丧之礼）矣，进（胜过）于知矣，唯（想）简之（指丧礼）而不得，夫已有所简矣。孟孙氏不知所以生，不知所以死。不知就（趋近，追求）先（指生），不知就后（指死）。若化为物，以待其所不知之化已乎！且方将化，恶知不化哉？方将不化，恶知已化哉？吾特（但）与汝，其梦未始觉者邪！且彼有骇（读为"改"，变化）形而无损心，有旦（即嬗，变化）宅（神之舍，指躯体）而无情（精神）死。孟孙氏特觉（独自觉醒），人哭亦哭，是自其所以乃（如此）。且也相与'吾之'耳矣，庸讵（yōng jù，怎么）知吾所谓'吾之'乎？且汝梦为鸟而厉（到达）乎天，梦为鱼而没于渊。不识今之言者，其觉者乎？其梦者乎？造（至）适（适意）不及笑，献（发）笑不及排（安排，指人

孔子说："孟孙氏已经尽到处丧之礼了，并且超过了那些懂得丧礼的人。人们想简化那些丧礼，但终因世俗相因而无法办得到，可他已经有所简化了。孟孙氏不知道什么是生，也不知道什么是死；不懂得追求活着，也不懂得迷恋死亡。他像是正在变化的一物，在等待连他自己也不知道会变成何物的变化而已。况且正要变化时，怎么能知道那不变化的情形呢？而没有变化时，又怎么能知道那变化的情形呢？就拿我和你来说，对于居丧之礼恐怕也处在梦境中而没有觉醒呢！孟孙氏认为他母亲死去只是形体上的变化，而心神并没有损耗；犹如精神的寓所改变了而精神并没有真正死亡。孟孙氏独自觉醒，别人哭泣，他也跟着哭泣，这就是他所以哭而不哀的原因了。世人看到自己暂时的形体，就互相称说'这是我'，怎能知道有了形体的'我'就真的是'我'呢？再说你做梦变成鸟飞到高空，做梦化成鱼潜入深渊。不知道现在正说话的我们，是清醒着呢，还是做梦呢？内心忽然快意时来不及笑，由衷地发出笑声来不及妥帖地安排，

为的安排），安排（自然安排）而去化（顺应变化），乃入于寥天（虚寂的自然境界）一（齐一）。”

只有听任自然的安排而顺应变化，方可进入寂寥虚空的自然天道而与之混同一体。”

【十四段】

意而子（虚拟的人物）见许由，许由曰：“尧何以资（教诲）汝？”意而子曰：“尧谓我：‘汝必躬服仁义而明言（明辨）是非。’”许由曰：“而（通“尔”，你）奚来为轵（zhǐ，通“只”）？夫尧既已黥（qíng，古代在人脸上刺字并涂墨之刑）汝以仁义，而劓（yì，古代割掉鼻子的一种酷刑）汝以是非矣，汝将何以游夫遥荡（逍遥放荡）恣睢（zì suī，放纵不拘）转徙（变化）之涂（通“途”）乎？”

意而子拜见许由，许由便问他说：“尧教导了你什么？”意而子说：“尧对我说：‘你一定要推行仁义才能明辨是非。’”许由说：“那你为什么还来这里呢？尧用仁义给你施以黥刑，用是非给你施以劓刑，你已受到了它们的毒害，你将凭借什么遨游于逍遥放荡、无拘无束的变化境界呢？”

意而子曰：“虽然，吾愿游于其藩（fán，藩篱，门户）。”许由曰：“不然。夫盲者无以与乎眉目颜色之好，瞽（gǔ，眼睛瞎）者无以与乎青黄黼黻（fǔ fú，古代礼服上绣的花纹）之观（华丽）。”意而子曰：“夫无庄

意而子说：“即便如此，我愿意遨游于这种境域中。”许由说：“不对。盲人无法欣赏眉目面容的姣好姿态，瞎子无法观赏礼服上绣的青黄色的华丽花纹。”意而子说：“让美人无庄

(虚拟的美女)之失(忘。下同)其美,据梁(虚拟的大力士)之失其力,黄帝之亡其知(同"智",智慧),皆在炉捶(通"锤")之间耳。庸讵(yōng jù,怎么)知夫造物者之不息(生长)我黥而补我劓(yì,割鼻子),使我乘成(全,完整)以随先生邪?"许由曰:"噫!未可知也。我为汝言其大略:吾师(指天道,即大宗师)乎!吾师乎!䪠(jī,调和)万物而不为义,泽及万世而不为仁,长于上古而不为老,覆载天地、刻雕众形而不为巧。此所游已。"

失去她的美丽,让大力士据梁失去自己的力气,让黄帝失去自己的智慧,这都是造物者锤打锻炼而成的。你怎么知道造物者不会让我长出被刺坏的皮肉,补回被割掉的鼻子,使我得以保持完整的形体来跟随先生呢?"许由说:"唉!这是无法知晓的。我为你讲个大概吧:我的大宗师啊!我的大宗师啊!调和万物不算是义,恩泽施于万代不算是仁,生在上古不算老,包容天地、雕刻万物之形也不算技巧。这就是我所达到的游于大道的境界。"

【十五段】

颜回曰:"回益(增长,进步)矣。"

仲尼曰:"何谓也?"

曰:"回忘仁义矣。"

曰:"可矣,犹未也。"

他日(过了几天)复见,曰:"回益矣!"

颜回说:"我进步了。"

孔子说:"你的进步指的是什么呢?"

颜回说:"我开始忘掉仁义了。"

孔子说:"可以了,但只忘掉仁义还不够。"

过了几天,颜回又见到孔子,说:"我又有进步了!"

曰："何谓也？"

孔子说："你的进步又指的是什么呢？"

曰："回忘礼乐矣！"

颜回说："我已经忘掉礼乐了。"

曰："可矣，犹未也。"

孔子说："可以了，但还是不够。"

他日复见，曰："回益矣！"

过了几天，颜回又见到孔子，说："我又有进步了。"

曰："何谓也？"

孔子说："你的进步又是指的什么呢？"

曰："回坐忘（端坐静心而忘掉一切，与大道浑然一体）矣。"

颜回说："我坐忘了。"

仲尼蹴然（惊奇而神态突然变化的样子。蹴，cù）曰："何谓坐忘？"

孔子惊奇地问："什么是坐忘呢？"

颜回曰："堕（duò，毁弃）肢体，黜（chù，废除，抛弃）聪明，离形去知，同于大通（大道），此谓坐忘。"

颜回说："忘记自己的形体，抛弃自己的聪明，摆脱形体与智能的束缚，与大道相通合为一体，这就叫作坐忘。"

仲尼曰："同则无好（偏好）也，化则无常（执着不变）也。而（通"尔"，你）果其贤乎！丘也请从而后也。"

孔子说："与大道合于一体就没有偏爱了，与万物一起变化就不会偏执不通了。你果真成为贤人了啊！我愿意追随你学习而步你后尘。"

【十六段】

子舆与子桑（虚构的人物）友。而霖雨（连绵不断的雨）十日，子舆曰："子桑殆（dài，恐怕）病（指饥饿）矣！"裹饭而往食之。至子桑之门，则若歌若哭，鼓琴曰："父邪？母邪？天乎？人乎？"有不任（承受，胜任）其声而趋举（急促地吟唱）其诗焉。

子舆入，曰："子之歌诗，何故若是？"

曰："吾思夫使我至此极者而弗得也。父母岂欲吾贫哉？天无私覆，地无私载，天地岂私贫我哉？求其为之者而不得也！然而至此极（指饥饿的绝境）者，命也夫！"

子舆和子桑是朋友。一连下了十天大雨，子舆说："子桑恐怕要饿坏了吧！"于是包了饭去给子桑吃。到了子桑家门外，就听到子桑好像在唱歌，又像在哭泣，弹着琴唱道："造成自己贫困的，是父亲吗？是母亲吗？是上天吗？还是人呢？"他的歌声微弱无力，诗句急促不清。

子舆走了进去，说："你吟唱诗歌，为什么是这样的声韵？"

子桑说："我在思索让我陷入如此窘境的人究竟是谁，却始终得不出答案。父母难道想让我贫困吗？苍天没有偏私地覆盖着万物，大地也没有偏私地承载着万物，天地怎么会偏要我贫困呢？我寻找造成我贫困的原因却终究得不到答案。我猜想将我陷入绝境的，大概是命运吧！"

应帝王

题解

《应帝王》表述了庄子的为政思想，论述帝王如何治理天下的问题，故以“应帝王”为名。庄子认为，宇宙万物都本于大道，世间的一切变化都顺应自然，人为的因素都是外在的、附加的。从这个认识出发，庄子否定了靠仁义法度治理的为政之道，认为为政应当听任自然、顺随人性，应当实行淡漠无为的治理。开篇通过三个寓言，批判了有为而治的思想，提出治理者必须“顺物自然而无容私”。接下来提出所谓的“明王之治”，就是要“使物自喜”、“化贷万物”，虚己无为，天下便可自然安定。最后用混沌被凿七窍而死的绝妙寓言，说明了治理天下不能靠聪明才智，而应“立乎不测，游于无有”。

原文

【一段】

啮缺（虚拟的人物。啮，niè）问于王倪（虚构的人物。倪，ní），四问而四不知。啮缺因跃而大喜，行以告（去告诉）蒲衣子（虚拟的人物）。蒲衣子曰：“而（通“尔”，你）乃今（现在才……）知之

译文

啮缺向王倪请教，问了四次，而王倪四次都说不知道。啮缺于是高兴地跳了起来，把这件事告诉了蒲衣子。蒲衣子说：“你现在才知道吗？

乎？有虞氏（舜帝）不及泰氏（上古帝王）。有虞氏其犹藏仁以要（要结、笼络）人，亦得人矣，而未始出（超出）于非人（指外物）。泰氏其卧徐徐（舒缓的样子），其觉于于（安闲的样子）；一（或）以己为马，一以己为牛。其知（通“智”，智慧）情（实）信，其德甚真，而未始入于非人。”

有虞氏比不上泰氏。有虞氏心怀仁义来笼络人心，虽然也得到了人心，但未能摆脱外物的羁绊。泰氏睡眠时安闲舒缓，醒来时也适意自得；听任别人把自己视作马，也听任别人把自己视作牛。他的心智信实无伪，他的德行纯真朴实，没有受到外物的牵累。”

【二段】

肩吾见狂接舆。狂接舆曰：“日中始（虚拟的人物，肩吾的老师）何以语（yù，告诉）女（通“汝”，你）？”

肩吾见到隐士狂接舆。狂接舆说：“日中始告诉你什么了？”

肩吾曰：“告我，君人者（国君）以己出经式义度（经式、义度，都指法度。义，读为“仪”），人孰敢不听而化（接受教化）诸（句尾助词，犹“乎”）！”

肩吾说：“他告诉我，做国君的以自己的想法制定出各种法规，臣民谁敢不听从接受教化呢！”

狂接舆曰：“是欺德（虚伪诳人的言行）也。其于治天下也，犹涉海凿河，而使蚊负山也。夫圣人之治也，治外乎？正（正己，自正）而后行（推行），确乎能其事者而已矣。

狂接舆说：“这是虚伪骗人的做法。他这样去治理天下，就像在大海里开凿河道，让蚊虫背负大山一样不合情理。圣人治理天下，难道是靠那些法度约束臣民的外在言行吗？他们不过是先端正自己，而后才去感化别人，随任人们去做各自所能干的事情罢了。

接舆是春秋时期楚国的一位隐士，曾经嘲笑一心济时救世的孔子是不识时务的凤凰，劝告孔子过去的已经不可挽回，未来的再不可沉迷其中。庄子在《人间世》篇里也借接舆之口指出天下有道时，圣人才能成就自己的事业；天下无道时，圣人就不要在别人面前炫耀自己的德行了，生当危乱的时代，只能尽可能地躲避，方可全身而退。

且鸟高飞以避矰（zēng，鸟网）弋（yì，系有生丝绳以射飞鸟的短箭）之害，鼷鼠（小老鼠。鼷，xī）深穴（挖深洞）乎神丘之下以避熏凿（烟熏）凿（挖掘）之患，而曾（竟）二虫之无知？”

况且鸟儿尚且知道高飞来躲避罗网弓箭的伤害，老鼠也懂得在神坛下面挖深洞穴来逃避烟熏和挖掘的祸患，你们能说这两种小动物是无知的吗？”

【三段】

天根（虚拟的人物）游于殷阳（虚拟的地名），至蓼水（虚拟的河名。

天根在殷阳游玩，来到蓼水

蓼，liǎo）之上，适遭无名人（虚拟的人物）而问焉，曰："请问为（治理）天下。"

无名人曰："去！汝鄙人也，何问之不豫（悦）也！予方将与造物者为人（犹"为偶"，为友），厌（厌烦）则又乘夫莽眇之鸟（状如飞鸟的清虚之气。眇，miǎo），以出六极（天地四方）之外，而游无何有之乡，以处圹埌（kuàng làng，空荡辽阔）之野。汝又何帠（yì，通"寱"，梦呓之语）以治天下感予之心为？"

又复问。无名人曰："汝游心于淡（与下文"漠"均指清静无为的境界），合气于漠，顺物自然而无容私焉，而天下治矣。"

岸边，正巧遇到了无名人，就向他请教，说："请问治理天下的办法。"

无名人说："走开！你这个见识鄙陋的人，为什么问这些令人不愉快的问题呢！我正打算和造物者结成伴侣遨游，厌烦了像乘着飞鸟般的清虚之气，飞出天地四方之外，遨游于虚无的境界中，居处于广阔无垠的旷野。你为什么要用治理天下这种梦话来搅乱我的内心呢？"

天根又向无名人请教。无名人说："你的心神要安于清静无为，形气合于淡漠无扰，顺应万物的自然本性而不夹杂私心成见，天下也就会治理好了。"

【四段】

阳子居（虚拟人物）见老聃（老子。聃，dān），曰："有人于此，向（通"响"，回声）疾强梁（强悍果决），物彻（理解事物透彻）疏明（疏通明达），学道不倦。

阳子居去拜见老聃，说："现在有这样一个人，做事敏捷果断，理解事物透彻明白，学道勤奋不倦。

如是者，可比明王（圣哲之王）乎？”

老聃曰：“是于圣人也，胥（有才智的小吏）易（更迭治事）技系（为技艺所系累），劳形怵心者也。且也虎豹之文（通“纹”，花纹）来（招来）田（通“畋”，打猎），猨狙（yuán jū，猿猴）之便（敏捷）、执斄（lí，狐狸）之狗来藉（用绳索拘系）。如是者，可比明王乎？”

阳子居蹴然（脸色突然改变的样子。蹴，cù）曰：“敢问明王之治。”

老聃曰：“明王之治：功盖天下而似不自己（出自自己），化（教化）贷（施）万物而民弗恃（依赖）；有（得到）莫（无法）举（称述）名（形容），使物自喜；立乎不测，而游于无有者也。”

像这种人，可以和圣明贤王相比吗？”

老聃说：“这样的人在圣人看来，只不过就像有才智的小吏凭自己的技艺不停地更迭治事被困扰牵累，使自己形体劳顿，心神忧惧不安。况且虎豹因为漂亮的花纹而招来猎人的围捕，猿猴因为攀缘敏捷、猎狗因为捕猎狐狸而招致绳索的束缚，这三种动物终因自己的才能而受制于人。类似像这样也有一技之长的人，怎么可以和圣明贤王相比呢？”

阳子居陡然变色，惭愧地说：“请问圣明贤王是怎样治理天下的呢？”

老聃说：“圣明贤王治理天下：功绩覆盖天下却好像和自己无关，教化施及万物百姓却不觉得依赖他；功德无量却不去称述表白，使万物各得其所而欣然自得；圣明贤王能够立于不可预测的位置，生活在清虚无为之中。”

【五段】

郑有神巫（精通祭祀、降神、占卜的人）曰季咸，知人之

郑国有一个神巫叫季咸，能够预测人的

死生、存亡、祸福、寿夭，期（预测）以岁月旬日，若神。郑人见之，皆奔而走。列子见之而心醉（迷恋），归，以告壶子（郑国人，名林，号壶子，列子的老师），曰："始吾以夫子之道为至矣，则又有至焉者矣。"

壶子曰："吾与（授予）汝既（尽）其文（外表），未既其实（实质）。而（通"尔"，你）固（难道）得道与（通"欤"，语气词）？众雌而无雄，而又奚卵焉！而以道与世亢（通"抗"，对抗），必信（通"伸"，表露），夫故使人得而相汝。尝试与来，以予示之。"

明日，列子与之见壶子。出而谓列子曰："嘻！子之先生死矣！弗活矣！不以旬（十天）数矣！吾见怪焉，见湿灰（比喻毫无生气）焉。"

列子入，泣涕沾襟以告壶子。壶子曰："乡（通"向"，刚才）

生死存亡、吉凶寿夭，所推测的年、月、旬、日，都准确应验，像神人一般。郑国人遇到他，都因害怕预测出自己的死期和凶祸而远远地避开。列子却对他的技艺感到着迷，回来后告诉了老师壶子，说："当初我还以为先生的道术是最高深的了，现在还有更高深的了。"

壶子说："我教授给你的都是道的外在的东西，还没有接触道的本质。你难道就已经得道了吗？就像有许多雌性的鸟，而没有雄性的鸟，怎么能生出卵呢？你以所学的表面之道去和世人周旋，必然会把自己表现出来，所以才会让别人一下子窥测出你的内心，从而要给你相面。你试着把他请来，让他看看我的相。"

第二天，列子带着季咸来见壶子。季咸出来后对列子说："唉！你的老师快要死了！不能活了！寿命超不出十天！我看见他临死前怪异的神情，像浸过水的湿灰一样毫无生气。"

列子进去，泪水沾湿衣裳，哭着把季咸的话告诉了壶子。壶子说："刚才

吾示之以地文（比喻寂静的心境），萌（通“茫”，茫茫）乎不震不止。是殆（dài，大概）见吾杜（闭塞）德机（生机）也。尝又与来。”

明日，又与之见壶子。出而谓列子曰：“幸矣！子之先生遇我也，有瘳（chōu，病愈）矣！全然有生矣！吾见其杜权（闭塞中有变化。权，变）矣！”

列子入，以告壶子。壶子曰：“乡吾示之以天壤（天地间的生气），名实不入（内心不为名声和实利所动），而机发于踵（zhǒng，脚后跟）。是殆见吾善者机（生机。机，即生意）也。尝又与来。”

我给他看的是大地般的浑然静穆，茫茫然没有止息。他大概是看到我闭塞生机时的样子。你再请他来看一次吧。”

第二天，列子又领着季咸来看壶子。季咸出来后对列子说：“幸运啊！你的老师幸亏遇到了我，现在正痊愈着，全然有生气了！我看到他闭塞的生机开始活动了。”

列子进去，把季咸的话告诉了壶子。壶子说：“刚才给他看的是天地间的一丝生气，名声实利等杂念都驱除出内心，生机开始从脚跟向上运行。他大概看到我有一线生机了。你再请他来看一次吧。”

阅读指导

渊有九名：《列子·黄帝篇》：“鲵旋之潘为渊，止水之潘为渊，流水之潘为渊，滥水之潘为渊，沃水之潘为渊，氿水之潘为渊，雍水之潘为渊，汧水之潘为渊，肥水之潘之渊，是为九渊焉。”

明日，又与之见壶子。出而谓列子曰：“子之

第二天，列子又领着季咸来看壶子。季咸出来后对列子说：“你的

先生不齐（神色稳定），吾无得而相焉。试齐，且复相之。”

列子入，以告壶子。壶子曰：“乡吾示之以太冲莫胜（阴阳之气均衡而和谐，没有偏颇），是殆见吾衡（平）气机也。鲵（ní，鲸鱼）桓（huán，盘桓，逗留）之审（借为“沈”，深意）为渊，止水之审为渊，流水之审为渊。渊有九名，此处三焉（以鲵桓之水喻杜德机，止水喻善者机，流水喻衡气机）。尝又与来。”

明日，又与之见壶子。立未定，自失（不能自持）而走。壶子曰：“追之！”列子追之不及。反，以报壶子曰：“已灭矣，已失矣，吾弗及已。”

壶子曰：“乡吾示之以未始出（超出）吾宗（大道之根本）。吾与之虚（无所执着）而委蛇（随顺应变。蛇，yí），不知其谁何，因以为弟靡（与下文“波流”都指无所执着，随顺应变。弟，读为“稊”，tí，稗子一类的草。弟靡，草随风飘摇的样子），因以为波流，故逃也。”

老师变化不定，神色恍惚，我无法给他看相。等他心神安宁时我再给他来相面。”

列子进去，把季咸的话告诉了壶子。壶子说：“刚才我显示给他的是阴阳之气均衡而没有偏颇的虚静状态，他大概是看到了我和谐平衡、相应相称的生机了。鲸鱼逗留之处是深渊，不流动的深水是渊，流动的深水也是渊。渊有九种，我显示给他看的只有三种。你再请他来看一次吧。”

第二天，列子又领着季咸来看壶子。季咸还没有站稳，就感觉不对头，惊慌失措地逃离了。壶子对列子说：“追上他！”列子没有追上。返回来，把情况告诉了壶子，说：“季咸已经没有了踪影，已经消失了，我追不上他。”

壶子说：“刚才我显示给他看的是还没有脱离我的根本大道。我跟他随意应付，他根本捉摸不定我是怎样一个人，我随顺自然，像草随风披靡，像水随波逐流，他不明就里只好逃走了。”

然后列子自以为未始学而归，三年不出。为其妻爨（cuàn，烧火做饭），食（sì，喂）豕（shǐ，猪）如食人，于事无与亲。雕琢复朴，块然（如土块的样子）独以其形立。纷（世事纷乱）而封（闭守）哉，一（如一，常如此）以是终。

之后，列子才发现自己并没有学到什么，回到家中，三年闭门不出。他替妻子烧火做饭，喂猪就像伺候人一样，对一切事物都没有亲疏无所偏私。他抛弃世俗的浮华修饰，复归于质朴纯真，像土块一样无知无识地将自己的形骸遗留在世间。虽然身体处于纷乱的世事之中，但他能够坚守自己的纯真本性，终身都如此。

【六段】

无为名尸（主），无为谋府（藏计谋的地方），无为事任（承担工作），无为知主（智慧的主宰）。体尽无穷，而游无朕（迹象）。尽其所受乎天（自然）而无见（通"现"，表现）得，亦虚而已！至人之用心若镜，不将（送）不迎，应而不藏，故能胜物而不伤。

不要承受附加的名声，不要成为计谋的府库，不要承担事务的责任，不要成为智慧的主宰。体悟无穷的大道没有休止，游心于本初状态没有踪迹。享尽自然所赋予的本性，从不表露自己，也从不矜夸自得，这就达到虚寂之境了。至人的用心犹如镜子，物来应照，物去不留，顺应事物本身，无所隐藏，所以能超脱物外而不为物所伤。

【七段】

南海之帝为儵（shū，通"倏"。与下文"忽"皆为虚构的神名，含有神速敏捷之意，喻有为），北海之帝为忽，中央之帝为浑沌

南海的帝王叫儵，北海的帝王叫忽，中央的帝王叫浑沌。

（虚构的神名，有纯朴自然之意，喻无为）。儵与忽时相与遇于浑沌之地，浑沌待之甚善。儵与忽谋报浑沌之德，曰："人皆有七窍（一口、两耳、两目、两鼻孔），以视听食息。此独无有，尝试凿之。"日凿一窍，七日而浑沌死。

儵与忽时常相会于浑沌之处，浑沌待他们很好。儵与忽商量报答浑沌的盛情美意，说："人们都有七窍，用来看、听、饮食、呼吸。唯独浑沌没有，我们试着为他凿出七窍。"于是他们每天凿出一个孔窍，凿到第七天浑沌就死了。

外篇

骈拇

题解

《骈拇》为外篇的第一篇。"外篇"与"杂篇"的大部分篇目都以篇首几字为篇名，也有少数篇章以义为篇名。本篇除了选首二字作为篇名外，也隐含有作者的寓意。"骈拇"是指并生的脚趾，与旁生的手指、附着在身体上的赘疣，都是人体多余的东西，应该祛除。庄子借此宣扬纯正的人性应该是合于人的自然本性，顺乎人情，认为仁义、礼乐、规矩皆"失其常然"，不但不合人性，反而是伤性乱世的。接下来又对追名、逐利、徇私、为公而孜孜奋斗之徒给予警告，认为这也是伤生残性的，都是人体上的"骈拇""枝指"和"附赘县疣"，都是不符合人情本性的东西。庄子说明最好的人性应是"任其性命之情而已矣"。本篇可谓是庄子关于人性的宣言。

原文

【一段】

骈(pián，并列)拇枝(旁生)指出乎性(自然本性)哉，而侈(chǐ，多余)于德(通"得"，人所固有)；

译文

并生的脚趾和旁生的手指虽然是符合自然本性，但对于正常的人体是多余的；

附赘县疣（多余的肉瘤。县，同“悬”。疣，yóu）出乎形哉，而侈于性；多方（多端，多方面）乎仁义而用之者，列于五藏（指以仁义配五脏。藏，即“脏”。据《内经》载：仁配肝，礼配心，信配脾，义配肺，智配肾）哉，而非道德之正（纯正）也。是故骈于足者，连无用之肉也；枝于手者，树无用之指也。骈枝于五藏之情（指人的内在本性）者，淫僻（过分邪僻）于仁义之行，而多方于聪明之用也。

是故骈（过分）于明者，乱五色（指青、黄、赤、白、黑），淫（沉溺）文章（青与赤为文，赤与白为章，这里指文采），青黄黼黻（fǔ fú，古代礼服上绣制的花纹）之煌煌（光耀炫目的样子）非乎？而（通“如”）离朱（黄帝时视力极好的人，《孟子》作“离娄”）是已！多于聪者，乱五声（即宫、商、角、徵、羽），淫六律（指黄钟、大吕、姑洗、蕤宾、夷则、无射），金、石、丝、竹（乐器名，代指

附着在身体上的肉瘤，虽然长在人的身上，但对天然的身体是多余的；运用各种方法推行仁义，将它匹配于人体的五脏，这些都是人为的，并非出于道德的本然。所以，并生的脚趾，只是连缀着一块多余的肉；旁生的手指，只是生长出的一个无用手指。超出了人的内在本性，过分地矫饰仁义的行为，这是违背人的质朴本性而滥用了聪明智慧。

所以，视物过分明察的人，就会搅乱五色，淫滥文采，不正像青黄相间的华丽服饰会令人眩目一样吗？离朱就是这样的人。听声过度灵敏的人，就会扰乱五声，迷乱六律，不正像金、石、丝、竹等各种乐器奏出

乐器）、黄钟、大吕（黄钟为六种阳律的第一声，大吕为六种阴律的第四声，均代指乐器的声调）之声非乎？而师旷（字子野，春秋时著名乐师）是已！枝于仁者，擢（zhuó，拔）德塞（闭塞）性以收名声（沽名钓誉），使天下簧鼓（吹笙打鼓，喻宣传吹捧）以奉（奉行）不及之法非乎？而曾、史（指曾参和史䲡，二人以仁孝闻名）是已。骈于辩者，累瓦、结绳（都是古时记事的方法，故引申为记事）、窜句（穿凿文句），游心于坚白同异（公孙龙提出离坚白，惠施提出合同异）之间，而敝（疲惫）跬（kuǐ，一时的，眼前的）誉无用之言非乎？而杨、墨是已。故此皆多骈旁枝之道，非天下至正（本然之理）也。

黄钟、大吕等各样动听的乐声令人沉溺一样吗？师旷就是这样的人。节外生枝地提倡仁义，标举其德行而闭塞自然本性，以此沽名钓誉，不正是让天下人喧嚷着去信守那些他们根本做不到的礼法吗？曾参和史䲡就是这样的人。善于辩解的人，犹如累瓦结绳般的堆砌文辞、穿凿文句，将心思驰骋于坚白同异的诡辩之中，难道不是为了博取一时的赞誉而让自己心神疲惫地争执着无用的言论吗？杨朱与墨翟正是这样的人。所以这些都是多余无用之道，不是天下最纯正的道德。

【二段】

彼至正者，不失其性命之情。故合者不为骈，而枝者不为跂（qí，同"歧"，指枝生的手指）；长者不为有余，短者不为不足。是故凫胫（野鸭的小腿。凫，fú）虽短，续之则忧；鹤胫虽长，断之则悲。故

天下最纯正的道德，就是合于它们各自真实的自然本性。所以从顺应自然的角度讲，不把合生的两趾看作骈，不把枝生的小指看作跂；长的并不是多余，短的并不是不足。野鸭的小腿虽然短小，但给它接上一段便会使它痛苦；野鹤的腿虽然修长，但给它截去一段也会让它悲伤。所以，

性长非所断，性短非所续，无所去忧也。意（认为。一说作"噫"，指嗟叹之声）仁义其非人情乎！彼仁人何其多忧也？

且夫骈于拇者，决（裂）之则泣；枝于手者，龁（hé，咬）之则啼。二者，或有余于数，或不足于数，其于忧一也。今世之仁人，蒿目（极目远望。蒿，hāo）而忧世之患；不仁之人，决（溃乱）性命之情而饕（tāo，贪）贵富。故仁义其非人情乎！自三代以下者，天下何其嚣嚣（xiāo xiāo，喧哗）也？

它本然是长的，就不应截断；本然是短的，也不必接长，这样顺其自然，也就没有什么可忧愁了。仁义不合于人的自然本性吧？不然，那些以仁义相互标榜的人怎么会有那么多的忧愁呢？

况且对于脚趾并生在一起的人，分裂脚趾，人就会哭泣；多长出手指的人，咬去多余的，人也会啼哭。这两种情况，有的是手指多于正常人的数目，有的是脚趾少于正常人的数目，它们所带来的痛苦是一样的。现在世上的仁人，纵目远望忧虑世上的灾患；那些不仁的人，抛弃人的自然本性刻意去贪求富贵。所以，仁义恐怕不合于人的自然本性吧！不然，从夏、商、周三代以后，天下怎么这么喧嚣不宁呢？

【三段】

且夫待（依靠）钩绳规矩（都是木工工具。勾画曲线，绳画直线，规画圆，矩画方）而正（标准）者，是削（与下文的"侵"皆指伤害）其性者也；待绳约胶漆而固者，是侵其德者也；屈折（屈肢折体，是举行礼乐时的动作，指矫正）礼乐，呴俞（xū yú，爱抚）仁义，以慰天

要依赖钩、绳、规、矩来使事物合乎既定标准，这本身就伤害了事物的本性；要依靠绳索、胶漆来固定事物，这本身就侵害了事物的本质；用礼乐来矫正人们的言行，用仁义来抚爱教化他人，从而慰藉天下人的

下之心者，此失其常然（常态）也。天下有常然。常然者，曲者不以钩，直者不以绳，圆者不以规，方者不以矩，附离（附依。离，通"丽"，依）不以胶漆，约束不以纆索（绳索。纆，mò）。故天下诱然（油然，自然而然）皆生，而不知其所以生；同焉皆得，而不知其所以得。故古今不二，不可亏也。则仁义又奚（为什么）连连（连续不断）如胶漆纆索而游乎道德之间为哉！使天下惑也！

心，这就违背了事物的本然真性。天下事物皆有其自然本性。所谓自然本性就是，不需要用钩使它弯曲，不需要用绳使它笔直，不需要用圆规使它变圆，不需要用角矩使它方正，黏合在一起的不依靠胶漆，捆束在一起的不依靠绳索。所以，天下万物都自然而然地生长，却不知道它怎样生长；万物皆自得地生长，却不知道它为何自适。从古到今，万物的自然之性没有两样，不可用人为的力量去使它亏损。但是仁义为什么无休无止地像胶漆、绳索般缠绕于万物的自然本性之中呢！这让天下人都感到大惑不解呀！

【四段】

夫小惑（迷惑）易（改变）方（四方），大惑易性。何以知其然邪？自虞氏（即舜）招（推崇）仁义以挠（扰乱）天下也，天下莫不奔命于仁义。是（此）非以仁义易其性与？故尝试论之，自三代以下者，天下莫不以物易其性矣！小人则以身殉（xùn，求）利，士则以

小的迷惑会使人改变方向，大的迷惑会使人改变本性。怎么知道是这样呢？自从虞舜推崇仁义扰乱天下人的本性以来，天下人无不为仁义奔走效命。这不是用仁义来改变人的自然本性吗？现在试着来谈论一下这个情况，自夏、商、周三代之后，天下人没有不用外物来改变其自然本性的。平民百姓为了求利不惜舍弃生命，士人为了追求名节

身殉名，大夫则以身殉家，圣人则以身殉天下。故此数子者，事业不同，名声异号，其于伤性以身为殉，一也。

不惜舍弃生命，大夫为了家族利益不惜舍弃生命，圣人为了天下不惜舍弃生命。这四种人，从事的事业都不相同，名号称谓都不一样，但是他们在为所欲牺牲自我伤害本性这一点上，却是一致的。

臧（男仆，实为庄子虚拟的人物）与谷（童仆，实为庄子虚拟的人物），二人相与牧羊，而俱亡（失去）其羊。问臧奚事，则挟筴（通"策"，书册）读书；问谷奚事，则博塞（掷骰子）以游。二人者，事业不同，其于亡羊均（相同）也。伯夷死名于首阳之下，盗跖（春秋时大盗。跖，zhí）死利于东陵之上。二人者，所死不同，其于残生伤性均也。奚必伯夷之是（肯定，赞誉）而盗跖之非（否定）乎？

臧与谷二人一同去放羊，把羊都丢失了。问臧在干什么，他说手拿书册在读书；问谷在干什么，他说在和别人玩掷骰子游戏。他们两人所做的事不同，但丢羊的事是相同的。伯夷为了求取名声死于首阳山下，盗跖为了求取实利死于东陵山上。他们两人死的原因不同，但在残害生命伤害本性上是一致的。为什么一定要赞誉伯夷而指责盗跖呢？

天下尽殉也。彼其所殉仁义也，则俗谓之君子；其所殉货财也，则俗谓之小人。其殉一也，则有君子焉，有小人焉。若其残生损性，则盗跖亦伯夷已，又恶（wū，怎么）取君子小人于其间哉！

天下人都是在为所求而舍弃生命啊！他们为仁义而舍弃生命，世俗之人称他们为君子；他们为财货而舍弃生命，世俗之人称之为小人。都是为了所追求的而抛弃生命，但有的被称为君子，有的被称为小人。如果从他们残害生命损害本性的角度来看，那么盗跖所做的和伯夷所做的是一样的，又怎么能在他们之间区分君子和小人呢！

舜，相传为上古时期的帝王。舜为人至孝，虽受到了父亲和继母以及继母所生的弟弟象的多次迫害，仍然对父母十分孝顺，依然对弟弟十分友善，表现出了高尚的品德。后来，尧打算将帝位让给舜，就对舜进行了多方的考察，还将自己的两女儿娥皇、女英嫁给了舜。

【五段】

且夫属（从属）其性乎仁义者，虽通如曾、史，非吾所谓臧（善）也；属其性于五味（酸、甜、苦、辣、咸），虽通如俞儿（古时善于辨别味道的人），非吾所谓臧也；属其性乎

改变本性使它从属于仁义的人，即使像曾参、史鳝那样精通仁义，也不是我所认为的品性完善；改变本性使它从属于酸、甜、苦、辣、咸五味的人，即使像俞儿那样精通味道，也不是我所认为的品性完善；改变本性使它从

五声，虽通如师旷（字子野，春秋时著名乐师），非吾所谓聪也；属其性乎五色，虽通如离朱，非吾所谓明也。吾所谓臧者，非仁义之谓也，臧于其德（得天性）而已矣；吾所谓臧者，非所谓仁义之谓也，任其性命之情而已矣；吾所谓聪者，非谓其闻彼也，自闻而已矣；吾所谓明者，非谓其见彼也，自见而已矣。夫不自见而见彼，不自得而得彼者，是得人之得而不自得其得者也，适人之适而不自适其适者也。夫适人之适而不自适其适，虽盗跖（春秋时大盗）与伯夷，是同为淫僻也。余愧乎道德（指对万物本体和事物变化的认识），是以上（指好的方面）不敢为仁义之操（节操），而下不敢为淫僻之行也。

属于五声，即使像师旷那样精通音律，也不是我所认为的听觉聪敏；改变本性使它从属于五色，即使像离朱那样精通色彩，也不是我所认为的视觉敏锐。我所说的品性完善，不是所谓的仁义，而是得其天性；我所说的品性完善，不是所谓的仁义，而是顺应自然本性；我所说的听觉聪敏，并不是听闻外事外物，而是能够自我省察罢了；我所说的视觉敏锐，并不是看清外事外物，而是能够内视自己罢了。不能看清自己而只能看清外物，不能自我适意而只能求索外物，这就是贪求别人之所得而不能安于自我本性所应得的人，也就是贪图别人所达到的自得境界而不追求使自己所达到自得境界的人。只贪图别人所达到的自得境界而不追求自己所达到自得境界的人，无论盗跖与伯夷，他们的所作所为都是邪僻的行径。我很惭愧自己对于万物本体的认识和事物变化的理解，所以从好的方面来讲，我不能奉行仁义的节操；从坏的方面来讲，我不能做出邪恶怪僻的行径。

马 蹄

题解

《马蹄》与《骈拇》是姊妹篇，两文主旨大体相同，都是从人性角度立论，批评君主的“善治”措施给社会和百姓带来的损害。文章开始从伯乐善于治马、陶匠木匠善于治器具，列举圣人治理天下的危害，庄子反对束缚和羁绊，提出一切都返归自然的政治主张。庄子认为，社会的纷争动乱都源于所谓的圣人之治，因而他主张摒弃仁义和礼乐，取消一切束缚和羁绊，让社会和一切事物都回归到自然和其本性上去。文章指斥圣人推行的仁义和礼乐，只能让天下人“踶跂好知，争归于利，不可止也”，说明人们好智争利是提倡仁义礼乐的结果，因此圣人也就是社会的罪人；朴素无知才是人的自然本性。庄子批评了统治者所施行的仁义礼乐的虚伪性，但也暴露了尚古倾向的不切实际。

原文

【一段】

马，蹄可以践霜雪，毛可以御风寒。龁（hé，啃）草饮水，翘足而陆（跳），此马之真性也。虽有义台（即“仪台”，用来举行礼仪的台子）路寝（正室），

译文

马，它的蹄可以践踏霜雪，它的毛能够抵御风寒。马饿了吃草，渴了饮水，自得时便扬起蹄子蹦跳，这是马的真性情。虽然有行礼的高台、壮丽的宫室，

无所用之。及至伯乐（姓孙，名阳，字伯乐，秦穆公时人，善于识马），曰："我善治马。"烧之（用烧红的铁在马身上打火印），剔（剪）之，刻（削）之，雒之（戴马笼头。雒，luò，通"络"）；连之以羁馽（zhí，古通"絷"，绊马足的绳索），编之以皂（马槽）栈（马棚），马之死者十二三矣；饥之，渴之，驰之，骤之，整之，齐之，前有橛（jué，马嚼子）饰之患，而后有鞭筴（cè，马杖）之威，而马之死者已过半矣！陶者曰："我善治埴（zhí，黏土）。圆者中（合乎）规，方者中矩。"匠人曰："我善治木。曲者中钩，直者应绳。"夫埴木之性，岂欲中规矩钩绳哉？然且世世称之曰："伯乐善治马，而陶匠善治埴木。"此亦治天下者之过也。

对马来说也是没有一丝用处。等到伯乐出现，他说："我善于训马。"于是用烧红的烙铁给马打上火印作为标记，剪掉长毛，削去蹄甲，戴上笼头，又用马笼头和绊足的绳索将它们拴绑上，按次序把它们编排在马槽马棚中，这样折腾下来马便死去了十分之二三了；随后又让马忍受饥渴的折磨，让它们快速奔跑，训练它们步调整齐划一，马前有马嚼子马缨的束缚，后有马鞭竹杖抽打的威胁，这样威逼下来马也就死去大半了！陶匠说："我善于烧制陶器，能使它们圆的合乎圆规，方的合乎矩尺。"木匠说："我善于制作木器，能使它们弯的合乎曲尺，直的合乎绳墨。"黏土和树木的本性，难道要合乎圆规矩尺曲尺绳墨这些外在的标准吗？然而世世代代的人们却都在称道说："伯乐善于训马，陶匠木匠善于制作陶器木器。"这也是那些治理天下的人所犯的过错啊！

伯乐相马在中国几乎是家喻户晓的故事。传说楚王委托伯乐寻访一匹能够日行千里的骏马，最后终于如愿以偿。庄子却认为伯乐破坏了马的自然本性，并认为圣人简直就是破坏社会道德的罪人，儒者所提倡的仁义礼乐是对人的自然本性的矫饰禁锢，执政者所制定的规矩钩绳反而使社会陷入了虚伪纷扰的祸乱之中，批评了圣人治理天下带来的严重后果。

【二段】

吾意（以为）善治天下者不然（不会这样）。彼民有常性（不变的本性），织而衣，耕而食，是谓同德（共同的本能）；一（浑然一体）而不党（偏私），命曰天放

我认为善于治理天下的人不会是这样。那些民众有不变的天性，他们织布穿衣，耕种吃饭，这是他们共同的本能；人们的思想和行为浑然一体，没有亲疏尊卑的偏私，可以称之为自然放任。

（自然放任）。故至德之世，其行填填（悠闲稳重的样子），其视颠颠（质朴纯真的样子）。当是时也，山无蹊（小径）隧（穴道），泽无舟梁（船和桥）；万物群生，连属其乡（指居所相连）；禽兽成群，草木遂（顺）长。是故禽兽可系羁而游，鸟鹊之巢可攀援而窥。

所以道德昌盛的时代，人们的行为总是悠闲自得，目光又是那么质朴拙实。在那个时代，山间没有开凿出小路和隧道，河上也没有舟船和桥梁；万物共同生长，居处彼此连接；禽兽成群结队，草木顺性生长。因此，禽兽可以让人牵引着到处游玩，鸟鹊的窝巢可以任人攀缘上去窥探。

夫至德之世，同与禽兽居，族（聚集）与万物并。恶乎知君子小人哉！同乎无知，其德不离；同乎无欲，是谓素朴。素朴而民性得矣。

在那道德昌盛的时代，人与禽兽混杂同居，和万物相互聚在一处，哪里有什么君子和小人的区别呢！人们都不用智巧，他们的自然本性就不会丧失；人们也都没有什么欲求，所以才素朴纯真。人们纯真朴实便能保存其自然本性。

及至圣人，蹩躠（bié xuè，尽心用力的样子）为仁，踶跂（zhì qǐ，尽心费力的样子）为义，而天下始疑矣；澶漫（dàn màn，放纵）为乐，摘辟（烦琐）为礼，而天下始分矣。故纯朴（未加工过的木头）不残，孰为牺尊（春秋时期的青铜器）！白玉不毁，孰为圭璋（guī zhāng，两种贵重的玉制礼器）！道德不废，安取仁义！

等到圣人出现，他用尽心力去倡导仁，劳心费神地去推行义，于是天下开始出现种种迷惑和猜疑；放纵无节制地制作乐章，繁杂琐碎地制定礼仪，人们由此有了亲疏尊卑的分别。所以，天然完整的树木没有被雕刻，谁能将它制成牺尊之类的酒器！洁白的美玉不被毁坏，谁能将它制成圭璋之类的玉器！人类最初的自然本性不被废弃，哪里还用得着仁义来调和呢！

性情不离，安用礼乐！五色不乱，孰为文采！五声不乱，孰应六律！夫残朴以为器，工匠之罪也；毁道德以为仁义，圣人之过也。

人类的固有真情不被离弃，哪里还用得着礼乐来规范呢！五色不被搞乱，哪里还用制作出精美的图案花纹呢！自然的五声不被调混相配，哪里还用谱出合乎六律相和的乐曲！毁坏完整的木料用来制作器具，是工匠的过错；毁弃人的自然本性用以推行仁义，这是圣人的过错。

【三段】

夫马，陆居则食草饮水，喜则交颈相靡（通"摩"），怒则分背相踶（dì，踢）。马知（通"智"，智慧）已此矣！夫加之以衡（车辕前横木）扼（通"轭"，马颈曲木），齐（装饰）之以月题（马额上的装饰，形状似月亮），而马知介倪（斜视。倪，ní）闉扼（曲颈脱轭。闉，yīn）鸷曼（抵撞。鸷，zhì）诡衔（吐出口勒）窃辔（偷偷咬断缰绳。辔，pèi）。故马之知（通"智"，智慧）而态至盗者，伯乐之罪也。

马生活在陆地上，饿了吃草，渴了饮水，高兴时互相交颈摩擦，发怒时互相背转踢踹。马的智巧也就仅此而已。等到给马加上辕前横木，配上马颈曲木，在额头上装饰月形配饰，马就会侧目怒视驾驭者不肯前行，侧转颈项想挣脱曲轭的束缚，抵撞车盖狂躁撒野，诡诈地吐出口勒，偷偷地咬断缰绳。所以使马形成像盗贼一样诡诈的机智和神态，这是伯乐的罪过啊！

夫赫胥氏（假托的上古帝王）之时，民居不知所为，行不知所之，含哺而熙（通"嬉"，嬉戏），

在上古帝王赫胥氏时代，百姓安居无所作为，外出行走随遇而安不必一定要前往哪里，口里含着食物而嬉戏，

鼓腹而游。民能以此矣！及至圣人，屈折礼乐以匡天下之形，县跂（悬举，提倡。县，通"悬"。跂，qì）仁义以慰天下之心，而民乃始踶跂好知，争归于利，不可止也。此亦圣人之过也。

挺着吃饱的肚子到处游玩。黎民百姓可以这样安然自适。等到圣人出现，就教导人们屈身折体行礼作乐，来匡正天下人的行为举止，标榜提倡仁义来慰勉天下人之心，于是人们开始尽心竭力地崇尚智巧，争先恐后地追逐私利，而不可止息。这都是圣人的过失啊。

胠 箧

题解

《胠箧》的主旨与《马蹄》篇相同，都是宣扬道家的“绝圣弃智”思想，但比《马蹄》篇更深刻，言辞更激烈，一方面竭力抨击圣人所谓的“仁义”，一方面倡导抛弃一切文化和智慧，使社会回归到原始古朴的状态中。庄子认为，天下没有了圣人，也就没有了仁义礼法，没有贪欲争竞之心，人人恬淡无为，按自性生活，从根本上消除盗贼滋生的条件。文章从日常防盗之事起兴譬喻，从讨论各种防盗手段最终都会被盗贼利用入手，用来比喻田成子之类的执政者所实行的治理天下的主张和办法，着力批判了他们所倡导的“仁义”和“礼法”。本篇的光辉之处在于深刻地揭露了仁义的虚伪和社会的黑暗，一针见血地指出“窃钩者诛，窃国者为诸侯，诸侯之门而仁义存焉”。但没有指出根治社会痼疾的出路，反而提出摒除社会文明，返回到“小国寡民”的原始社会的消极主张。

原文

【一段】

将为胠（qū，从旁边打开）箧（qiè，箱子）探囊（掏布袋子）发匮（开柜子。匮，通“柜”）之盗而为守备（进行防备），则必摄（缠绕）缄縢（jiān téng，二者都是绳子），固扃

译文

为了防备那些开箱子、掏口袋、撬柜子的小偷，就必然要捆紧绳子，加固锁钮，

(jiōng，门闩)镭(jué，锁钥)，此世俗之所谓知(同"智")也。然而巨盗至，则负匮揭(举起)箧担囊而趋(逃走)，唯恐缄縢扃镭之不固也。然则乡之所谓知者，不乃为大盗积者也？

故尝试论之：世俗之所谓知者，有不为大盗积者乎？所谓圣者，有不为大盗守者乎？何以知其然邪？昔者齐国邻邑相望，鸡狗之音相闻，罔(鸟网、渔网)罟(gǔ，网的总称)之所布(设置)，耒(lěi，犁)耨(nòu，锄草工具)之所刺(插)，方二千余里。阖(hé，合，总括)四竟(通"境")之内，所以立宗庙社稷，治邑屋州闾乡曲(都是古代大小不同的行政区域。乡曲，偏僻的乡村)者，曷(hé，何)尝不法圣人哉？然而田成子(齐国大夫陈恒)一旦杀齐君而盗其国，所盗者岂独其国邪？并与其圣知(同"智"，智慧)之法而盗

这是世俗人们所谓的聪明。可是大盗来了，就会背起柜子，扛起箱子，挑起口袋而逃跑，唯恐绳子锁钮不牢固。那么以前所谓的聪明，不就是替大盗积聚财物了吗？

现在我们试着来谈论一下这种情况：世俗之人所谓的聪明，能有不为大盗储备积累的吗？所谓的圣人，能有不为大盗守护的吗？怎么知道是这个样子的呢？从前的齐国，邻里彼此相望，鸡鸣狗吠之声互相听得到。齐国方圆两千里之内，到处都是人们打猎、捕鱼、犁锄、耕作之地。总括四境之内，凡是建立宗庙社稷以及治理邑屋州闾乡曲这些大小不同的行政区域，何尝不是效法圣人的呢？但田成子一旦杀死齐君窃取了齐国政权，所窃取的又岂止是那个国家呢？连同圣人治理国家的礼制法度也窃取

之。故田成子有乎盗贼之名，而身处尧舜之安。小国不敢非，大国不敢诛，十二世(应为"世世")有齐国。则是不乃窃齐国，并与其圣知之法以守其盗贼之身乎？

了。所以田成子虽然有盗贼的恶名，却能身处尧舜一般安稳的帝王之位。小国不敢非议他，大国不敢讨伐他，世世据有齐国。这难道不是窃取了齐国政权，把圣人治理国家的礼制法度也窃取了，并以此保护自己盗贼的身家性命吗？

【二段】

尝试论之：世俗之所谓至知者，有不为大盗积者乎？所谓至圣者，有不为大盗守者乎？何以知其然邪？昔者龙逢斩(是夏桀的贤臣，因直谏被杀)，比干剖(比干是商纣的叔父，因忠谏被剖心)，苌弘(春秋末期周灵王的贤臣，被国君杀害)胣(chǐ，车裂之刑，一说剖腹)，子胥(即伍子胥，劝谏吴王夫差拒绝与越国讲和，吴王不听，赐剑令其自刎，尸体沉入江中糜烂)靡(通"糜"，糜烂)，故四子之贤而身不免乎戮(lù，杀)。故跖(zhí)之徒问于跖曰："盗亦有道(规矩，标准)乎？"跖曰："何适而无有道邪？夫妄意(猜测)室中之藏，圣也；入先，勇也；出后，

我们继续试着来谈论一下这种情况：世俗之人所谓最聪明的人，有不为大盗积累储蓄的吗？所谓的至圣之人，不就是给大盗守护防备的吗？怎么知道是这个样子的呢？从前关龙逢被斩首，比干被剖心，苌弘被剖腹而死，伍子胥被沉尸江中糜烂致死，这四位贤臣都没能免于杀身之祸。盗跖的门徒问盗跖："做强盗也有准绳和标准吗？"盗跖回答说："做什么事情能没有准绳和标准呢？我们如果能猜出房子里藏的是什么东西，就称得上是圣明；争抢着先进去，就算得上是勇敢；最后退出屋子，

义也；知可否，知（同“智”，智慧）也；分均，仁也。五者不备而能成大盗者，天下未之有也。”由是观之，善人不得圣人之道不立，跖不得圣人之道不行。天下之善人少而不善人多，则圣人之利天下也少而害天下也多。故曰：唇竭（一说作“揭”，谓举；一说与“亡”义同。今依前说）则齿寒，鲁酒薄而邯郸围，圣人生而大盗起。掊（pǒu，抨击）击圣人，纵舍（释放）盗贼，而天下始治矣。

就算得上是仗义；能够根据情况判断出是否可以行动，就算得上是智慧；赃物分配公平，就算得上是仁爱。这五种品质不具备而能成为大盗的人，天下是绝对没有的。”由此看来，善人如果不懂得圣人之道就不能建功立业，盗跖如果不懂得圣人之道就不能行窃天下。然而天下的善人少而不善的人多，那么圣人有利于天下的好处也就少，而有害于天下的坏处也就多。所以说，嘴唇向外翻出牙齿就会寒冷，鲁国酒味淡薄则邯郸便要受围困，圣人出现大盗便兴起了。打倒圣人，释放盗贼，天下才能获得太平。

阅读指导

鲁酒薄而邯郸围：有两种说法，一种说法见陆德明《经典释文庄子音义》：楚宣王会见诸侯，鲁恭公后至而献酒味薄，宣王怒，打算羞辱鲁公。鲁为周公后代，诸侯之长，可奉行天子礼乐，对周王室立有大功，为楚王献酒已经失礼，还要责备酒味淡薄，不是太过分了吗？于是鲁公不悦，未辞别楚王而归国。楚王怒，联合齐国一起攻伐鲁国。梁惠王早就打算攻打赵国，只是担心楚国救赵，一直未动手，现在趁楚伐鲁无暇顾及之际，发兵围赵国都城邯郸。另一种说法见许慎注《淮南子》：楚王会见诸侯，赵、鲁皆献酒，赵酒醇厚，鲁酒淡薄。司酒之官向赵国讨酒，未得，便将两国之酒对调，又向楚王说了赵国坏话，楚王怒而发兵围攻赵国邯郸。

夫川（两山之间的流水）竭而谷（两山间的流水道）虚，丘夷而渊实。圣人已死，则大盗不起，天下平而无故矣！圣人不死，大盗不止。虽重（重视）圣人而治天下，则是重（chóng，增益）利盗跖也。为之斗斛（都是量具，五斗为一斛。斛，hú）以量之，则并与斗斛而窃之；为之权（秤锤）衡（秤杆）以称之，则并与权衡而窃之；为之符（符契）玺（xǐ，印章）以信之，则并与符玺而窃之；为之仁义以矫之，则并与仁义而窃之。何以知其然邪？彼窃钩（腰带环）者诛，窃国者为诸侯，诸侯之门而仁义存焉，则是非窃仁义圣知邪？故逐（追随）于大盗，揭（抬高，高举）诸侯，窃仁义并斗斛、权衡、符玺之利者，虽有轩冕（xuān miǎn，轩车和冠冕，指高官厚禄）之赏弗能劝（劝止），斧钺之威（死刑的威胁。钺，yuè，大斧）弗能禁。此重利盗跖而使不可禁者，是乃圣人之过也。

山间河流干涸了河谷就会变得空虚，山丘夷平了深渊便会变得平实。圣人死去了，大盗便不会兴起了，天下也就变得太平无事。圣人不死，大盗就不会停息。虽然是倚重圣人来治理天下，实际上却是增加了盗跖的利益。圣人给天下人制造斗斛用来称量谷物的多少，可大盗连同斗斛一起盗走了；圣人给天下人制定秤锤和秤杆用来称量物体的轻重，可大盗连同秤锤和秤杆一起盗走了；圣人给天下人刻制印章用来做交易的凭信，可大盗连同印章一起盗走了；圣人提倡仁义来矫正不正的风气，可大盗连同仁义也一起盗走了。怎么知道是这个样子的呢？那些偷窃了腰带环的人被诛杀了，而窃取了国家政权的人却成为诸侯，诸侯的门口都悬挂着仁义的幌子，这难道不是盗窃了仁义和圣智吗？因而那些追随大盗，窃取诸侯之位，盗窃了仁义和斗斛、秤锤秤杆、印章的人，即使用高官厚禄的赏赐也不能劝阻他们，用行刑杀戮的威权也不能禁止他们。这种大大有利于盗跖而无法禁止的局面，都是圣人的过错啊。

【三段】

故曰："鱼不可脱于渊，国之利器（治理国家的方法）不可以示人。"彼圣人者，天下之利器也，非所以明天下也。故绝圣弃知，大盗乃止；擿（zhì，同"掷"，抛弃）玉毁珠，小盗不起；焚符破玺，而民朴鄙；掊（pǒu，击打）斗折衡，而民不争；殚（dān，尽）残（毁坏）天下之圣法，而民始可与论议。擢（zhuó，假借为"搅"）乱六律，铄（shuò，销毁）绝（折断）竽瑟，塞师旷（春秋时著名乐师，字子野，山西洪洞人）之耳，而天下始人含（包藏不露）其聪（听觉灵敏）矣；灭文章，散五采，胶离朱之目，而天下始人含其明矣；毁绝钩绳而弃规矩，攦（lì，折断）工倕（尧时的能工巧匠。倕，chuí）之指，而天下始人有其巧矣。故曰：大巧若拙。削曾、史之行，钳杨、墨之口，攘弃仁义，而天下之德始玄同（与大道混同齐一）

所以说："鱼儿不可以离开深渊，否则便会为人所获；治理国家的方法不可以随便炫耀于人，否则便会被大盗所利用。"那些圣人所谈的治理国家的方法，就是治理天下的利器，是不能拿来向天下人宣示的。所以，摒弃一切聪明智慧，大盗才能止息；毁弃一切珠宝玉器，小盗才能平息；焚烧符信毁坏印章，百姓才会淳朴无华；打破斗器折断衡器，百姓彼此之间才会没有争斗；彻底毁坏天下圣人之法，才能与他们谈论大道。搅乱六律的分别，销毁竽瑟等乐器，堵塞师旷的耳朵，天下人才能保全他们原本灵敏的听觉；消除文章的华彩，离散各种色彩，黏合离朱的眼睛，天下人才能保全他们原本敏锐的视觉；毁坏钩绳抛弃规矩，折断工匠的手指，天下人才能保全他们原本聪慧的智巧。所以说，最大的智巧看起来好像是笨拙的。消除曾参和史鳍的忠孝德行，封闭杨朱和墨翟善辩的口舌，舍弃仁义，天下人的德行才能达到与大道混同齐一。

矣。彼人含其明，则天下不铄（炫耀）矣；人含其聪，则天下不累（重杂）矣；人含其知，则天下不惑矣；人含其德，则天下不僻（邪恶）矣。彼曾、史、杨、墨、师旷、工倕、离朱，皆外立其德（把自己的德行树立在表面），而以爚（yuè，炫耀）乱天下者也，法（庄子所谓的大道）之所无用也。

人们都能包藏自己的敏锐视觉，天下就不会有炫耀之行了；人们都能包藏自己的灵敏听觉，天下就不会有嘈杂的乐声存在了；人们都能包藏自己的聪慧智巧，天下就不会有迷惑产生了；人们都包藏自己的纯朴德行，天下就不会有邪恶作祟了。像曾参、史鳍、杨朱、墨翟、师旷、工倕、离朱这类人，都在炫耀自己的才能品行，从而迷乱天下的人心，这些都是大道所不取而无所用处的。

【四段】

子独不知至德之世乎？昔者容成氏、大庭氏、伯皇氏、中央氏、栗陆氏、骊畜氏、轩辕氏、赫胥氏、尊卢氏、祝融氏、伏牺氏、神农氏（传说中的氏族首领，只有轩辕、祝融、伏牺（即伏羲）、神农见诸他书，其他或得之于上古之传，或为庄子所虚拟），当是时也，民结绳而用之。甘其食，美其服，乐其俗，安其居，邻国相望，鸡狗之音相闻，民至老死而不相往来。

你难道不知道品德最高的时代吗？从前容成氏、大庭氏、伯皇氏、中央氏、栗陆氏、骊畜氏、轩辕氏、赫胥氏、尊卢氏、祝融氏、伏牺氏、神农氏，在那个时代，人们结绳来记事，把粗疏的饭菜当作美味，把简便的衣裳当作美服，把淳厚的习俗当作快乐，把简陋的住所当作安适，邻国之间彼此可以望得见，鸡鸣狗吠之声彼此间能够听得到，人们从生到死彼此不相往来。

若此之时，则至治已。今遂至使民延（伸长）颈举踵（zhǒng，脚后跟），曰"某所有贤者"，赢（裹）粮而趣（趋）之，则内弃其亲，而外去其主之事（为主上所做的事），足迹接乎诸侯之境，车轨结（交错）乎千里之外。则是上（指君主）好知（同"智"，崇尚智慧）之过也。

像这样的时代，可以说是真正的太平盛世了。现在却让百姓伸长脖子踮起脚跟，彼此相告，说"某个地方有贤人"，于是百姓无不携带粮食奔往贤者的居处，以至于离弃家里的双亲，外出放弃了自己的家业。他们彼此追随，足迹相接，遍及各个诸侯国的境内；他们所乘坐车子碾过的痕迹，远至千里之外。这都是居上位的统治者喜好机巧的过错啊！

【五段】

上诚好知而无道，则天下大乱矣。何以知其然邪？夫弓弩（nǔ，有机关的弓）毕（有柄的网）弋（yì，尾部带线的箭）机辟（一种捕兽器）之知多，则鸟乱于上矣；钩饵罔罟（gǔ，网的总名）罾（zēng，渔网）笱（gǒu，捕鱼的竹篓子）之知多，则鱼乱于水矣；削格（捕兽器具）罗落（罗网。落，通"络"）罝罘（jū fú，捕兔的网）之知多，则兽乱于泽矣；知诈（工于心计，巧诈）渐毒（欺诈。渐，诈）、颉滑（机巧，狡黠。颉，xié）坚白、解垢（诡曲的言辞）同异之变多，

居上位的人一心追求机巧而不遵从大道，天下就会大乱。怎么知道会是这个样子的呢？弓弩、鸟网、弋箭、机关的智巧多了，就会扰乱空中的飞鸟；鱼钩、鱼饵、渔网、鱼篓的智巧多了，就会扰乱水中的游鱼；木栅、兽栏、兽网之类的智巧多了，就会扰乱山泽中的野兽；运用智谋欺诈、奸巧狡黠、曲辞诡辩、坚白之辩、同异之谈的智巧多了，

则俗惑于辩矣。故天下每每大乱，罪在于好知。故天下皆知求其所不知而莫知求其所已知者，皆知非其所不善而莫知非其所已善者，是以大乱。故上悖(bèi，掩蔽)日月之明，下烁(shuò，销毁)山川之精，中堕(破坏)四时之施(运行)；惴耎(zhuì ruǎn，虫蠕动的样子)之虫，肖翘(细小能飞的生物)之物，莫不失其性。甚矣夫，好知之乱天下也！自三代以下者是已！舍夫种种(朴实淳厚的样子)之民而悦夫役役(奔走钻营的样子)之佞(nìng，巧，狡猾)，释(废弃)夫恬淡无为而悦夫啍啍(zhūn zhūn，通"谆谆"，殷勤教诲他人的样子)之意。啍啍已乱天下矣！

世俗中的人就会被迷惑了。所以天下经常大乱，这罪过就在于居上位的人喜好智巧。因而天下人都只知道追求他们所不知道的，而不知道去探索他们已经知道的；都只知道非难他们所认为不好的，而不知道非难他们所认为好的，因此天下才大乱。这样做就会上蔽日月的光辉，下毁山川的精华，中破四季的正常运行，就连蠕动的小虫、细小的飞虫，也没有不丧失其原来的本性的。喜好智巧进而扰乱天下，竟然到达这样的地步啊！自从夏、商、周三代以后都是这样的。舍弃淳厚的百姓而爱好狡黠的奸佞之人，抛弃恬淡无为的自然风尚而爱好喋喋不休的教化告诫。这些喋喋不休的说教已经扰乱了天下！

在 宥

题解

《在宥》以篇首二字名篇。全篇的主旨是发挥无为而治的思想，开篇提出“闻在宥天下，不闻治天下也”，是全篇的总纲。文章开始就揭示出有为而治会使天下人“淫其性”而“迁其德”，因此“君子不得已而临莅天下”，就应当“莫若无为”，反对人为，提倡自然，阐述无为而治的思想。庄子认为，天下不是要治理，而是要保持其自然本性；有为地治理天下，不管是治理得好，还是治理得坏，都会破坏人的自然本性，人的自然本性一旦被破坏，聪明仁义礼乐圣智都可成为扰乱天下的因素，只有绝圣弃智才能使天下大治。

原文

【一段】

闻在宥（自在宽容。宥，yòu）天下，不闻治（治理）天下也。在之也者，恐天下之淫（乱失）其性也；宥之也者，恐天下之迁（改变）其德也。天下不淫其性，不迁其德，有治天下者哉？昔尧之治天下也，

译文

只听说让天下人自由自在地生活，没有听说要对天下人加以治理的。听任百姓自在安适地生存，是担忧他们超出原本的本性；让百姓宽松自然地发展，是担心他们改变淳朴的德行。如果天下人不超出他们原本的真性，不改变自己的自然德行，哪里需要治理天下呢？从前唐尧治理天下时，

使天下欣欣焉人乐其性，是不恬（宁静）也；桀之治天下也，使天下瘁瘁（cuì cuì，劳累疲惫）焉人苦其性，是不愉也。夫不恬不愉，非德也；非德也而可长久者，天下无之。

人大喜邪，毗（pí，伤，害）于阳；大怒邪，毗于阴。阴阳并毗，四时不至，寒暑之和不成，其反伤人之形乎！使人喜怒失位（尺度），居处无常（常规），思虑不自得，中道（中和之道）不成章（条理）。于是乎天下始乔诘（骄傲自大）卓鸷（zhuō zhì，孤高猛厉），而后有盗跖、曾、史之行。故举天下以赏其善者不足，举天下以罚其恶者不给（jǐ，足）。故天下之大不足以赏罚。自三代以下者，匈匈焉（喧嚣争扰的样子）终以赏罚为事，彼（指百姓）何暇安其性命之情哉！

使天下人欣喜快乐，各安其性，这就不安宁了；夏桀治理天下时，使天下人身心疲惫，劳苦不堪，这就不愉快了。让天下人的本性不能安宁愉悦，不合于人的自然本性而可以长久的，这是天下还没有过的事情。

人如果过分高兴，就会伤害阳气；人如果过分愤怒，就会损伤阴气。阴气与阳气互相侵害，四时的节气就不会按次序到来，寒暑不能调和相成，这样岂不是要反过来伤害人体吗！使人喜怒失去常态，居无定所，心神处于不定的状态，中和之道便遭到破坏。于是天下开始出现了骄傲自大、孤傲猛烈的不和谐的现象，而后便有了像盗跖、曾参、史鳝之类人的行为。因此用尽全天下的力量来奖赏善举，也不足以劝善；用尽全天下的力量来惩罚恶行，也不足以止恶。所以即使天下之大，也不足以处理奖善罚恶之类的事情。自从夏、商、周三代以后，居上位的人喧嚣争扰不宁，竞相把赏善罚恶作为治理天下的当务大事，他们哪里还有空闲时间来安定百姓的自然本性和纯真性情呢！

【二段】

而且说（通“悦”，喜爱）明邪，是淫于色也；说聪邪，是淫于声也；说仁邪，是乱于德也；说义邪，是悖（bèi，违背）于理也；说礼邪，是相（帮助）于技（技艺，伎俩）也；说乐邪，是相于淫也；说圣邪，是相于艺（技艺）也；说知（通“智”，智慧）邪，是相于疵（cī，毛病）也。天下将安其性命之情，之八者，存可也，亡可也；天下将不安其性命之情，之八者，乃始脔卷（luán juàn，拘束不伸的样子）狁囊（喧闹张扬的样子。狁，cāng）而乱天下也。而天下乃始尊之惜之。甚矣，天下之惑也！岂直（岂止）过也而去之邪！乃齐（通“斋”，斋戒）戒以言之，跪坐以进之，鼓歌以儛（即“舞”）之。吾若是何哉！

故君子不得已而临莅（到，这里指治理。莅，lì）天下，莫

再说你喜好目明吗？那就会沉溺于美色之中；喜好耳聪吗？那就会沉溺于声乐之中；喜好仁爱吗？那就会扰乱自然本性；喜好道义吗？那就会违背自然之理；喜好礼仪吗？那就会助长烦琐的仪式；喜好音乐吗？那就会助长淫声的泛滥；喜好圣智吗？那就会助长学习技艺之风；喜好智慧吗？那就会助长挑剔别人毛病责人过失之风。如果天下之人都想要保持自然赋予自己的本性和真情，这八个方面可以存留，也可以丢弃；如果天下之人不想保持自然赋予自己的本性和真情，这八个方面便会使人拘束不伸、喧闹张扬而扰乱天下。可是天下人反而尊崇它们，爱惜它们。天下人竟然被迷惑到这样深的程度啊！对于这八个方面，天下之人岂止是涉猎一下就抛弃了呢！他们斋戒之后还要虔诚地去谈论它，用最恭敬的跪拜礼去传授它，用欢欣的歌声舞蹈去赞颂它。天下已变成这样了，我又能有什么办法呢！

因此，君子如果不得已而去治理天下的时候，莫不

若无为。无为也，而后安其性命之情。故贵以身于为天下，则可以托天下；爱以身于为天下，则可以寄天下。故君子苟能无解（散，放纵）其五藏（通"脏"，情性），无擢（zhuó，炫耀）其聪明，尸居（安居不动）而龙见（通"现"），渊默（沉静）而雷声，神动而天随，从容无为，而万物炊累（尘埃）焉。吾又何暇治天下哉！

如顺其自然无为而治。只有做到任性无为，而后才能使天下人的自然本性得到安定。所以说把治理自身看作比治理天下还贵重的人，方可把天下委托给他；把珍爱自身看作比治理天下更值得珍惜的人，方可把天下寄托给他。因此，君子如果能不放纵自己的性情，能够不炫耀自己的聪明才智，看起来深沉静默安然不动，实际上与神龙一样活灵活现，看起来如渊深沉却蕴藏着惊天动地的雷声，精神活动都合于自然天性，从容自在，无所作为，万物如同炊烟尘埃一样自由自在，我又哪里有闲暇时间去治理天下呢！

天地

题解

《天地》以篇首二字名篇，同《天道》篇、《天运》篇为一组，主旨仍在崇尚自然无为，发挥无为而治的政治理想。开篇提出“古之畜天下者，无欲而天下足，无为而万物化”，说明君主应该具有最高尚的道德，成为天道的体现者，只要做到无为无欲，天下自然就可以太平了。后面几则寓言故事，都寓意深刻，以黄帝丢失玄珠而象罔独能找到，寓意摒除智巧聪明，无心方能得道；许由告知尧，运用聪明睿智来治理天下，会带来极大危险；用儒家圣人孔子及其弟子对汉阴丈人的甘拜下风，以否定人们对功利机巧的追求。庄子反对君主实行奖罚，也反对官吏的恭俭公正，认为它们都扰乱了民心，只有顺应百姓的自然本性自由发展，天下才能达到无为而治的理想境界。

原文

【一段】

天地虽大，其化（运动变化）均也，万物虽多，其治（指自得而治）一也；人卒虽众，其主（主宰）君（君主）也。君原（本）于德而成于天（自然）。故曰：

译文

天地虽然广大，但其按照本性运动变化却是均衡的；万物虽然众多，但它们循性自得、各得其所是一样的；百姓虽然众多，他们的主宰都是国君。君主治理天下以德为本，顺应自然，自足其性。所以说，

玄古（远古）之君（治理）天下，无为也，天德而已矣。以道观（看待）言（名称）而天下之君正（正当），以道观分而君臣之义明，以道观能（才能，能力）而天下之官（官吏）治（指尽职），以道泛观而万物之应备。故通（贯穿）于天地者，德也；行（作用）于万物者，道也；上治人者，事也；能有所艺（才能）者，技也。技兼（统属）于事，事兼于义，义兼于德，德兼于道，道兼于天。故曰：古之畜（养）天下者，无欲而天下足，无为而万物化，渊静（深沉清静，不扰乱人心）而百姓定（安定）。《记》（古书名称，不能确考）曰："通于一（指道）而万事毕（完结），无心得而鬼神服。"

远古的君主治理天下，是出于无为，顺应自然。从道的角度来看待称谓，天下国君的统治都是正当的；从道的角度来看待名分，君臣上下之间各尽其责，君臣之义也就明确了；从道的角度来看待才能，天下官吏都能人尽其才；从道的角度普遍地看待天下万物，万物自得自足，其需求无不完备。所以，贯通天地的，是德；作用于万物的，是道；在上位的君主治理百姓，是让他们各任其事；人们能够有所专长，凭借的是技艺。技艺要统属于所干的事，行事要合于道义，道义要合于自适的德性，德性要合于顺应自然的大道，大道要合于事物的自然本性。所以说，古代养育百姓的君主，没有贪欲而使天下富足，无所作为却使万物自行发展变化，清静不扰民心百姓便会安定。《记》中说："通晓大道则万事自然可成，心无所欲求而鬼神敬服。"

【二段】

夫子（指庄子，此为门人记庄子之言）曰："夫道，覆载（包罗）万物者也，洋洋乎（广大辽阔的样子）

先生说："道是覆盖和承载万物的，真是浩瀚无涯啊！

大哉！君子不可以不刳心(抛弃个人的心智。刳，kū，挖空)焉。无为为之(无所作为)之谓天(天道，自然)，无为言之(不用教化)之谓德(天德)，爱人利物之谓仁，不同同之之谓大(即道)，行不崖异(突出而与众不同)之谓宽(宽容)，有万不同(拥有千差万别之物)之谓富。故执(掌握)德之谓纪(纲纪)，德成之谓立，循于道之谓备，不以物挫(干扰)志之谓完(完美)。君子明于此十者，则韬(包容)乎其事心(立心)之大也，沛(充沛，丰盈)乎其为万物逝(往)也。若然者，藏金于山，藏珠于渊，不利货财，不近贵富；不乐寿，不哀夭；不荣通，不丑穷；不拘(取)一世之利以为己私分(私有)，不以王(统治)天下为己处显。显则明。万物一府，死生同状。"

夫子曰："夫道，渊(幽深静穆)乎其居(处)也，漻(liáo，清澈)

君子不可以不剔除自己的心智去效法它。无所作为，任物自化，这就符合天道了；无所教化，用静默无言来显示事物的本来状态，这就符合天德了；顺应人与物的自然本性就符合仁了；混同不同的事物，同归于齐一，这就符合大道了；行为不偏执怪异、与众不同，就可称作宽容了；包容了不同的万物，无所不有，就可称作富有了。能够执守天德就算是把握了万物的纲纪，成就了德行就算是立身成人，能够遵循大道就算是修养完备，不被外物扰乱心志就算是德行完美。君子明白了这十个方面，那么他的心地宽广就能包容万物了，德性浩荡丰盈万物便会纷纷所归依了。假如能够这样，就能任凭黄金藏于深山，珠玉沉于深渊，不贪图财货，不谋求富贵；不因长寿而高兴，不因短命而哀伤；不以显达为荣耀，不以穷困为羞辱；不攫取全天下的利益而据为己有，不把称王于天下看成是自己身处显赫之位。地位显赫就要彰明。万物一体，与我浑融，生死本无两样。"

先生说："道是幽深静穆的，又是清澈澄明的。

乎其清也。金石不得无以鸣，故金石有声，不考（叩击）不鸣。万物孰能定之！夫王（盛，大）德之人，素逝（抱朴而行。素，真。逝，往）而耻通于事，立之本原（指道）而知（同“智”，心智）通于神，故其德广。其心之出，有物采（影响，感应）之。故形（形体）非道不生，生非德不明。存形穷生，立德明道，非王德者邪？荡荡乎！忽然（与下句“勃然”皆是形容心神的活动随顺自然，不受外物牵制的样子）出，勃然动，而万物从之乎！此谓王德之人。视乎冥冥（幽暗），听乎无声。冥冥之中，独见晓（光明）焉；无声之中，独闻和（和声，应和之声）焉。故深之又深而能物（主宰万物）焉；神之又神而能精（精妙作用）焉。故其与万物接也，至无（指道体虚无之极）而供其求，时骋（随时运动变化）而要（求）其宿（归宿），大小、长短、修远（久远）。”

金石之类的乐器不获得道的作用也就无从发出声响，即使具备能够发出声响的本性，但不叩击它也不会发声。万物的这种感应性质都是如此，谁能确定分辨它呢！具有盛德的人，持守素朴的性情往来行事，而以通晓琐细事务为耻辱，立身于大道而心智通达于神明不测之境地，所以他的德性广大。他的心志显露出来，也是对外物做出的自然感应。所以形体不依托大道便不会产生生命，生命不依托德性便会迷失而不彰明。保存形体，享尽生命，确立天德，彰明大道，能这样做的人不就是盛德之人吗？他的心志浩大啊！心志显露，勃然行动，万物皆依从他呀！这就是具有盛德的人。这大道，看上去是那么的幽暗深邈，听起来又是寂然无声。具有盛德的人于幽深邈远之中，却能看到光明的境界；于无声无息之中，却能听到和谐唱和的共鸣。所以道深藏不露，万物从中化出并受其支配，神秘莫测却能显示其精妙之处。所以它与万物接应，道体虚无却能供应万物之所需；随时运动变化，却能成为万物的归宿，无论大小、长短、深远。

【三段】

黄帝游乎赤水（虚拟的河名）之北，登乎昆仑之丘而南望。还归，遗其玄珠（虚拟的珠名，喻道）。使知（通“智”，虚拟的人名）索之而不得，使离朱（古代明目者，喻美于明察）索之而不得，使喫诟（chī gòu，虚拟的人名，善辩）索之而不得也。乃使象罔（虚拟的人名，喻无心无迹），象罔得之。黄帝曰：“异哉，象罔乃可以得之乎？”

【四段】

尧之师曰许由，许由之师曰啮（niè）缺，啮缺之师曰王倪，王倪之师曰被衣（即蒲衣子，虚拟的人物）。尧问于许由曰：“啮缺可以配天（与天德相配，指为天子）乎？吾藉王倪以要（通“邀”）之。”

许由曰：“殆（dài，危险）哉，圾（jí，通“岌”，危）乎天下！啮缺之为人也，聪明睿知（通“智”），给（jǐ，口齿伶俐）数（快速）以

黄帝在赤水的北岸游览，登上昆仑山向南眺望。返回时，遗失了玄珠。派才智超群的知去寻找，而知没有找到；派善于明察的离朱去寻找，离朱也没有找到；派善于言辩的喫诟去寻找，喫诟也没有找到。于是派无心无迹的象罔去寻找，最终象罔找到了玄珠。黄帝说：“奇怪啊！只有象罔才能找到玄珠吗？”

尧的老师是许由，许由的老师是啮缺，啮缺的老师是王倪，王倪的老师是被衣。尧问许由说：“啮缺可以和天德相配吗？我想让王倪去邀请他做天子。”

许由说：“危险啊，恐怕会危及天下！啮缺的为人，聪明睿智，机智敏捷，

敏，其性过人，而又乃以人受（通“授”，加）天。彼审（明察）乎禁过（制止别人犯过失），而不知过之所由生。与之配天乎？彼且乘人而无天（借助人的心智而无视天道）。方且本身（以自身为本）而异形（与外物相异），方且尊知而火驰（如火迅速，指急），方且为绪使（为细事所役使），方且为物绫（gāi，约束），方且四顾而物应，方且应众宜，方且与物化而未始有恒。夫何足以配天乎！虽然，有族（众属），有祖（先祖），可以为众父（族之祖，指百姓的官长），而不可以为众父父（能与天相配的祖，指天子）。治，乱之率（由，因）也，北面（指臣）之祸也，南面（指君）之贼（害）也。”

天性过人，但把人的才智强加于自然。他知道怎样去阻止别人犯过失，却不知道过失是怎样产生的。他与天匹配吗？他将凭借着人力去治理天下而无视天道无为。他将以自身为本而将物我加以区别，将要尊尚智巧而追求急用，将被琐碎的小事所役使，将会被外物所束缚，将会顾盼四方、目不暇接地应接万物，会追求事事合宜，会随同万物变化内心却没有恒久不变的准则。这样的人怎么能与天德相配做天子呢？即便如此，有同族，也有先祖，可以做一方百姓的统领，却不可以做一国的君主。用心智去治理国家，治也会成为动乱的起因，是臣子的灾祸，是国君的祸害。”

【五段】

尧观乎华（今陕西省华县）。华封人（守边疆的人）曰：“嘻，圣人！请祝（祝福）圣人。”

“使圣人寿。”尧曰：“辞

尧到华地去视察。华地守卫边疆的人说：“啊，圣人！请让我为圣人祝福吧。”

“祝愿圣人长寿！”尧说：“不

（推辞，不接受）。”“使圣人富。”尧曰：“辞。”“使圣人多男子。”尧曰：“辞。”

封人曰：“寿、富、多男子，人之所欲也。女（同“汝”）独不欲，何邪？”

尧曰：“多男子则多惧，富则多事，寿则多辱。是（这）三者，非所以养德也，故辞。”

封人曰：“始也我以女为圣人邪，今然君子也。天生万民，必授之职。多男子而授之职，则何惧之有！富而使人分之，则何事之有！夫圣人鹑居（指居无常处。鹑，chún）而彀食（初生小鸟仰仗母亲哺食而饱足，指无心求食。彀，kòu，初生的小鸟），鸟行而无彰（无迹）。天下有道，则与物皆昌；天下无道，则修德就闲（闲居）。千岁厌世，去而上仙，乘彼白云，至于帝乡（天帝所居之处）；三患（指上文提到的多惧、多事、多辱）莫至，身常无殃，则何辱之有？”

接受。”“祝愿圣人富有！”尧说：“不需要。”“祝愿圣人儿孙满堂！”尧说：“不需要。”

守卫封疆的人说：“长寿、富有、多子孙，这是大家都想得到的。你却不想要，这是为什么呢？”

尧说：“子孙多了便会多生事端，财富多了就会多生烦忧，寿命长了就会受羞辱。这三种欲望都无助于培养无为的德性，所以不接受。”

守卫封疆的人说：“当初我以为您是圣人，现在看来您不过是君子。上天养育万民，一定会授予他差事。孩子多授予他们相应的差事，有什么值得忧惧的呢！富有了便把财物分享给众人，有什么可烦心的呢！圣人随遇而安，居无常所，无心求食，行动像鸟一样不留痕迹。天下太平，就与万物一起昌盛；天下大乱，就隐居遁世，修养德行。活到一千岁，对世俗生活厌倦了，就升仙而去，驾着白云，来到天帝的居所。三种祸患都不会降临，身体常无灾殃，还会有什么羞辱呢？”

封人去之，尧随之，曰：“请问。”

封人曰：“退已！”

守卫封疆的人走了，尧跟随在他身后，说：“希望能得到你的指教。”

守卫封疆的人说：“你还是回去吧。”

【六段】

尧治天下，伯成子高（人名，或为虚拟的得道的人）立为诸侯。尧授舜，舜授禹，伯成子高辞为诸侯而耕。禹往见之，则耕在野（田野，田地）。禹趋（快步走）就下风（下方，表恭敬），立而问焉，曰：“昔尧治天下，吾子立为诸侯。尧授舜，舜授予，而吾子辞为诸侯而耕。敢问，其故何也？”

子高曰：“昔尧治天下，不赏而民劝（劝勉），不罚而民畏。今子赏罚而民且不仁，德自此衰，刑自此立，后世之乱自此始矣！夫子阖（hé，通“盍”，何不）行邪？无落（废）吾事！”俋俋（yì yì，用力耕地的样子）乎耕而不顾。

尧治理天下时，伯成子高被立为诸侯。尧禅位给舜，舜禅位给禹，伯成子高辞去诸侯之位而去种地。禹前去拜访他，伯成子高正在地里耕种。禹从下方快步走近他，恭恭敬敬地站着问道：“从前尧治理天下时，您被立为诸侯。尧把君位传给舜，舜把君位传给我，而您却辞去诸侯之位到田野耕作。请问您这是为什么呢？”

伯成子高说：“从前尧治理天下，不须奖赏而百姓自然勤勉，不需惩罚而百姓自然敬畏。现在你动辄奖赏惩罚并用百姓却不再仁爱，德行从此衰落，刑罚从此树立，后世之祸乱也就从这里开始了。先生为什么不走开呢？不要耽误我的耕作。”说完低下头用力耕地不再理睬禹。

【七段】

夫子(指孔丘)问于老聃(老子。聃，dān)曰："有人治道(进行道的修养)若相放(背逆)，可不可(以不可为可)，然不然(以不然为然)。辩者有言曰：'离坚白，若县(通"悬"，悬挂)宇。'若是则可谓圣人乎？"

老聃曰："是胥(有才智的小吏)易(更迭治事)技系(为技艺所系累)，劳形怵心者也。执留之狗成思，猿狙(猿猴。狙，jū)之便自山林来。丘，予告若(你)，而(通"尔"，你)所不能闻与而所不能言。凡有首有趾(具备人的形体)，无心无耳者众；有形者(指人)与无形无状(指道)而皆存者尽无。其动，止也；其死，生也；其废，起也，此又非其所以也。有治在人，忘乎物，忘乎天，其名为忘己。忘己之人，是之谓入于天。"

孔子问老聃说："有人进行道的修养却与大道相违背，把不能认可的附会当成可以认可的，把不是这样的附会当成是这样的。辩论的人说：'分离坚白之论的正确，就像高悬在天宇的屋子一样显而易见。'像持这样理论的人可以称作圣人吗？"

老聃说："这些人像官府的胥吏不停地更迭治事般被自己的技艺所困扰牵累，从而使自己形体劳顿，心神忧惧不安。善于捕猎的狗因被拘系而不得任性驰骋就会产生愁思，猿猴因行动敏捷便被人们从山林里捕捉来赏玩。孔丘，我告诉你，大道是你所不能够听到和不能够言说的。凡是有头有脚有完整形体的人，无知无闻的人很多，有形体的人和无形无状的大道共同存在的情形却完全没有。运动化为静止，死亡化为新生，废弃化为兴起，这些并非是他有心这样做的。倘若果真存在着治理，那也是人们遵从本性的活动，忘掉了外物，忘掉了天然，这便是忘掉了自己。忘掉了自己的人，这就可以说与自然浑然一体了。"

【八段】

子贡（孔子的弟子）南游于楚，反（同"返"，返回）于晋，过汉阴（汉水的南岸。阴，山之北与水之南谓阴，而山之南水之北谓阳），见一丈人（古代对老年男子的尊称）方将（正在）为圃畦（菜园。畦，qí），凿隧而入井，抱瓮而出灌，搰搰然（用力的样子。搰，kū）用力甚多而见功寡。子贡曰："有械于此，一日浸百畦，用力甚寡而见功多，夫子不欲乎？"

为圃者卬（通"仰"，仰起头）而视之曰："奈何？"

曰："凿木为机，后重前轻，挈（qiè，提）水若抽，数（快）如泆汤（yì tāng，水翻腾漫溢），其名为槔（gāo，桔槔，古代的一种汲水工具）。"

为圃者忿然作色而笑曰："吾闻之吾师，有机械者必有机事（投机取巧之事），有机事者必有机心（机巧之心思）。机心存于胸中，则纯白（纯粹素朴的本性）不备；纯白

子贡到南边的楚国去游历，返回晋国，经过汉水的南岸时，看到一位老者正在菜园里整地开畦。他开掘隧道通到井底，抱着瓮汲水然后来浇灌菜园，很费力但效果不好，子贡说："有一种机械，一天能浇灌一百畦园子，省力却很有效，先生不想使用吗？"

灌园子的老者抬起头看了看子贡，说："那是什么东西啊？"

子贡说："这是用木头制成的机械，后面重前面轻，用它提水就像从井里抽水一样，水翻腾漫溢的速度很快，它的名称叫桔槔。"

浇园子的老者生气变了脸色，却笑着说："我从我的老师那里听说，使用机械的人必定干投机取巧的事，干投机取巧的事必生出机巧之心。机巧之心存于心中，纯粹素朴的本性就会受到污染而不完备了；纯粹素朴的

不备，则神生（精神。生，通"性"）不定；神生（精神。生，通"性"）不定者，道之所不载也。吾非不知，羞而不为也。"

子贡瞒然（惭愧的样子。瞒，mén）惭，俯而不对。

有间（过了一会儿），为圃者曰："子奚为者邪？"

曰："孔丘之徒也。"

为圃者曰："子非夫博学以拟圣（以圣人自比），於于（wū yú，夸耀的样子）以盖（超过）众，独弦哀歌以卖名声于天下者乎？汝方将忘汝神气，堕汝形骸，而庶几（差不多）乎！而（通"尔"，你）身之不能治，而何暇治天下乎！子往矣，无乏（废）吾事。"

子贡卑陬（惭愧不安的样子。陬，zōu）失色，顼顼然（失意的样子。顼，xū）不自得，行三十里而后愈。

其弟子曰："向之人何

本性不完备，精神便会摇荡而不能专一安定；精神不能专一安定，内心就会充斥欲念而不能容载大道了。你所说的那种机械我不是不知道，而是羞于使用它罢了。"

子贡满面羞惭，低着头不能回应。

过了一会儿，灌园子的老者又问："你是干什么的？"

子贡回答说："我是孔子的学生。"

灌园子的老者说："是不是那个以博学多识自比于圣人，靠着自我夸耀超过众人，独自抚琴唱着悲歌，向天下人卖弄名声的人吗？你倘若能够遗忘你的精神，毁弃你的形体，就差不多能接近大道了。你连自身都不善于修养，哪里会有闲暇去治理天下呢！你走吧，不要碍我的事了。"

子贡感到很惭愧，神色陡变，怅然若失，很不自在，离开菜园子三十里地后才恢复常态。

子贡的弟子问："刚才见到的那个人是什么人呢？

为者邪？夫子何故见之变容失色，终日不自反（通“返”，指恢复）邪？”

曰：“始吾以为天下一人耳，不知复有夫人（那个人，指灌园子的老者）也。吾闻之夫子，事求可，功求成，用力少，见功多者，圣人之道。今徒（却）不然。执道（掌握了天道）者德全（完美），德全者形全，形全者神全，神全者，圣人之道也。托生（寄生在世上）与民并行（与众人一起生存）而不知其所之（往），汒乎（即“茫乎”，茫然无知的样子）淳备（淳朴完备）哉！功利机巧，必忘夫人（这种人）之心。若夫人者，非其志不之，非其心不为。虽以天下誉之，得其所谓（得到与心志符合的称誉），謷然（自得的样子。謷，ào，通“傲”，自得）不顾；以天下非之，失其所谓，傥然（无心的样子。傥，tǎng）不受。天下之非誉，无益（增加）损（减少）焉，是

先生为什么见了他变容失色，一整天都不能恢复常态呢？”

子贡说：“当初我以为天下只有我老师一个人可称得上是圣人，不曾想还会遇到这样的人。我听老师说过，做事要寻求可行，功业要寻求成效，用得力气少而获得功效多，这就是圣人之道。现在却不是这样。掌握了大道的人德性完备，德性完备的人形体健全，形体健全的人精神饱满。精神饱满才是圣人之道。这样的人虽将形体寄托于世间与众人生活在一起，却不知道自己的归宿，内心深远而德性淳朴完备。功利机巧必定不会放在这种人的心上。像这种人，不符合他们心志的不会去追求，不符合他们本心的事不会去谋划。即使天下人都称赞他，这些称赞虽合乎他的心志，他也仍会自得地不去理会别人的称赞；即使天下人都非议他，这些非议虽与他的心志不相符合，他也会无动于衷不予理睬。天下人的非议和赞誉，对他并没有增加也没有减少，这就是

谓全德之人哉！我之谓风波之民（容易受非誉等影响进而波动的人）。”

反（同“返”）于鲁，以告孔子。孔子曰：“彼假（托）修（学习）浑沌氏（虚拟的人名，有纯朴自然之意，喻无为）之术者也。识其一，不知其二；治其内，而不治其外。夫明白入素，无为复朴（返归自然），体性抱神，以游世俗之间者，汝将固惊邪？且浑沌氏之术，予与汝何足以识之哉？”

天德完备的人啊！我则是那些易受毁誉所左右容易心神不定的人。”

子贡回到鲁国，把这些事告诉了孔子。孔子说：“他是修习浑沌氏道术的人。只知道浑一的大道，不知道还有其他；只修养自己内心，而不管外在的表现。这样的人心地明澈素洁，自然纯朴，体悟真性，守藏精神，优游自得地生活在世俗之中，你怎么会不惊讶呢？而且浑沌氏的道术，我和你又怎么能了解呢？”

【九段】

谆芒（zhūn máng，虚拟的人名）将东之大壑（大海。壑，hè），适（正）遇苑风（虚拟的人名，寓指小风）于东海之滨。苑风曰：“子将奚（xī，何，哪里）之？”曰：“将之（往）大壑。”曰：“奚为焉？”曰：“夫大壑之为物也，注焉而不满，酌焉而不竭。吾将游焉。”苑风曰：“夫子无意于横目之民（指人）乎？愿（希望）

谆芒东游到大海，恰巧在东海岸边遇到了苑风。苑风问道：“你要到哪儿呢？”谆芒说：“要去大海那边。”苑风又问：“去做什么呢？”谆芒说：“大海作为一个物象太奇妙了，江河不停地注入却不会满溢，不停地向外舀取也不会枯竭。我将要到那里游历。”苑风说：“先生不在意天下的庶民百姓吗？希望能

闻圣治。”谆芒曰：“圣治乎？官施（政令措施）而不失其宜，拔举（指选拔人才）而不失其能，毕（尽）见情事而行其所为（做自己应做的事），行言自为而天下化。手挠（招手）顾指（以目示意），四方之民莫不俱至，此之谓圣治。”“愿闻德人（顺应外物而自得的人）。”曰：“德人者，居无思，行无虑，不藏是非美恶。四海之内共利之之谓悦，共给之之谓安；怊（chāo，惆怅）乎若婴儿之失其母也，傥（借为“怅”）乎若行而失其道也。财用有余而不知其所自来，饮食取足而不知其所从，此谓德人之容。”“愿闻神人。”曰：“上神乘光，与形灭亡，此谓照旷（虚明空旷。照，即“昭”）。致命尽情，天地乐而万事销亡，万物复情，此之谓混冥（混同玄冥没有差别）。”

听听圣人的治世之道。”谆芒说：“你想知道圣人的治世之道吗？发布政令措施合宜得体，选拔任用人才不会遗漏有能力的人，明察事物的实情去做自己应该做的事，言论行为的教化出自人们本性，百姓自然会受到感化。这样的话，圣人只需挥手指示，以目示意，天下百姓没有谁不会归附而来，这就是圣人的治世之道。”苑风继续问道：“希望听听顺应外物自得的人。”谆芒说：“所谓顺应外物自得的人，就是独处时没有思虑，行动时没有筹谋，心里不隐藏是非美恶的观念。与四海之内的百姓共同分享视为喜悦，共同施予视为安乐。圣人悲哀惆怅时像婴儿失去母亲一样，怅然若失时又像走路迷失了方向一样。财货很多却不知其从哪里来，饮食充裕却不知从哪里获得，这就是顺应外物自得的人的仪态举止。”苑风继续问道：“希望听听什么是神人。”谆芒说：“至上的神人驾驭光辉，不见形迹，这称为虚明空旷。穷极天命和变化性情，与天地同乐不受万物牵累，万物却都回归本性，这就是混同物我没有差别的混冥。”

【十段】

门无鬼（与下文“赤张满稽”皆为虚拟的人物）与赤张满稽观于武王之师。赤张满稽曰：“不及有虞氏（虞舜）乎！故离（通“罹”，遭）此患也。”

门无鬼曰：“天下均治（太平）而有虞氏治之邪？其乱而后治之与？”

赤张满稽曰：“天下均治之为愿，而何计以有虞氏为！有虞氏之药（治疗）疡（yáng，头疮）也，秃而施髢（dí，假发），病而求医。孝子操药以修（治）慈父，其色燋然（憔悴的样子。燋，qiáo），圣人羞之。至德之世，不尚贤，不使能；上如标枝（树枝的末端。喻虽在高位，但无心作为），民如野鹿。端正而不知以为义，相爱而不知以为仁，实（诚实）而不知以为忠，当（得当）而不知以为信，蠢动（蠕动）而相使（互相役使，指互相帮助），不以为赐。是故行而无迹，事而无传。”

门无鬼和赤张满稽观看周武王伐纣的军队。赤张满稽说：“周武王还是比不上虞舜啊！所以天下才遭受这样的祸患。”

门无鬼说：“是天下太平时派虞舜去治理呢，还是天下动乱时派虞舜才去治理呢？”

赤张满稽说：“天下太平是人们的心愿，又何须派虞舜来治理呢！虞舜是在人患了头疮才去治疗，头秃了才戴假发，患病了才去找医生。孝子拿着药来给慈父治病，他虽然因忧愁而憔悴不堪，圣人却为此感到羞耻。至德的时代，不崇尚贤才，不任用能人；君主如同树枝的末端，虽无心在上却自然居于高位，百姓如同无拘无束的野鹿可自由奔跑。百姓行为端正却不知把它看作义，相互友爱却不知把它看作仁，诚实不欺却不知把它看作忠，言行得当却不知把它看作信。人们的互相帮助纯粹出于本性，像虫蠕动一样无心，更不把它看作自己对别人的恩赐。所以，当时人们的活动没有留下痕迹，事迹也没有流传下来。”

【十一段】

孝子不谀（讨好）其亲，忠臣不谄（chǎn，谄媚）其君，臣、子之盛也。亲之所言而然，所行而善，则世俗谓之不肖子；君之所言而然，所行而善，则世俗谓之不肖臣。而未知此其必然邪？世俗之所谓然而然之，所谓善而善之，则不谓之道谀（谄谀）之人也！然则俗故（固，一定）严（敬）于亲而尊于君邪？谓己道人（即谄媚人），则勃然作色；谓己谀人，则怫然（发怒的样子。怫，fú）作色。而终身道人也，终身谀人也，合譬（聚合譬喻）饰辞（修饰言辞）聚众也，是终始本末不相坐（不相连。坐，因）。垂衣裳，设采色，动容貌，以媚一世，而不自谓道谀；与夫人（世俗之人）之为徒（同类），通是非，而不自谓众人，愚之至也。知其愚者，非大愚也；知其惑者，非不惑也。

孝子不讨好他的父母，忠臣不对他的君主谄媚，这是忠臣尽忠、孝子尽孝的极致。父母所说的都加以肯定，父母所做的都加以赞扬，世俗人便认为他是不肖子；君主所说的都加以应承，君主所做的都加以逢迎，世俗人便认为他是不肖臣。可是人们却不知道世俗所认为的就一定是正确的吗？世俗人所谓正确的便认为是正确的，世俗人所谓好的便认为是好的，却不称他为谄谀之人。但世俗的人一定比父母还可敬，比君主还尊贵吗？别人说自己是谄媚之人，便会生气脸色顿变；别人说自己是阿谀之人，便会发怒面容骤变。可是一辈子谄谀的人，一辈子阿谀的人，却被看作用巧妙的譬喻和华丽的言辞来邀取众人的欢心，这样，终与始、本与末都不能吻合。穿上华美的衣裳，绣上彩色纹饰，变换着仪态表情，来讨好逢迎世人，却不认为自己是谄媚阿谀；与世俗之人是同类，世人赞成的他也肯定，世人反对的他也否定，而不认为自己是世俗之人，真是愚蠢至极了。知道自己愚蠢的人，并不是最大的愚蠢；知道自己迷惑的人，并不是最大的迷惑。

大惑者，终身不解；大愚者，终身不灵（晓，知）。三人行而一人惑，所适者犹可致（到达）也，惑者少也；二人惑则劳而不至，惑者胜也。而今也以天下惑，予虽有祈向（祈求向往，即希望），不可得也。不亦悲乎！大声（高雅的音乐）不入于里耳（世俗人的耳朵），折杨、皇华（均为古时通俗的乐曲名），则嗑（kè，笑声）然而笑。是故高言不止（留，入）于众人之心；至言不出，俗言胜也。以二缶钟惑，而所适不得矣。而今也以天下惑，予虽有祈向，其庸可得邪！知其不可得也而强之，又一惑也，故莫若释（放弃）之而不推（推究）。不推，谁其比（与）忧！厉（丑陋）之人夜半生其子，遽（jù，迅速）取火而视之，汲汲然（紧张的样子。汲，jí）唯恐其似己也。

最迷惑的人，一辈子都不会觉悟；最愚蠢的人，一辈子都不会知明理。三个人同行时，其中的一个人迷惑，所要前往的地方还可以到达，这是由于迷惑的人少的缘故；若有两个人迷惑，就徒劳而不能到达了。现在天下人都迷惑不解，我虽然怀有希望，但对他们也不会有什么帮助。这不是很可悲吗！高雅的音乐不会入于市井里巷俚俗之人的耳朵，折杨、皇华一类的通俗乐曲，他们听了便笑出声来。所以高妙的言论不会引起世俗人的共鸣，至高的言论不显现，那是被世俗之言所掩盖的结果。敲响两个缶就会干扰一个钟的奏乐，听者就会迷惑，他们所适意的雅乐就不能获得了。现在天下人都迷惑不解，我虽然怀有希望，又怎么能够达到呢！知道不可能达到还要勉强去做，这又是一个大迷惑，不如放弃它不去推究。不去推究，谁还会有那么多忧愁呢！丑陋的人半夜生了孩子，立即拿灯火来照看，那是担心孩子也会像自己一样丑陋呀。

【十二段】

百年之木，破为牺尊（祭祀用的酒器），青黄而文（动词，装饰）之，其断在沟中。比牺尊于沟中之断，则美恶有间（差别）矣，其于失性（失去树木的本性）一（相同）也。跖与曾、史，行义有间矣，然其失性均也。且夫失性有五：一曰五色乱目，使目不明；二曰五声乱耳，使耳不聪；三曰五臭（五种气味，指膻、熏、香、腥、腐）熏鼻，困惾（zōng，壅塞）中颡（sǎng，额）；四曰五味（酸、辛、甘、苦、咸）浊口，使口厉（病）爽（伤）；五曰趣舍（取舍）滑（乱）心，使性飞扬。此五者，皆生（通“性”）之害也。而杨、墨乃始离跂（踮起脚跟，喻用力显示自己。跂，qǐ）自以为得，非吾所谓得也。夫得者困，可以为得乎？则鸠鸮（jiū xiāo，斑鸠）之在于笼也，亦可以为得矣。且夫趣舍声色以柴其内（像柴木一样充塞心中），

百年的树木，剖开做成祭祀用的酒器，用青黄色彩来纹饰它，砍下不用的部分丢弃在山沟里。将祭礼用的酒器和弃置在山沟里的断木相比较，二者之间的美丑是有差别的，但它们在丧失树木本来的天性上是一致的。盗跖与曾参、史鳝在践行道德规范上有差别，但他们在丧失做人的自然本性上是相同的。丧失人的本性有五种情况：一是各种颜色扰乱视觉，使得眼睛看不清楚；二是各种声音扰乱听觉，使得耳朵听不真切；三是各种气味熏染嗅觉，壅塞鼻腔甚至直达额头；四是各种味道熏染口腔，使得口舌味觉丧失；五是计较利害得失而迷乱内心，使得心性浮躁不安。这五种情形都会危害人的本性。杨朱、墨翟努力地想出人头地超过众人，而自以为有所得，这并不是我所说的自得。有所得反而被得失所困扰，这还算自得吗？如果这也算是得的话，那么斑鸠困在笼子里，也可以算作是自得了。况且取舍声色的欲念像柴草一样充塞于内心，

皮弁（皮帽子。弁，biàn）鹬冠（用鹬毛做装饰的帽子。鹬，yù）搢（jìn，插）笏（hù，手板）绅（大带）修以约其外。内支盈（塞满）于柴栅，外重缨缴（mò jiǎo，绳索），睆睆（huǎn huǎn，极目远视）然在缨缴之中而自以为得，则是罪人交臂（反缚双臂）历指（挤压手指）而虎豹在于囊槛（圈槛。槛，jiàn），亦可以为得矣！

外表却用皮帽羽冠、手板长带这些冠冕服饰来约束。内心塞满了柴草栅栏，体外被绳索捆缚，在绳索束缚之中极目远望，一副自得适意的样子，那么罪犯被反缚双臂挤压手指，虎豹被关在笼子里，也可以算是自得适意了。

阅读指导

跖与曾、史：跖（zhí）指盗跖，相传他是柳下惠的学生，贵族子弟，后来参加农民义军，成为首领，为历代统治者所敌视；曾，指曾参，后人称其为曾子，孔子的弟子，深得孔子真传；史，指史鳍（qiū），卫灵公大臣，以直谏敢言闻名。因卫灵公不纳谏，他以“尸谏”打动了卫灵公，卫国政治得以改善。

天　道

题解

本篇着重论述了天道和人道之间的关系。所谓“天道”，也就是自然的规律，不可抗拒，也不能改变。天道无为，做帝王的应该效法天道，做到“虚静恬淡，寂漠无为”，可任随万物不停地自然运动，就可以得天乐而称王天下。君道无为，臣道有为。无为是首要的，但有为如仁义、是非、法度、赏罚等亦不可废，作者特别强调了尊卑等级是符合天道的，而且从天道的秩序来论证社会上人伦秩序的合理性。这些观点“非庄子之旨”，疑为庄派后学受儒家思想影响而作。

原文

【一段】

天道（自然之道，指自然规律）运（运行，转化）而无所积（停滞），故万物成；帝道（帝王之道）运而无所积，故天下归；圣道（圣贤之道）运而无所积，故海内服。明于天，通于圣，六通四辟（六通，四方上下都畅通；四辟，春夏秋冬四时都开辟。形容全面通

译文

自然规律运行从不会停滞，所以万物能够生成；帝王之道运行从不会停滞，所以天下人都会来归附；圣贤之道运行从不会停滞，海内百姓都愿意归服。明白了自然规律，通晓了圣贤之道，全面通晓

晓。辟，开通）于帝王之德者，其自为也，昧然（不知不觉的样子。昧，mèi）无不静者矣！圣人之静也，非曰静也善，故静也；万物无足以铙（通"挠"，扰乱）心者，故静也。水静则明烛（用作动词，照）须眉，平中（zhòng，符合）准，大匠取法焉。水静犹明，而况精神！圣人之心静乎！天地之鉴（镜）也，万物之镜也。夫虚静、恬淡、寂漠、无为者，天地之平（准则）而道德之至（极）也，故帝王、圣人休（栖息）焉。休则虚，虚则实，实则备矣；虚则静，静则动，动则得矣。静则无为，无为也，则任事者责（尽责）矣。无为则俞俞（即"愉愉"，从容自得的样子）。俞俞者，忧患不能处，年寿长矣。夫虚静、恬淡、寂漠、无为者，万物之本也。明此以南乡（南面。乡，通"向"），尧之为君也；明此以北面，舜之为臣也。以此处上，

帝王之道的人，任由万物自由生长变化，看似懵懵懂懂却顺其自然执守着虚静之心。圣人的清静，并非因为清静是好的所以清静；而是万物都不能扰乱他的内心，因此才清静。水清静时便能清晰地照出人的胡须眉毛，平静的水平面合乎找平的标准，高明的工匠也会效法它作为准则。水清静尚且能够明察外物，更何况人的精神呢！圣人之心清静，可以做天地的明镜，可以做万物的镜子。虚静、恬淡、寂寞、无为，是天地的基本准则，是道德修养的最高境界，所以帝王和圣人都安心栖息在这平静的境界中。心神止静才会入于虚寂，内心虚寂便能鉴照万物而充实，心境充实也就具备大道了；内心虚寂然后才可归于清静，清静而后能够运动变化，随顺自然一起运动变化便会有所得。内心清静便无为，无为就能让担任事务的人各尽其责。无为便会从容自得。从容自得的人就不会心藏忧患，便能活得长久。虚静、恬淡、寂寞、无为，是万物的本性。明晓了这个道理又居于帝王之位，就能成为尧一样的君主；明晓了这个道理而居于臣子之位，就能成为舜一样的人臣。凭借这个道理而居于上位的，

帝王天子之德也；以此处下，玄圣素王（具有让天下人仰慕崇拜的道德品质，但并不处于帝王之位的人）之道也。以此退居而闲游，江海山林之士服；以此进为（出来做官）而抚世（安抚百姓，指治理天下），则功大名显而天下一（统一）也。静而圣，动而王，无为也而尊，朴素（天然本性）而天下莫能与之争美。

便能成就帝王天子的盛德；凭借这个道理而居于下位的，便能通晓玄圣素王的道义。凭借这个道理退隐闲游，天下的隐士都会信服；凭借这个道理出来做官、安抚百姓，便会功业卓著、名声显赫而使天下统一。保持内心虚静而为圣人，顺应天道而行动的则为帝王，无为却能获得尊崇，保持浑朴的天性则天下没有谁能够和他相媲美了。

【二段】

夫明白于天地之德（天地以无为为德）者，此之谓大本大宗（本原），与天地和（顺，协调）者也。所以均调天下，与人和者也。与人和者，谓之人乐；与天和者，谓之天乐。庄子曰："吾师（天道）乎，吾师乎！𩐎（jī）万物而不为戾，泽及万世而不为仁，长于上古而不为寿，覆载天地、刻雕众形而不为巧，此之谓天乐。故曰：'知天乐者，其生也天行（顺应自然而运行），其死也物化（事物的变化）。静而与

明白了天地以无为为本性，就把握了万物的根本，也就与天道自然协调一致。用它来均调天下，也就与人人和谐。与人和谐融洽的，称为人和；与天和谐融洽的，称为天和。庄子说："我的大宗师啊！我的大宗师啊！调和万物却不自以为高明，恩泽施于万代却不自以为仁义，生在上古不算老，包容天地、雕刻万物之形也不算技巧，这就是天和。所以说：'知晓天乐的人，他活在世上时顺应自然而运行，他离开人世时混同万物而变化。清静时与

阴同德（与下文"同波"均指合流），动而与阳同波。'故知天乐者，无天怨，无人非，无物累，无鬼责。故曰：'其动也天，其静也地，一心定（专心于静寂的境界）而王天下；其魄不祟（灾祸），其魂不疲，一心定而万物服。'言以虚静推于天地，通于万物，此之谓天乐。天乐者，圣人之心，以畜（养，管理）天下也。"

地阴同隐寂，运动时与天阳同波动。'所以知晓天乐的人，不抱怨天，不非难人，不受外物所累，不受鬼神责罚。所以说：'活动时能顺应自然运行，静默时同地一样虚静，内心安定专一便能称王于天下；鬼神不会带来灾祸，精神不会疲惫，内心安定专一万物便会敬服归附。'这说的就是把虚静推及天地之间，通达于万物之中，这便是天乐。所谓天乐，便是圣人用自己的爱心来养育天下人。"

【三段】

夫帝王之德，以天地为宗（根本），以道德为主，以无为为常（常法）。无为也，则用天下而有余；有为也，则为天下用而不足。故古之人贵夫无为也。上（指帝王）无为也，下（臣子）亦无为也，是下与上同德。下与上同德则不臣。下有为也，上亦有为也，是上与下同道。上与下同道则不主。上必无为而用天下，下必有为为天下

帝王的德性，以天地为根本，以道德为主宰，以顺应无为为常法。无为，则任由天下万物自由发展变化，用之不尽；有为，则会为天下事尽心竭力而唯恐不足。因而古代的帝王治理天下重视无为之道。帝王无为，臣子也无为，这样臣子与帝王便是同德的人。臣子与帝王同德就不称其为臣子了。臣子有为，帝王也有为，这样帝王和臣子也便是同道的人。帝王和臣子同道那就不称其为帝王了。帝王一定要行无为之道才可役使天下，臣子一定要有为而为天下

所用。这是永不改变用。此不易之道也。故古之王天下者，知（通“智”，智慧）虽落（通“络”，包罗）天地，不自虑也；辩虽雕（刻画）万物，不自说也；能虽穷海内，不自为也。天不产而万物化，地不长而万物育，帝王无为而天下功。故曰：莫神于天，莫富于地，莫大于帝王。故曰：帝王之德配（合）天地。此乘（驾驭）天地、驰（驱使）万物，而用人群之道也。

所用。这是永不改变的规律。所以，古代统治天下的人，即使智慧笼罩天地，也不会亲自费心思虑；即使口才能刻画万物，也不会亲自去表达；即使能力超越天下人，也不会亲历亲为。上天并非有意要产生什么而是让万物自然化育，大地无意于要生长什么而是让万物自然繁衍，帝王无为而天下自然得到治理。所以说，没有什么比上天更神妙，没有什么比大地更富饶，没有谁比帝王更伟大。所以说，帝王的德行与天地相合。这就是驾驭天地、驱使万物而任用天下人的办法。

【四段】

本（根本，指天道无为）在于上，末（枝节，指有为的人事）在于下；要（简要）在于主，详（烦琐）在于臣。三军（泛指军队）五兵（五种兵器，指矛、戟、钺、楯、弓矢）之运，德之末也；赏罚利害，五刑（劓、墨、刖、宫、大辟）之辟（法），教之末也；礼法度数，形名（名实）比详（比较审核），治之末也；钟鼓之音，羽旄（máo，鸟羽兽毛）之容，乐之末也；哭泣

无为是天道的根本，由在上位的君主所掌握；有为的人事是枝节，由在下位的臣子去执行。君主实行无为之道，一切从简；臣子操劳具体的事务，繁杂琐碎。军队和兵器的运用，这是道德衰败的表现；奖赏处罚利导惩戒，并且施行各种刑罚，这是教化衰败的表现；礼仪法规度量计数，对事物的实体和名称比较审核，这是治理衰败的表现；用钟鼓奏出乐曲，用鸟羽兽毛来装饰仪容而舞蹈，这是声乐衰败的表现；哭祭

衰经（cuī dié，丧服冠带。衰，通"缞"），隆（提升）杀（降等）之服，哀之末也。此五末者，须精神之运，心术之动，然后从之者也。末学者，古人有之，而非所以先（首要，根本）也。君先而臣从，父先而子从，兄先而弟从，长先而少从，男先而女从，夫先而妇从。夫尊卑（高下）先后，天地之行也，故圣人取象（效法）焉。天尊地卑，神明之位也；春夏先，秋冬后，四时之序也；万物化作，萌区有状；盛衰之杀，变化之流也。夫天地至神，而有尊卑先后之序，而况人道乎！宗庙尚亲，朝廷尚尊，乡党尚齿（chǐ，岁数、年龄），行事尚贤，大道之序也。语道而非其序者，非其道也；语道而非其道者，安取道哉！

丧服，各有亲疏不同的等次，这是伤悼情感不是出自本性的表现。这五类枝节之事，需要精神的自然运行、心智的正常活动，然后才能顺从人的自然本性。追求这五类枝节末学，古代就已经存在了，但并不把它当作根本。君主为根本臣子为从属，父亲为根本儿子为从属，兄长为根本兄弟为从属，年长的为根本，年少的为从属，男子为根本，女子为从属，丈夫为根本，妻子为从属。天地运行有高下先后的区分，所以古代圣人效法天地运行次序来制定人伦等级。天在上而尊，地在下而卑，这是神明确定的位置；春夏在前，秋冬在后，这是四时确立的顺序；万物变化产生之初就有差别而各具形状，由兴盛沦为衰落，这是事物不停变化的表现。天地最为神妙，尚且有尊卑先后的次序，何况社会的治理呢！宗庙讲究血缘的亲疏，朝廷讲究爵位的高低，乡邻讲究年纪的长幼，治事讲究才能的贤愚，这是大道讲究的先后次序。谈论大道却否定大道所安排的尊卑先后次序，就不是真正的大道；谈论大道却否定真正的大道，那又从哪里获得真正的大道呢！

【五段】

是故古之明大道者，先明天而道德次之，道德已明而仁义次之，仁义已明而分守（职责）次之，分守已明而形名次之，形名已明而因任（根据职责授予工作）次之，因任已明而原省（推究考察）次之，原省已明而是非次之，是非已明而赏罚次之，赏罚已明而愚知处宜（安排得当）。贵贱履（践）位，仁贤不肖袭（因，依据）情（实），必分其能，必由其名。以此事上（指君主），以此畜（养育）下（指百姓），以此治物，以此修身，知谋不用，必归其天。此之谓大（通"太"）平，治之至也。故书曰："有形有名。"形名者，古人有之，而非所以先也。古之语大道者，五变而形名可举（举出），九变（指上面的通晓过程，即一天、二道德、三仁义、四分守、五形名、六

所以古时通晓大道的人，都是先通晓自然规律而后才通晓道德，道德已经通晓而后才是仁义，仁义已经通晓而后才是职责，职责已经通晓而后才是事物的名实，名实已经通晓而后才是根据职责授予职事，因职授事已经通晓而后才是推究考察，推究考察已经通晓而后才是明辨是非，明辨是非已经通晓而后才是奖赏惩罚，奖赏惩罚已经通晓而后才会把愚笨与聪明的人都安排合适的位置。尊贵者和低贱者各安其位，仁慈贤良之士与不成材之人都根据他们的实情恰当安排，必须按才能高下加以区分，必须循其名号而考察实际成效。按照这一套办法来侍奉君主，养育百姓，治理万物，修养品性，抛弃智谋，必然复归于自然无为。这就是太平盛世，治理天下所能达到的最高境界。所以古书上说："有形体有称谓。"事物形体与称谓的区别，古代已经有人论述了，但并没有把形名观念摆在首要地位。古代谈论大道的人，经过五个层次的阐发明了

因任、七原省、八是非、九赏罚）而赏罚可言也。骤而语形名，不知其本也；骤而语赏罚，不知其始也。倒（违背）道而言，迕（wǔ，违逆）道而说者，人之所治也，安能治人！骤而语形名赏罚，此有知治之具（治世的方法、手段），非知治之道。可用于天下，不足以用天下。此之谓辩士，一曲之人（指只有一孔之见而不懂大道的人）也。礼法数度，形名比详，古人有之。此下之所以事上，非上之所以畜（养育）下也。

才可称述事物的形体和称谓，经过九个层次的阐发明了才可称述对人事的赏罚。非常突然地谈论事物形体与称谓的问题，就会茫然不知道它是从哪里演绎出来；非常突然地谈论赏罚的问题，也会茫然不知道它从哪里得来。违背大道本末先后次序，把形名赏罚提到首位来辩说的人，只能被别人统治，怎么能够统治别人呢！离开大道之本而非常突然地谈论形名赏罚的人，他们只知道治世的具体方法手段，却不懂得治世的根本规律。他们的才能可以为天下所用，自己却不能够役使天下。这些人只是口头上的言辩之士，只是能认识事物的一隅却不懂得大道的人。礼仪法规计数度量，对事物的形体和称谓进行比较审核，古人就已经这样做了。这是臣子用来侍奉君主的做法，不是君主用来养育臣民的态度。

【六段】

昔者舜问于尧曰："天王（犹天子）之用心何如？"尧曰："吾不敖（通"傲"，傲慢）无告（指有苦无处诉说的人），不废（抛弃）穷民，苦（悲悯）死者，嘉（喜爱）孺子而哀（怜悯）妇人，此吾所以用心已。"舜曰："美则美矣，而未大也。"尧曰："然则

从前舜问尧说："你作为天子的用心是怎么样的？"尧说："我不怠慢无所依靠的孤苦伶仃的人，不抛弃生活无着落的穷苦百姓，哀痛逝去的死者，亲近抚慰那些被遗留下的孩子，怜悯那些可怜的妇女，这些就是我的用心。"舜说："这样做好是很好，却不是最伟大的。"尧说："那应该怎

何如？”舜曰：“天德（自然之德，即虚静无为）而出（呈现）宁，日月照而四时行，若昼夜之有经（常则，规律），云行而雨施矣！”尧曰：“胶胶扰扰（纠缠扰乱的样子）乎！子，天之合也；我，人之合也。”夫天地者，古之所大也，而黄帝、尧、舜之所共美也。故古之王天下者，奚为哉？天地而已矣。

么办呢？”舜说：“顺应自然无为，就会显现出虚静安宁的状态，像日月照耀、四季运行、昼夜交替、云飘雨降一样自然而然地进行。”尧说：“可是我被纷纷扰扰的杂事所扰啊！你合乎天道，顺乎自然；我只是与人事相合。”天地，自古以来就被认为是最完美最伟大的，是黄帝、尧、舜共同赞美的。所以古代治理天下的人，还要做什么呢？像天地一样自然无为就可以了。

【七段】

孔子西藏书于周室。子路（仲由，字子路，孔子弟子）谋曰：“由闻周之征藏史（掌管储藏典籍的史官）有老聃（dān）者，免而归居，夫子欲藏书，则试往因（由）焉（指老聃）。”孔子曰：“善。”往见老聃，而老聃不许，于是缙（fān，演绎，发挥）十二经（《诗》《书》《礼》《乐》《易》《春秋》六经，又加上六纬，合为十二经）以说。老聃中其说（在说话中间插话），曰：“大（太）谩（或作曼，冗长），愿闻其要。”孔子曰：“要在仁义。”老聃曰：“请问，

孔子打算西行把自己的书送到周王室收藏。子路替先生出主意说：“我听说周王室有位掌管图书典藏的史官叫老聃，现已辞官在家闲居，先生想藏书，可以通过他试试。”孔子说：“好。”孔子去拜见老聃，可是老聃不答应，于是孔子演绎发挥六经来说服老聃同意收藏。老聃打断他的话，说：“太冗长了，希望听听主要的观点。”孔子说：“要点在仁义。”老聃说：“请问，

仁义，人之性邪？”孔子曰：“然。君子不仁则不成，不义则不生。仁义，真人之性也，又将奚为矣？”老聃曰：“请问，何谓仁义？”孔子曰：“中心（心地中正不偏）物恺（与外物和悦而不损伤。恺，kǎi，和乐），兼爱无私，此仁义之情也。”老聃曰：“意（通“噫”），几（危）乎后言！夫兼爱，不亦迂（yū，远）乎！无私焉，乃私也。夫子若欲使天下无失其牧（养）乎？则天地固（本来）有常（规律）矣，日月固有明矣，星辰固有列矣，禽兽固有群矣，树木固有立矣。夫子亦放德（仿效天德。放，通“仿”）而行，循道而趋，已至矣；又何偈偈乎（用力的样子。偈，jié）揭（高举，倡导）仁义，若击鼓而求亡子（丢失的孩子）焉！意，夫子乱人之性也！”

仁义是人的本性吗？”孔子说：“是的。君子放弃了仁就不能成事，放弃了义就不能生存。仁和义确实是人的本性，离开了仁义还能做什么呢？”老聃说：“请问，什么是仁义呢？”孔子说：“心地中正不偏与外物和乐，兼爱万物而没有偏私，这是仁义的实情。”老聃说：“唉，你后面所说的那些话很危险了！兼爱天下万物，不是太遥远了吗！没有偏私，正是包含了私心。先生是想让天下人不要失去养育吗？天地原本就有自己运行的规律，日月本来就是光明的，星辰本来就有各自的序列，禽兽本来就有各自的群体，树木本来就有生长的地方。先生你应该仿效天德而行动，顺乎天道向前走，这就达到理想的境界了。你又何必费心竭力地倡导仁义，就像击鼓聚众寻找丢失的孩子那般急切呢？唉，先生你这是扰乱人的本性啊！”

孔子和老子是中国古代两位最著名、影响最深远的思想文化巨人，由他们创立的儒家文化和道家文化成为中国文化的精髓，是中国文化的重要组成部分，也或明或暗地影响着中国历史的发展进程。孔子向老子问礼，是他们对社会治理、人生修养等根本问题理性思考的延续。

天运

题解

所谓“天运”，即自然的运转，亦即自然之道。本篇首次从自然变化的角度来认识宇宙万物的变化规律。天道是不断运动变化的，其变化是自然进行的，没有谁在主宰。开篇提出天地、日月、风雨的运动变化，都是因六极五常的作用，一切都是自然的，帝王能顺应自然的变化就可以获得成功。本篇运用太宰荡与庄子的对话，说明仁义、孝悌、忠信、贞廉都是违背天道的，只有做到“忘”，忘记这一切，才合于自然之道。最后借孔子向老子请教，说明度数、阴阳、仁义皆不可能得到，而仁义之道，也是“乱莫大焉”，“不若相忘于江湖”，批判了仁义、有为造成的祸患，宣传无为而治。

原文

【一段】

“天其运（运转）乎？地其处（静止）乎？日月其争于所（处所）乎？孰（谁）主张（主宰而施行）是（此）？孰维纲（维系）是？孰居无事推而行（推动它们运行）是？意（估计、猜想、推测）者其有

译文

“天是自己运转吗？地是静止不动吗？日月交替出没，是在争着要回到它们各自的轨道吗？谁在主宰施行这些运转呢？谁在维系保持这些现象呢？是谁闲着无事推动它们运行呢？难道是有

机（机关）缄（jiān，关闭）而不得已邪？意者其运转而不能自止邪？云者为雨乎？雨者为云乎？孰隆（兴）施（降）是（指云雨）？孰居无事淫乐（过度的快乐）而劝（助长）是（指云雨）？风起北方，一西一东，在上彷徨（回转），孰嘘吸（呼吸）是？孰居无事而披拂（煽动，吹动）是？敢问何故？”巫咸袑（shào，借为“招”，招呼）曰：“来！吾语（yù，告诉）女（通“汝”，你）。天有六极（即六合，即东、南、西、北、上、下）五常（即五行，指金、木、水、火、土），帝王顺之则治，逆之则凶。九洛之事（《洛书》九畴之事，载有九种治理天下的大法），治成德备（治定功成，道圆德备），监照下土，天下戴之，此谓上皇（至高无上的帝王）。”

机关控制它们不得已才这样吗？难道是它们运行起来根本不能停止下来吗？云是为了降雨吗？雨是为了积云吗？是谁把云兴起，把雨降落呢？是谁闲着无事为了追求快乐而助长这云兴雨降呢？风从北方兴起，一会儿吹向西，一会儿吹向东，在空中不断地回旋盘绕，是谁在吐气吸气而形成风的呢？是谁闲着无事去吹动它的呢？请问这是什么原因？”巫咸招呼着说：“过来吧！我告诉你。天有六极五常，帝王顺应它天下便能安定太平，违背它便会遭受灾祸。遵行治理天下的九种大法，天下就会得到太平，功德圆满，光辉照临天下，百姓都会拥戴他，这就是至高无上的帝王之治。”

【二段】

商（即宋）大宰（官号，即太宰）荡（人名）问仁于庄子。庄子曰：“虎狼，仁也。”

曰：“何谓也？”

宋太宰荡向庄子请教仁。庄子说：“虎狼也具有仁爱之心。”

太宰荡问：“为何这样说呢？”

庄子曰："父子相亲，何为（谓）不仁！"

曰："请问至仁。"

庄子曰："至仁无亲。"

大宰曰："荡闻之，无亲则不爱，不爱则不孝。谓至仁不孝，可乎？"

庄子曰："不然，夫至仁尚矣，孝固不足以言之。此非过孝之言也，不及孝之言也。夫南行者至于郢（yǐng，楚国都城），北面而不见冥山（虚拟的山名），是何也？则去之远也。故曰：以敬孝易，以爱孝难；以爱孝易，而忘（指内心顺乎自然的境界）亲难；忘亲易，使亲忘我难；使亲忘我易，兼忘天下难；兼忘天下易，使天下兼忘我难。夫德遗（弃）尧、舜而不为也，利泽施于万世，天下莫知也，岂直太息而言仁孝乎哉！夫孝悌仁义，忠信贞廉，此皆自勉以役其德（德性）者也，

庄子说："虎狼也能父子相互亲爱，为什么不能叫作仁爱呢？"

太宰荡又问："请问最高境界的仁是什么样呢？"

庄子说："最高境界的仁超越了个人的亲情。"

太宰荡说："我听说，没有亲情就不会有慈爱，没有慈爱就不会有孝顺。说最高境界的仁便不孝，可以吗？"

庄子说："不是这样的，至仁是最高的境界，孝本来就不足以说明它。这并不是责备行孝的言论，而是说行孝还不足以尽到至仁之义。这就好像向南去的人到达郢都，往北看不到冥山，是什么原因呢？这是因为太遥远的缘故。所以说，用恭敬的态度来行孝容易，用爱的本心来行孝难；用有意的爱来行孝容易，用忘孝之名出于本性来行孝难；出于本性来行孝容易，使父母不为我挂念顺心适意难；使父母顺心适意容易，对天下人无亲疏差别难；对天下人无亲疏差别容易，使天下人顺心适意无为自得难。遗弃尧舜之德而不去效法推行，恩泽广及万世而天下人却并不知晓，难道还要感叹忧虑而到处宣扬仁孝吗？至于孝悌仁义、忠信贞廉，这些都虽用来勉励自身，却劳累身心，役使真性，

不足多（崇尚）也。故曰：至贵，国爵并（通“摒”，舍弃）焉；至富，国财并焉；至显，名誉并焉。是以道不渝（yú，改变）。”

不值得称道崇尚。所以说，最尊贵的，是可以舍弃国家给予的爵位；最富有的，是一国的财富都可以舍弃；最显荣的，是名誉都可以舍弃。所以大道是永恒不变的。”

漆園吏像

庄子名周，生卒年不详，宋国蒙（今河南商丘东北）人，曾为蒙地漆园小吏。庄子生活于战国前期，当时诸侯互相兼并，社会纷争不断，人民痛苦不堪。庄子反对诸侯间的不义之战，抨击了上位者对百姓的盘剥，提出了“窃钩者诛，窃国者为诸侯”的精到见解，激烈而尖锐地批判了统治者，不愿与当权者同流合污，过着清贫的隐士生活。

【三段】

孔子行年五十有一而不闻道，乃南（往，到）之沛（今江苏省沛县）见老聃。

老聃曰：“子（古代对男子的尊称）来乎？吾闻子，北方之贤者也，子亦得道乎？”

孔子五十一岁还没有领悟大道，就到南方沛地去求教老聃。

老聃说：“你来了？我听说你是北方的贤人，你领悟到大道了吧？”

孔子曰："未得也。"

老子曰："子恶（wū，怎么）乎求之哉？"

曰："吾求之于度数（制度名数），五年而未得也。"

老子曰："子又恶乎求之哉？"

曰："吾求之于阴阳（阴阳变化规律），十有二年而未得。"

老子曰："然，使道而可献（献出），则人莫不献之于其君；使道而可进（奉送），则人莫不进之于其亲；使道而可以告人，则人莫不告其兄弟；使道而可以与人，则人莫不与其子孙。然而不可者，无它也，中（内心）无主（主宰）而不止（留住），外无正（即"证"，印证）而不行。由中出者，不受于外，圣人不出；由外入者，无主于中，圣人不隐。名，公器也，不可多取。仁义，先王之蘧庐（qú lú，旅舍）

孔子说："还没有领悟。"

老子问："你是怎样探求大道的呢？"

孔子说："我从制度名数方面来寻求，用了五年的时间还没有得到。"

老子又问："你又从哪里探求大道的呢？"

孔子说："我又从阴阳变化中来寻求，用了十二年的时间也没有得到。"

老子说："是这样的。假使道可以献出，人们都会把它献给自己的君主；假使道可以奉送给别人，人们都会把它奉送给自己的父母；假使道可以告诉他人，人们都会把它告诉自己的兄弟；假使道可以给予他人，人们都会把它留给自己的子孙。然而这是不可能的，没有其他的原因，内心没有主宰大道便不会停留，内心之道不能得到外界印证肯定也就不会推行。出自于内心领悟的大道，不为外界所接受时，圣人就不会拿出来宣示；外面的种种说法传来，不与内心相契合时，圣人就不会将其藏于心中。名誉，是天下所公用的器物，不可以多索取。仁义，是先王暂住

也，止可以一宿而不可久处。觏(gòu，遇见)而多责。古之至人，假(借)道于仁，托宿(寄居)于义，以游逍遥之墟，食于苟简(简略)之田，立于不贷(借给)之圃。逍遥，无为也；苟简，易养也；不贷，无出(不费力)也。古者谓是采真(探求内真)之游。以富为是(善)者，不能让禄；以显为是者，不能让名；亲权者，不能与人柄。操之则栗(lì，害怕，恐惧)，舍之则悲，而一无所鉴(察觉)，以窥(kuī，盯着)其所不休者，是天之戮(lù，杀害)民也。怨、恩、取、与、谏、教、生、杀，八者，正(端正)之器(手段)也，唯循大变(天道变化)无所湮(yān，堵塞)者为能用之。故曰：正者，正也。其心以为不然者，天门(心)弗开(接纳)矣。”

的旅舍，只可以停留一宿而不可久住。把仁义昭示于人，就会招致多方责难。古代的至人，只是从仁借路，只是在义寄宿，都是暂且借用一下，以遨游于逍遥的境界，他们生活于简略的境地，立足于自给自足不施予的园圃。逍遥自在、无拘无束，就是无为；简简单单、无多欲求，就容易生存；从不施予，不损己益人，就无所耗费。古代的人把这叫作探求真意的遨游。把财富作为追逐对象的人，便不会给人利禄；把名声作为追逐对象的人，便不会给人名誉；贪婪权势的人，便不会授人权柄。他们掌握着利禄、名誉、权势又害怕别人夺取而惊恐不已，失去了这些又会悲伤不止，他们心中全无一点儿明鉴，眼睛只盯着自己所追逐不休的名利权势，这些人违背天性，无异于遭受自然的诛杀。怨恨、恩惠、夺取、赐予、劝谏、教诲、生存、杀戮，这八种做法都是用来纠正人的手段，只有顺应自然变化无所滞塞的人才能运用它。所以说，自己正的人，方能正人正物。如果内心里认为不是这样，心灵就不会接纳它。”

【四段】

孔子见老聃而语仁义。老聃曰："夫播（通"簸"，撒）糠眯目（物入眼，难以视物），则天地四方易位矣；蚊虻噆（zǎn，叮咬）肤，则通昔不寐（mèi，睡觉）矣。夫仁义憯（cǎn，通"惨"，毒害）然，乃愦（kuì，搅乱）吾心，乱莫大焉。吾子使天下无失其朴，吾子亦放（依）风而动，总（执）德而立矣！又奚杰杰然（用力的样子）揭仁义，若负（读为"掊"，pǒu，击打）建鼓（大鼓）而求亡子者邪！夫鹄（hú，天鹅）不日浴而白，乌不日黔（qián，染黑）而黑。黑白之朴，不足以为辩（通"辨"，辨别）；名誉之观，不足以为广（扩大）。泉涸（hé，水干），鱼相与处于陆，相呴（xǔ，吐气）以湿，相濡以沫，不若相忘于江湖。"

孔子见到老聃便和他谈论仁义。老聃说："簸撒米糠会让眼睛迷乱，天地四方的位置看起来也会颠倒；蚊子牛虻叮咬皮肤，就会通宵不能安睡。仁义给人的毒害太深了，让人内心昏乱，再没有比这更大的惑乱了。你如果要让天下人不丧失质朴的本性，就应该像风一样自然而然地行动，持守天德而立就可以了，又何必那么卖力地去鼓吹仁义，像敲打大鼓以寻找丢失的孩子一样呢！天鹅不必每天洗澡而羽毛依然洁白，乌鸦不必每天染色而羽毛仍旧漆黑。天鹅的白和乌鸦的黑都是它们的本性，无须辨别它们的美丑优劣；名誉之类外在虚无的东西，无须去夸耀宣扬它们。泉水干涸了，鱼儿一同困在陆地上，相互吐气以湿润周身，又用唾液沾湿对方，倒不如在江湖里自由自在，彼此相忘。"

刻 意

题解

《刻意》取自开头“刻意尚行”之首二字作为篇名，与篇中文意无关。所谓“刻意尚行”，就是磨砺心志，使行为高尚。文章的主旨在于阐述养神之道，涉及道德修养、理想人格塑造和养生之道等。庄子主张，“不刻意而高，无仁义而修，无功名而治，无江海而闲，不道引而寿，无不忘也，无不有也”，这才是合于“天地之道”；提出抛弃有形之迹，去掉智谋诈伪，使精神纯粹不杂，静则恬淡寂寞，动则随顺无为，保持心性的纯朴，这才是真正的养生之道，成为“动而以天行”的得道真人。

原文

【一段】

刻意（磨砺心志）尚行（使行为高尚），离世异俗，高论怨诽（fěi，从旁指责过失），为亢（高傲）而已矣。此山谷之士，非世（非议世事。非，通“诽”）之人，枯槁赴渊（刻苦自砺，牺牲自我。槁，gǎo）者之所好也。语仁义忠信，恭俭推让，为修而已矣。此

译文

磨砺心志使行为高尚，超脱尘世不同流俗，谈吐不凡，不满时事，只是显示自己的清高罢了。这是隐居山林之士，愤世嫉俗之人，是那些为了坚持己见而甘愿赴汤蹈火去死的人所喜好的。谈论仁爱、道义、忠贞、信实、恭敬、节俭、推辞、礼让，也只是为了提高自我修养罢了。这是

平世（平定、治理社会）之士，教诲之人，游居学者之所好也。语大功，立大名，礼君臣，正上下，为治而已矣。此朝廷之士，尊主强国之人，致功并兼（指合并敌国领土）者之所好也。就薮泽（湖泽。薮，sǒu），处闲旷，钓鱼闲处，无为而已矣。此江海之士，避世之人，闲暇者之所好也。吹呴（xǔ，慢慢呼气）呼吸，吐故纳新，熊经（像熊一样悬吊在树上。经，悬吊）鸟申（像鸟一样伸展身体。申，通"伸"），为寿而已矣。此道引（疏通气血。道，通"导"）之士，养形之人，彭祖寿考（老）者之所好也。若夫不刻意而高，无仁义而修，无功名而治，无江海而闲，不道引而寿。无不忘（一切无心，不刻意追求）也，无不有也，澹然（淡漠的样子。澹，dàn）无极而众美从之。此天地之道，圣人之德也。

平定、治理天下之士，以教化为己任之人，到处游说讲学的人所喜好的。谈论建立大的功业，树立大的名声，确立君臣的尊卑秩序，维护上下等级，这只是为了治理天下罢了。这是在朝为官的人，是使君主尊显国家强大的人，是那些欲开疆拓土建立功业的人士所追求的。隐逸山泽，栖居旷野，闲居垂钓，自在无为罢了，这是隐居江湖之士，逃避社会之人，闲暇无事与世无争的人所追求的。调整呼吸频率，不停地吐气吸气，像熊一样攀缘引吊，像鸟一样伸展抖动，只是为了延长寿命罢了。这是从事疏通经络气血之士，养护形体之人，像彭祖一类长寿的人所追求的。若能不需磨砺心志就自然高洁，不需倡导仁义而自然修身，不追求功业名声而天下得到治理，不需避隐江海而能自然闲游，不需疏通气血而自然长寿。将这些都置于身外，而又能全部集于己身，恬淡无心地面对，而一切美好的东西又都会聚集在他身边。这是天地的大道，圣人的无为之德。

【二段】

故曰：夫恬惔（dàn，通“淡”。下同）寂寞，虚无无为，此天地之平（准则）而道德之质（根本）也。故圣人休（息心）焉，休则平易矣，平易则恬惔矣。平易恬惔，则忧患不能入，邪气不能袭，故其德（天性，本性）全而神不亏。

故曰：圣人之生也天行（任自然而运行），其死也物化（随万物而变化）。静而与阴同德，动而与阳同波（合流）。不为福先（指行善，行善是得福的先兆），不为祸始（指作恶，作恶是遭祸的开始）。感（共鸣）而后应，迫而后动，不得已而后起。去知（同“智”，智慧）与故（计谋，巧伪），循天之理。故无天灾，无物累，无人非，无鬼责。不思虑，不豫（通“预”，预先）谋。光矣而不耀，信矣而不期（约）。其寝不梦，其觉无忧。其生若浮，其死若休。其神纯粹，

所以说，恬淡、寂寞、虚无、无为，这是天地运行的基本准则，是道德修养的根本。所以圣人息心于此，息心宽容便能够无所阻滞、内心安稳了，内心安稳平和就能入于恬淡自然了。内心平和恬淡，那么忧患就不能侵入内心，邪气就不能袭扰肌体，于是就天性完美而精神饱满不亏损了。

所以说，圣人生存时顺应自然变化而运行，死亡时和万物融合在一起而变化。他静默时与阴气一道沉寂，动时与阳气一同变化。不去行善而有意做幸福的先导，也不去作恶而有意做祸患的根源。圣人与天地万物有所感应然后才去应和，有所逼迫然后才去行动，迫不得已而后才兴起。抛弃智谋巧伪，顺应自然的常理。所以没有天灾，不会受到外物的牵累，不会遭到别人的非议，不会有鬼神的责难。他们不思考，也不提前筹划。光照天下但从不炫耀自己，讲求信实却不死守约定。他们睡觉时不做梦，醒来时也不忧虑。他们把生视作浮游一样轻微，把死视作休息一样平常。他们内心清净，

其魂（精神）不罢（通“疲”，疲惫）。虚无恬惔，乃合天德（自然本性）。

故曰：悲乐者，德之邪也；喜怒者，道之过也；好恶者，德之失也。故心不忧乐，德之至也；一而不变，静之至也；无所于忤（wǔ，逆），虚之至也；不与物交，惔之至也；无所于逆，粹之至也。

故曰：形劳而不休则弊，精用而不已则劳，劳则竭。水之性，不杂则清，莫动则平；郁（积滞）闭（闭塞）而不流，亦不能清；天德之象（反映）也。

故曰：纯粹而不杂，静一而不变，惔而无为，动而以天行，此养神之道也。

不带有杂念；精神闲适，终不会疲惫。虚无恬淡，才能与自然天性相契合。

所以说，悲伤与欢乐，是背离德性的邪僻；欢喜与愤怒，是违背大道的过失；喜好与厌恶，是背弃真性的失误。所以，内心没有忧愁与快乐，就是道德的最高境界；持守大道专一而不改变，就是虚静的极致；顺应外物而无所抵触，就是虚无的极致；不和外物交接，就是恬淡的极致；混同万物而无所忤逆，就是德性纯粹的极致。

所以说，形体劳顿而不休息就会疲惫，精力过分消耗就会疲劳，过度疲劳就会枯竭。水的本性，是不混杂就清澈，不搅动就平静；长久堵塞不能流动，也不会清澈，这是自然本性的体现啊！

所以说，本性纯粹素朴而不混杂邪念，虚静专一而不动辄改变，恬淡而无为，顺应自然而行动，这是存养精神的道理。

缮　性

题解

《缮性》取篇首二字为题，题目之意为修治性情，修养心性，主旨在讲述性情复归的道德修养。文章从反面起笔，批评"俗思"与"俗学"是不能够修身养性的，宣扬了古代的得道之人"以恬养知"、"以知养恬"和"知与恬交相养"的方法，抨击了后世道德不断衰落，民心惑乱，追求富贵名利之徒"丧己于物"，赞扬了"不为轩冕肆志，不为穷约趋俗"的古人，论述了他们存身、养德、正己的道德境界，也劝勉了不得志的穷困者要坚守自己的情操。

原文

【一段】

缮性（修治本性）于俗学（指当时流行的儒、墨等学说），以求复其初（本性）；滑（gǔ，治）欲于俗思（追求名、利、势等的世俗观念），以求致其明：谓之蔽蒙（闭塞昏庸）之民。

古之治道者，以恬养（保养）知（同"智"，心智）。知生而无以

译文

用世俗流行的学问来修养身心，来寻求复归人的本性；用世俗流行的思想来调整欲望，来寻求达到明智：这种人可称作闭塞昏昧的人。

古代修道的人，用恬静淡漠来涵养心智。心智生成却不用它

知为（不用智巧去行事）也，谓之以知养恬。知与恬交相养，而和理（和顺）出其性。夫德，和也；道，理也。德无不容，仁也；道无不理，义（合宜）也；义明而物亲，忠也；中纯实而反（通“返”，恢复）乎情，乐也；信行（所行讲信义）容体（仪容得体）而顺乎文，礼也。礼乐遍行，则天下乱矣。彼正而蒙（敛藏）己德，德则不冒（炫露，指施加），冒则物必失其性也。

来行事，这叫作用心智来涵养恬淡之性。心智与恬静交相调治，和顺之情就会从本性之中流露出来。所谓德，就是中和之性；所谓道，就是顺应之情。德宏大深远，无所不容，就是仁爱；道顺应自然，无不随顺，就是合宜；义理彰明，与物相亲，就是忠；内心朴实而返归真性，就是乐；行动讲究信义，仪容举止得体，合于自然的节度，就是礼。礼乐全面地推行，天下就会大乱。人们端正了就会敛藏自己的德性，这样德性就不会炫耀在外而施加给别人了；一旦施加给别人，人们必然会丧失自然的本性。

【二段】

古之人，在混芒（混沌蒙昧）之中，与（相处）一世而得澹漠（淡漠的样子。澹，dàn）焉。当是时也，阴阳和静，鬼神不扰，四时得节（与节令相适应），万物不伤，群生不夭，人虽有知（同“智”，智慧），无所用之，此之谓至一（完美纯粹的境界）。当是时也，莫之为（无所作为）而常自然（常合乎自然）。

远古时代的人，生活在混沌蒙昧之中，人们都淡漠相处，互不相求。在那个时候，阴阳和顺宁静，鬼神不相干扰，四时变化与节令相适，万物不受伤害，一切生物都能享尽天年，人们虽有心智，却无处可用，这就是最为完满纯粹的境界。在那个时代，一切都无所作为而总是顺应自然天道。

逮（及）德下衰，及燧人、伏羲始为天下，是故顺而不一。德又下衰，及神农、黄帝始为天下，是故安而不顺。德又下衰，及唐、虞始为天下，兴治化（治理教化）之流（风尚），澆（jiāo，通"浇"，浇薄）淳散朴，离道以善（郭庆藩疑是"为"之误），险（危害）德以行，然后去性而从于心。心与心识知（窥测对方的心思），而不足以定天下，然后附之以文（文饰），益之以博（博学）。文灭质，博溺心（淹没了天然的心性。溺，nì），然后民始惑乱，无以反其性情而复其初。由是观之，世丧（败坏）道矣，道丧世矣，世与道交相丧也。道之人何由兴乎世，世亦何由兴乎道哉！道无以兴乎世，世无以兴乎道，虽圣人不在山林之中，其德隐矣。

隐，故不自隐。古之所谓隐士者，非伏（藏）其身而弗见（通"现"）也，非闭其言而

等到德性衰落，到了燧人氏、伏羲氏开始治理天下时，只能顺应民心却不能达到完满纯粹的境界了。德性接着衰落，等到神农、黄帝开始治理天下时，只能使天下安定却不能随顺民心。德性再往下衰落，等到唐尧、虞舜开始治理天下时，兴起了治理和教化的风气，淡薄淳厚，离散质朴，脱离大道去作为，危害德性去行事，然后舍弃本性顺从自我的私心。人们彼此之间以自己的私心去窥测对方的用心，这时不足以安定天下了，然后再用浮华的文饰和渊博的学识来辅助。文饰会泯灭人们的天性，博识会淹没人们的心性，然后百姓会迷惑混乱，这样再无法恢复恬淡自然的本性了。由此看来，世风日下败坏了自然之道，大道败坏又危及到了世风，世风与伪道交相败坏。世风已经败坏，有道之人又怎能在这样的人世兴起呢！伪道已经衰败，纯正的世风又怎能在衰败的大道之中振兴呢！伪道不能在败坏了的人世中兴起，人世也不能在衰败了的大道中兴起，即使圣人不在山林之中隐逸，他的德性也如同隐匿了一样。

德性隐匿不为世人所识，但他自身并未真正归隐。古代所谓的隐士，并不是隐匿自身不在人世混迹，也不是缄默不言

不出也，非藏其知（同"智"，心智）而不发也，时命大谬（时运背离天道。谬，miù）也。当（合）时命而大行乎天下，则反一无迹（复归于大道而不留痕迹）；不当时命而大穷（困顿）乎天下，则深根宁极（指深藏缄默以待时）而待。此存身之道也。

不表露心迹，也不是潜藏智能不愿发挥，而是因为时运与大道相背离啊！如果时运合于大道，他就能通行于天下，就能复归于自然无为的境地却不会留下痕迹；如果时运与大道不相合，他就会困顿于天下，此时需要深藏自己的本性，保持宁静的心态以等待时机。这是保全自身的方法。

古之存身者，不以辩饰知（同"智"，智慧），不以知穷天下，不以知穷德，危然（独立不倚的样子）处其所（指居无为之所）而反（同"返"，返回）其性，已又何为哉！道固（本来）不小行（指仁义礼乐之类的行为），德固不小识（是非之类的见识）。小识伤德，小行伤道。故曰：正己而已矣。

古代善于保全自身的人，不用巧辩来装饰自己的智慧，不用自己的智慧来困顿天下人，不用自己的心智去扰乱德性，独立不倚地处在无为的境地，返归自己的自然本性，除此之外还要做什么呢！大道本来是不能靠仁义礼乐之类的行为去践行的，德性本来是不能依靠是非善恶之类的见识去修养的。小的见识会损害德性，小的行为会伤害大道。所以说，只要端正自己就可以了。

【三段】

乐全（保持淳朴天性与外物和谐愉悦）之谓得志（自得）。古之所谓得志者，非轩冕（xuān miǎn，古代贵人的车服，指高官厚禄）之谓也，谓其无以益其乐而已矣。今之所谓得志者，轩

本性与外物和谐愉悦，可称作是适意自得。古代所谓的适意自得之人，不是指官位显达，指的是无以复加的适性自得。现在所谓的适意自得之人，就是指官

冕之谓也。轩冕在身，非性命也，物之傥（dǎng，偶然）来，寄者也。寄之，其来不可圉（yǔ，通"御"，抵御），其去不可止。故不为轩冕肆志（放纵心志），不为穷约（穷困）趋俗（媚俗，趋炎附势），其乐彼（指轩冕）与此（指穷约）同，故无忧而已矣！今（指今天的世俗之人）寄（指轩冕之类的富贵）去（失去）则不乐。由是观之，虽乐，未尝不荒（通"慌"，迷乱，空虚）也。故曰，丧己于物，失性于俗者，谓之倒置（本末颠倒不分）之民。

位显达。官位在身，并非是生命中所固有的，而是偶然得到的外物，是暂时寄居在这里而已。寄托在身上的东西，它来时没有办法抵御，它去时没有办法挽留。所以不应为官位而放纵心志，也不应因穷困而随波逐流，对待富贵与穷困应同样乐观，这样才总能无忧无虑。现在世俗之人，一旦寄托之物失去了就不能自得适意。由此看来，即使这些人获得官位而适意，也未尝不是迷失本性。所以说，为了追求物欲而丧失自己的本性，因苟同世俗而迷失自己本性的人，就叫作本末颠倒不分的人。

秋　水

题解

《秋水》是《庄子》备受称道的名篇，它着重阐述人对万事万物价值判断的无限相对性，表现了庄子哲学中颇有影响的相对论观点，是对《逍遥游》和《齐物论》的扩展与充实。庄子认为，根据万物齐一的原理，一切事物的大小、多少、是非都是相对的，人生的贵贱、善恶、荣辱也是无常的，因而主张持守“无以人灭天，无以故灭命，无以得殉名，谨守而勿失，是以反其真”的人生态度，一切都应顺应自然，不要执着于人为的得失宠辱，人应该听天由命，什么也不去强求，不要伤害了自我本性，这样才能够获得自由，返归自然，才能真正了解人生的真谛。这是庄子理论哲学的核心，它的不足之处是否认了事物差别的客观性，否认了认识的真理性，最终将人们引向相对主义和不可知论，这是庄子哲学的消极方面。全篇的精彩部分是河伯与北海若的七段对话，逐渐深入地展示了超越人间的无限广阔的宇宙世界，论证了“万物齐一”的道理。

原文

【一段】

秋水（秋雨）时至（按时而降），百川灌河（黄河）。泾流（水流）之大，两涘（sì，水边）渚崖（小洲岸边。渚，zhǔ）之间，不辩（通“辨”）牛马。

译文

秋雨按时而降，河水上涨，大小河流都注入黄河。水流汹涌澎湃，两岸之间以及河中小洲之间，连牛马都分辨不清。

于是焉河伯（黄河之神）欣然自喜，以天下之美为尽在己。顺流而东行，至于北海，东面而视，不见水端。于是焉（句中语气助词，调节音调）河伯始旋（改变）其面目，望洋（眼睛迷茫的样子）向若（海神名）而叹曰："野语（俗语）有之曰：'闻道百，以为莫己（即"莫若己"）若者。'我之谓（即"谓之我"）也。且夫我尝闻少（以……为少）仲尼之闻，而轻（轻视）伯夷之义者，始吾弗信。今我睹子之难穷也，吾非至于子之门则殆（dài，危险）矣，吾长见笑于大方（大道）之家。"

北海若曰："井蛙不可以语于海者，拘（局限）于虚（通"墟"）也；夏虫不可以语于冰者，笃（dǔ，固，限制）于时也；曲士（即"一曲之士"，见识褊狭浅陋之人）不可以语于道者，

于是河神扬扬得意自我陶醉起来，认为天下一切美好的东西都集中到了他这里。他顺着水流向东前行，来到了北海，朝东面纵目望去，根本看不到水的尽头。这时河神才改变自得意满的神色，茫然地向着海神若感叹道："俗语说：'听了许多道理，就自以为很广博，没有人能比得上自己。'说的就是我这类人啊！而且我曾经听说有人小看孔子的博学、轻视伯夷的高义，当初我还不相信。现在我看到你这样浩瀚无边，难以穷尽，我若不是来到你的门前，真的很危险了，我将永远被深明大道的人嘲笑了。"

北海之神若说："井底之蛙不可以和它谈论大海之事，这是因为它局限在井底很小的地方；存活在夏天的虫子不可以和它谈论冰冻之事，这是因为它受到生存很短时间的限制；见识浅薄之人不可以和他谈论大道，这是因

束于教也。今尔(你)出于崖涘(黄河岸边)，观于大海，乃知尔丑(鄙陋)，尔将可与语大理(大道)矣。天下之水，莫大于海，万川归之，不知何时止而不盈；尾闾(想象中排泄海水的地方。闾，lǘ)泄之，不知何时已而不虚；春秋不变，水旱不知。此其过江河之流，不可为量数。而吾未尝以此自多(自满，自夸)者，自以比(借为"庇"，寄托)形于天地，而受气于阴阳，吾在于天地之间，犹小石小木之在大山(即泰山。大，通"泰")也。方存乎见(通"现"，显现)小，又奚以自多！计(估量)四海之在天地之间也，不似礨空(小孔。礨，礨，lěi，酒器)之在大泽乎？计中国之在海内，不似稊(tí，稗子一类的草)米之在

为他为世俗所学束缚的缘故。现在你从河的岸边走了出来，看到了大海的广博，也认识到了自己见识鄙陋，我可以同你谈论大道了。天下的河流，再没有比大海更大的了，千万条河流都流向它，不知什么时候停止，但大海从来没有盈满；海水从尾闾不停地向外排泄，不知什么时候停止，但大海从来没有减少；无论春天雨水少还是秋天雨水多对它都没有影响，无论持久干旱或是阴雨连绵它都没有察觉。大海蓄水之多远远超过江河的水量，简直无法估量计算。而我从未曾因此而自满，自认为寄托形体于天地之间，从阴阳那里禀受了元气，我在天地之间，如同一块小石头、一段小树枝放在泰山上一样。正因为有非常渺小的想法，哪里还会感到自满呢！估量一下四海在天地之间，不就像小孔存在于大泽之中吗？估量中国在四海之内，不就像一粒稊米投放到大粮仓

大仓乎？号物（称呼物类）之数谓之万，人处一焉；人卒（借为"萃"，聚）九州，谷食之所生，舟车之所通，人处一焉；此其比万物也，不似豪（通"毫"，毫毛）末之在于马体乎？五帝之所连（读为"禅"，禅让），三王之所争，仁人之所忧，任士（治世之士）之所劳，尽此（同毫末一样微不足道）矣！伯夷辞之以为名，仲尼语之以为博，此其自多也，不似尔向之自多于水乎？"

之中吗？物类数量繁多，以万号称，人类只是其中的一种；人类聚集于九州，凡是谷物生长的地方，车船到达的地方，到处都有人类居处，个人只是人类其中之一。拿个人与万物相比，不就像一根毫毛的末端放在马身上一样微不足道吗？诸如五帝接连禅让诸侯之位，三王以武力争夺天下，仁者忧虑天下安危，治世之贤才为天下操劳，皆如同毫末一样微小。伯夷辞让君位以博取名声，孔子谈论天下大事以显示博学，他们这样的自满自夸，不就像你先前在秋水暴涨时的自得一样吗？"

【二段】

河伯曰："然则吾大天地而小豪末，可乎？"

北海若曰："否。夫物，量（物体的量数）无穷，时无止（时间、时序的流逝是没有止境的），分（分际、界限，指贵贱贫富得失的分际）无常（无定），终始无故（通"固"，固定）。是故大知（大智慧之人，即领悟大道之人。知，通"智"）观于远近（可以洞察事物发展变化），故小而不寡，大而不多，知量无穷。证曏（xiàng，明）今故（犹"古

河神说："那么我以天地为大，以毫末为小，这样可以吗？"

北海若说："不可以。天下万物的大小量数是没有穷尽的，时间的推移流逝也是没有止境的，得与失的分际也没有定数，事物终而复始，变化不定。所以得道之人能够洞悉事物的发展变化而不会遗漏一隅，不会因为事物小而视之为少，也不会因为事物大而视之为多，这是因为知道事物的数量是没有穷尽的。能够验证和明察古今变化无穷的情况，

今"。故读"古"），故遥而不闷（郁闷），掇（duō，拾取，形容近）而不跂（通"企"，求），知时无止；察乎盈虚，故得而不喜，失而不忧，知分之无常也；明乎坦涂（通"途"），故生而不说（同"悦"，欣喜），死而不祸，知终始之不可故也。计人之所知，不若其所不知；其生之时，不若未生之时；以其至小（有限的生命和知识），求穷（穷尽）其至大之域（无限的世界），是故迷乱而不能自得也。由此观之，又何以知豪末之足以定至细之倪（读为"仪"，尺度，标准），又何以知天地之足以穷至大之域！"

所以对于消失的遥远古事并不感到郁闷，对于俯拾可得的小事也不会心存企望，这是因为知道时间的流逝变化是永无止境的；能够看清楚事物之间盈亏的相互转化，所以得到了也不欣然自喜，失去了也不忧愁悲伤，这是因为知道得失的分际是变迁无定的；明白了死生之间是一条没有阻隔的坦途，所以活着时不特别喜悦，死亡时也不会视作是灾祸，这是因为懂得终始变化是不能固定的。概括人所知道的事物，远远比不上他所不知道的事物多；计算人有生命的时间，远远比不上他没有生命的时间长；想用极少的知识和有限的生命，去穷尽无限变化发展的世界，只能把自己搞得心思迷乱而茫然无所得。由此看来，又怎么能够知道毫毛的末端足以判定为最小的界限呢，又怎么能够知道广阔的天地足以穷尽最大的领域呢！"

【三段】

河伯曰："世之议者皆曰：'至精（细微，细小）无形，至大不可围（范围）。'是信情（信实）乎？"

河神说："世俗间的议论都说：'最细小的事物是没有形体的，最广大的事物是没法设定范围的。'这是真实的情况吗？"

北海若曰："夫自细视

北海若说："从细小之处看

大者不尽，自大视细者不明。夫精，小之微也；垺（fú，同“郛”，古代城圈外围的大城，比喻大之外还有更大），大之殷（盛大）也。故异便（物不相同却各有所宜。便，宜），此势（势态）之有也。夫精粗者，期（限于）于有形者也；无形者，数（度数）之所不能分也；不可围者，数之所不能穷也。可以言论者，物之粗也；可以意致（意识到）者，物之精也；言之所不能论，意之所不能察致者，不期精粗（指不能用精细和粗大来限定的事物。期，不限于）焉。是故大人（得道之人）之行（行为），不出乎害人，不多（赞美）仁恩；动不为利，不贱门隶（家奴）；货财弗争，不多辞让；事焉不借人（做事不借助别人之力），不多食乎力（自食其力），不贱（轻视）贪污；行殊乎俗，不多辟异（邪僻怪异，指标新立异。辟，通“僻”）；

庞大的东西是看不全面的，从宏大之处看细小的东西是看不真切的。精细之物，是小物之中的最微小的物体；巨大之物，是大物之中的更为庞大的物体。所以事物大小各不相同，却各有各的相宜之处，这是事物发展的势态所决定的。所谓事物的精微与粗大，是限于有形迹的东西而言的；至于小到没有形迹的东西，是无法用度数去划分测量的；大到没有范围的东西，是不可以用度数测量其穷尽的。可以用语言谈论的，那是比较粗大的事物；可以意识到却无法用语言谈论的，那是比较精微的事物；至于不能用语言表达出来，内心也无法意会的，那是无法用精微和粗大衡量的事物。因此，得道之人行事，不做危害他人的事，也不会赞许给予他人仁爱和恩惠；做事不是为了谋求私利，也不鄙视家奴；不与别人争利，也不赞许把财物分给别人；做事不借助他人之力，也不赞许自食其力，不鄙视贪图财物的行为；行为不同于世俗之人，不赞美标新立异的行径；

为在从众（随俗），不贱佞谄（用花言巧语奉承人）；世之爵禄不足以为劝（勉励），戮耻（刑戮和罢官之耻。戮，lù）不足以为辱；知是非之不可为分，细大之不可为倪（ní，限定）。闻曰：‘道人不闻（闻名），至德不得，大人无己。’约分（依守本分。约，依）之至也。”

凡有所为，皆随顺别人，也不轻贱奉承谄媚之人；世间的高官厚禄不足以对他勉励，遭受刑戮和罢黜也不会使他感到耻辱；知道是非的界限不能清晰地划分，大小的标准也无法准确地界定。我听别人说：‘得道之人不求闻名于世，至德之人不求有所得，体道之人物我两忘。’这是能够依照事物的限度，只做本分的事，达到极致罢了。”

【四段】

河伯曰：“若物之外，若物之内，恶至（何从，依据什么）而倪（ní，区分）贵贱？恶至而倪小大？”

河神又问：“假若在万物的表面，假若在万物的内部，又怎样来区分贵与贱，怎样来区分大与小呢？”

北海若曰：“以道观之，物无贵贱；以物观之，自贵而相贱；以俗观之，贵贱不在己。以差（万物的大小差别）观之，因（循）其所大而大之，则万物莫不大；因其所小而小之，则万物莫不小。知天地之为稊（tí，稗子一样的草）米也，知豪末之为丘山也，则差数

北海若说：“用自然之道来观察，万物本没有贵贱之分；从万物本身角度来看，都是以自身为贵而以他物为贱；从世俗之人的眼光来观察，万物的贵贱取决于外部而不由自身所决定。从万物之间的差别来观察，循着万物大的一面来看认为它是大的，那么万物没有不是大的；循着万物小的一面来看认为它是小的，那么万物没有不是小的。知道天地虽然大，但较之更大的东西也可以把它视作像稗草一样小；也知道毫末虽然小，但较之更小的东西也可以把它视作像大山一样大，那么万物之间的

(数量的差别)睹矣。以功(功效)观之,因其所有而有之,则万物莫不有;因其所无而无之,则万物莫不无。知东西之相反而不可以相无,则功分定矣。以趣(通"趋",倾向)观之,因其所然而然之,则万物莫不然;因其所非而非之,则万物莫不非。知尧、桀之自然(自以为是)而相非,则趣操(志趣和情操)睹(dǔ,看见)矣。昔者尧、舜让(禅让)而帝,之(宰相之子)、哙(kuài,燕王哙)让而绝;汤、武争而王,白公争而灭(白公,名胜,楚平王之孙,太子建之子。因郑人杀其父,请兵复仇而未许,遂在封邑起兵反楚,为叶公子高伐而灭之)。由此观之,争让之礼,尧、桀之行,贵贱有时,未可以为常(固定不变的准则)也。梁丽(梁栋,指粗大的木料。梁,屋梁。丽,通"欐",屋栋)可以冲城(冲撞城墙)而不可以窒(zhì,塞)穴,言殊器也;骐骥骅骝(huá liú,与骐骥都是古代的良马)一日而驰千里,

数量差别也就看得清楚了。从万物的功用来观察,循着它有功用的一面来看认为它有功用,那么万物没有不具有功用的;循着它没有功用的一面来看认为它没有功用,那么万物就没有具有这样功用的。知道东与西两个方向是相反相对立的,而又彼此依赖不可或缺,那么万物的功用和分量就可以确定了。从人们对待万物的倾向来观察,循着人们所肯定的一面而认为它是对的,那么万物之中没有一物是不可以肯定的;循着人们所否定的一面而认为它是错的,那么万物之中没有一物是不可以否定的。知道唐尧和夏桀都自以为正确而相互否定对方,那么人们的取向和情操就可以看清楚了。从前尧和舜因禅让而称帝,燕王哙和燕相子之却因禅让而灭绝;商汤和周武王因武力相争而称王,白公胜因争斗而灭亡。由此看来,争斗和禅让的礼制,唐尧和夏桀的行为,他们的高贵和低贱是因时势而不同的,并没有一定的常规。梁栋之大可以用来冲撞城墙,却不可以用来堵塞小孔,这是说器物的功用不同;骐骥骅骝等良马,一天可以奔跑一千里,

捕鼠不如狸（野猫）狌（shēng，黄鼠狼），言殊技也；鸱鸺（chī xiū，猫头鹰）夜撮（抓）蚤，察豪末，昼（白天）出瞋目（睁大眼睛。瞋，chēn）而不见丘山，言殊性也。故曰：'盖（通"盍"，hé，何不）师（效法）是而无（通"毋"，抛弃）非，师治而无乱乎？'是未明天地之理，万物之情者也。是犹师天而无地，师阴而无阳，其不可行明矣！然且语而不舍，非愚则诬（欺骗）也！帝王殊禅，三代殊继。差其时（不合时宜），逆其俗者，谓之篡（cuàn，盗窃夺取）夫；当其时，顺其俗者，谓之义之徒。默默乎河伯，女（通"汝"，你）恶知贵贱之门，小大之家（与"门"同义，均指道理）！"

捕捉老鼠却不如野猫和黄鼠狼，这是说它们的技能不同；猫头鹰能够在夜间抓住小小的跳蚤，明察毫毛之末，可白天瞪大眼睛也不能看见大山，这是指它特殊的习性。俗语说：'为什么不效法正确的而丢弃错误的，不效法治理好的而丢弃混乱的呢？'这是不懂得天地运行的大道和万物变化的本性。这就好似只效法天而抛弃地，只效法阴而抛弃阳，这种做法行不通是很明显的。但世俗之人还用这种话去游说别人，这种人不是愚昧无知就是在欺骗蒙蔽人了。古代帝王的禅让方式各有不同，夏、商、周三代继承的情形也彼此相异。与时代潮流不相合，而又违背世俗人心的人，就会被称为篡权夺位之徒；顺应时代潮流，实现民众意愿的人，就会被称为高义之士。沉默无言吧，河神！你怎么会懂得万物间贵贱的分别与大小的真谛呢！"

阅读指导

之、哙让而绝：指燕王哙在谋士苏代的蛊惑下，效法尧舜禅让古制，把王位让给宰相子之。子之即位，国人不服，国家大乱。齐国乘机伐燕，杀死哙和子之，燕国也几乎灭亡。

【五段】

河伯曰："然则我何为乎？何不为乎？吾辞（辞让）受（接受）趣（进取）舍（放弃），吾终奈何？"

北海若曰："以道观之，何贵何贱，是谓反衍（向相反方向发展，即转化。衍，yǎn，发展）；无拘而志，与道大蹇（jiǎn，阻塞）。何少何多，是谓谢施（代谢转化。施，移）；无（通"毋"，不要）一（固守）而行，与道参差（不相符合）。严（庄重威严）乎若国之有（语气助词，无义）君，其无私德；繇繇（yōuyōu，通"悠悠"，悠然自得的样子）乎若祭之有社（土地神），其无私福；泛泛（广阔的样子）乎其若四方之无穷，其无所畛域（界限。畛，zhěn）。兼怀（容）万物，其孰（谁）承翼（得到庇护）？是谓无方（无所偏向）。万物一齐（齐一，等同），孰短孰长？道无终始，物有死生，不恃（依靠）

河神说："既然这样，那么我应该做什么呢？不应该做什么呢？我对待外物该如何辞让、接受、进取和放弃呢？我究竟该怎么做好呢？"

北海若说："从道的角度来看，什么是贵什么是贱，它们是相互转化的；不要用成见拘执你的心志，造成与大道的隔膜；什么是少什么是多，它们之间是可以相互转化的；不要固执己见去行事，否则与大道不相符。得道之人庄重威严的样子像一国的君主，对谁都没有偏爱私心；像被祭祀的土地神一样悠然自得，对谁都不会偷偷赐福；胸怀宽大好似通达四方一样没有止境，没有什么东西可以被界限。兼蓄包容万物，谁承受特别的庇护？可以说是无所偏向。万物本是一样的，谁是短的谁是长的呢？大道是没有终结和开始的，而万物却有死生变化，因而一时的小成是不足以依赖的。

其成。一虚一满，不位乎(处于)其形。年不可举(存留)，时不可止。消(消亡)息(生息)盈(充盈)虚(亏虚)，终则有始。是所以语大义(即大道)之方(奥旨，深意)，论万物之理也。物之生也，若骤若驰，无动而不变，无时而不移。何为乎，何不为乎？夫固将自化(自行变化)。”

大道时而空虚，时而充盈，不会拘守固定的形态。往昔的岁月不能存留，流逝的时光不可止住。万物不停地处于消亡、生长、充盈、亏虚的变化之中，就这么周而复始地运行着。明白了以上的道理，才能谈论大道的深义，研习万物变化的规律。万物的生长，像快马奔驰一般疾速，没有哪一个举动不在变化，没有哪一刻时间不在推移。什么事情可以去做，什么事情不可以去做呢？万物本来就在不断地自行变化着，何必去刻意改变呢！”

【六段】

河伯曰：“然则何贵于道邪？”

北海若曰：“知道者必达于理，达于理者必明于权(权变，应变)，明于权者不以物害己。至德者，火弗能热，水弗能溺，寒暑弗能害，禽兽弗能贼(残害)。非谓其薄(迫近，引申为触犯)之也，言察乎安危，宁(安)于祸福(指穷困和通达)，谨于去就，莫之能害也。故曰：‘天(天性，即自然本性)在内，人(人为)在

河神说：“既然如此，为什么还要尊重大道呢？”

北海若说：“懂得大道的人必能通达万物变化之理，通达万物变化之理的人必然明白如何应变，知道如何应变的人就不会让外物伤害自己了。德行高深的人，烈火不能灼伤他，大水不能淹没他，寒冷酷暑不能伤害他，禽兽不能残害他。这不是说德行高深的人去触犯水火、寒暑、禽兽却能不被伤害，而是说他能明察安危，安于祸福，能够谨慎地决定进退去留，所以没有什么东西伤害他。所以说：‘人的天性隐藏在心内，人为的痕迹显露在

外，德在乎天。’知天人之行，本乎天，位乎得，蹢躅（zhí zhú，同“踯躅”，进退不定的样子）而屈伸，反要（返归大道之枢要。反，通“返”）而语极（谈论大道的极致）。”

曰：“何谓天？何谓人？”

北海若曰：“牛马四足，是谓天；落（通“络”，套上马笼头）马首，穿牛鼻，是谓人。故曰：‘无以人灭天，无以故（有心而为，造作）灭命（天理，即自然秉性），无以得（贪）殉名（为追求名利而丧生）。谨守而勿失，是谓反（通“返”，回归）其真（真性）。’”

身外，高尚的修养在于顺应自然。’懂得自然和人类活动的规律，以自然天性为根本，处于自得的境地，进退自如，屈伸随意，顺时而变，这就返归到了大道的关键而可以谈论大道的至理了。”

河神说：“什么叫作天然？什么叫作人为？”

北海若说：“像牛马生来就长着四只脚，这就叫作天然；给马套上马笼头，给牛穿上鼻绳，这就是人为。所以说：‘不要以人为去毁灭天性，不要用有意的造作去损害自然的秉性，不要为获取虚名而牺牲德行。谨慎地持守自然本性而不丧失，这样也就回归到了本性。’”

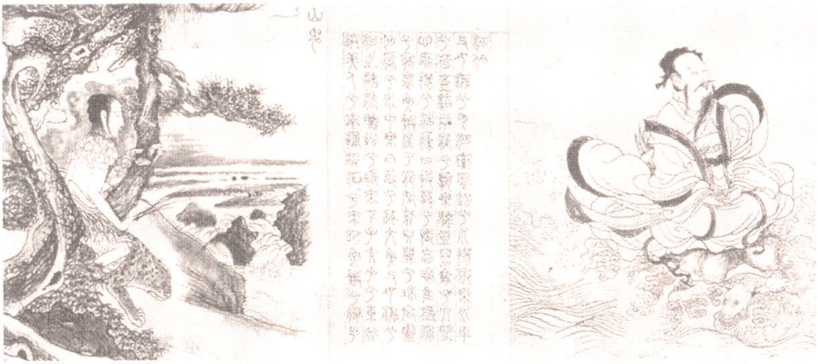

中国古代神话中的黄河水神，原名冯夷，被天帝任命为河伯管理河川。《庄子·秋水》篇将河伯塑造成狂妄自大、盲目自信的狂生。等他到了北海之后，才发现自己的渺小，为先前的浅薄无知而羞愧万分。

【七段】

夔(kuí，古代传说中的独脚兽)怜(爱慕)蚿(xián，马蚿，一种多足虫)，蚿怜蛇，蛇怜风，风怜目，目怜心。

夔谓蚿曰："吾以一足趻踔(chěn chuō，跳跃)而行，予无如(即"无如予"，没有比我更简便了)矣。今子之使万足，独奈何？"

蚿曰："不然。子不见夫唾者乎？喷则大者如珠，小者如雾，杂而下者不可胜数也。今予动吾天机(天然的本能)，而不知其所以然。"

蚿谓蛇曰："吾以众足行，而不及子之无足，何也？"

蛇曰："夫天机之所动，何可易邪？吾安(哪里)用足哉！"

蛇谓风曰："予动吾脊胁而行，则有似(像有足而行的样子)也。今子蓬蓬然(风吹动时发出的呼呼之声)起于北海，

夔爱慕蚿，蚿爱慕蛇，蛇爱慕风，风爱慕眼睛，眼睛爱慕心灵。

夔对蚿说："我用一只脚跳跃着行走，没有谁能像我这样简便的了。现在你使用上万只脚行走，究竟是怎样的走法呢？"

蚿说："不是这样的。你没有见过人吐唾沫的情形吗？喷出的唾沫大的像水珠，小的像雾气，混杂着落下来，无法计算得清有多少。现在我运用我的自然本能行走，也不知道为什么会是这样。"

蚿对蛇说："我用许多只脚来行走，还不及你没有脚行走得快，这是为什么呢？"

蛇说："我运用自然本能在行走，怎么可以改变呢？我哪里还用得着脚来行走呢！"

蛇对风说："我扭动着脊背和肋骨来行走，还像有足行走的样子。现在你呼呼地从北海刮起，

蓬蓬然入于南海，而似无有，何也？”

风曰：“然，予蓬蓬然起于北海而入于南海也，然而指我则胜我，鰌（同“踏”，qiū，踏）我亦胜我。虽然，夫折大木，蜚（同“飞”，指吹卷）大屋者，唯我能也。”

故以众小不胜（不与众小争胜）为大胜也。为大胜者，唯圣人能之。

又呼呼地刮到南海，好像没有形迹似的，为什么呢？”

风说：“是的。我呼呼地从北海刮起，然后吹到南海，可是人们用手指来指我就能胜过我，用脚踩来踩去也能胜过我。即使这样，吹折大树，掀翻房屋，却只有我才能做得到。”

所以，顺应自然本性，不在众多细小的方面谋求胜利，才能取得大的胜利。能够获得大的胜利，只有圣人才能做得到。

【八段】

孔子游于匡（卫国城邑名），宋人（当作卫人）围之数匝（zā，周），而弦歌不惙（同“辍”，chuò，止）。子路入见，曰：“何夫子之娱也？”

孔子曰：“来，吾语（yù，告诉）女（通“汝”，你）。我讳（忌讳，担忧）穷久矣，而不免，命也；求通（通达）久矣，而不得，时（时势）也。当尧、舜而天下无穷人（不得志的人），非知得（指智慧高超。知，同“智”，智慧）也；当桀、纣

孔子游宦途经卫国匡地，卫国人将他重重包围起来，孔子仍然弹琴吟唱不止。子路进来拜见孔子，问道：“先生为什么还能这样快乐呢？”

孔子说：“过来吧，我告诉你。我担忧困厄的局面已经很久了，可是始终没能摆脱，这是命运吧；我寻求通达已经很久了，可是始终未能达到，这是时运吧。生活在尧、舜的时代，天下没有困窘不得志的人，不是因为他们的智慧超群；生活在桀、纣的时代，

而天下无通人(得志的人),非知失(智慧丧失,智慧低下)也。时势适然。夫水行不避蛟龙者,渔父之勇也;陆行不避兕(sì,犀牛)虎者,猎夫之勇也;白刃交于前,视死若生者,烈士之勇也;知穷之有命,知通之有时,临大难而不惧者,圣人之勇也。由(子路名仲由),处矣(谓安然处之,安居)!吾命有所制(控制)矣!"

无几何,将(率领)甲(士兵)者进,辞(道歉)曰:"以为阳虎也,故围之;今非也,请辞(转告,解说,含有道歉之意)而退。"

天下没有通达得志的人,不是因为他们的智慧不足。都是时势造成这样的。在水中行走却不躲避蛟龙,这是渔夫的勇敢;在陆上行走却不躲避犀牛猛虎,这是猎人的勇敢;刀剑横于面前,无所畏惧,视死如生,这是壮士的勇敢;知道困窘不得志是由于命运的安排,知道通达得志是由于时势造成的,遭遇大难也不畏惧,这是圣人的勇敢。仲由,你安然面对吧!我的命运受到了上天的限制啊!"

没过多久,一个率领士兵的将官进来道歉说:"我们错把你当作阳虎,所以把你们围困起来;现在知道你不是,请允许我表示歉意并且撤离。"

【九段】

公孙龙(战国时期赵国人)问于魏牟(魏国公子,又称公子牟。牟,mù)曰:"龙少学先王之道,长而明仁义之行;合同异,离坚白;然不然,可不可;困(使……困惑)百家之知,穷(使……理屈词穷)众口之辩,吾自以为至达(最通达)已。今吾

公孙龙问魏牟说:"我年轻时学先王之道,年长后明白仁义道德的行为;我提出了"合同并,离坚白""然不然,可不可"的命题,使各家各派的智士感到困惑,使众多善辩之士理屈词穷,我自认为已经达到最通达的境界了。现在我

闻庄子之言，汒焉（同“茫然”，自失的样子。汒，通“茫”）异之。不知论之不及与（通“欤”，疑问词）？知之弗若与？今吾无所开吾喙（huì，鸟嘴，代指人嘴），敢问其方。”

听了庄子的言论，茫然若失，感到非常奇怪。不知道是我的论辩比不上他呢，还是我的智慧不及他呢？现在我都不知道该从哪里开口了，请问这是什么道理。”

阅读指导

合同异，离坚白，然不然，可不可：这是公孙龙的著名论题。合同异，把事物的“同”和“异”合而为一；离坚白，把一物的坚硬与白色分出来；然不然，可不可，把不是说成是，把不可说成可。

公子牟隐（倚靠）机（通“几”，几案）大息（叹息。大，通“太”，tài），仰天而笑曰：“子独不闻夫坎井（浅井。坎，kǎn）之蛙乎？谓东海之鳖曰：‘吾乐与！出跳梁（即“跳踉”，跳跃）乎井干（井栏）之上，入休乎缺甃（zhòu，砖砌的井壁）之崖（通“涯”，边）。赴水则接腋持颐（yí，脸，脸颊），蹶（jué，踏）泥则没足灭跗（fū，脚背）。还（回顾）虷（hán，蚊子的幼虫，即孑孓）蟹与科斗（即蝌蚪），莫吾能若也。且夫擅（独占）一壑（hè，大水坑）之水，而跨跱

公子魏牟倚靠着几案长叹一声，继而又仰头笑着说：“你没有听说过浅井中的青蛙的故事吗？它对东海里的大鳖说：‘我太快乐了！我想玩耍就出来在井栏之上跳跃嬉戏，想休息就进去在破损的井壁边睡觉；游入水中，水便托起我的腋窝和两颊，踏进泥中，泥水便覆盖了我的脚背；回头看看水中的那些孑孓、小蟹、蝌蚪，没有能像我这样快乐的。再说我独占一坑之水、盘踞浅井的快乐，这也算得上是最

（盘踞。跱，zhì）坎井之乐，此亦至矣。夫子奚不时来入观乎？'东海之鳖左足未入，而右膝已絷（zhí，绊住）矣。于是逡巡（小心退却的样子。逡，qūn）而却，告之海曰：'夫千里之远，不足以举（形容）其大；千仞（rèn）之高，不足以极（尽）其深。禹之时，十年九潦（同"涝"），而水弗为加益；汤之时，八年七旱，而崖不为加损。夫不为顷（暂时）久推移，不以多少进退者，此亦东海之大乐也。'于是坎井之蛙闻之，适适然（惊惧的样子）惊，规规然（自失的样子）自失也。且夫知（同"智"，智慧）不知（理解）是非之竟（通"境"，界限），而犹欲观于庄子之言，是犹使蚊负山，商蚷（即马蚿，一种陆上爬行的虫。蚷，jù）驰河也，必不胜任矣。且夫知（通"智"，智慧）不知（理解）论极妙之言，而自适一时之利者，是非坎井之蛙与？且彼（指庄子）方跐（cǐ，踏）黄泉

大的快乐了。你怎么不经常来井中看看呢？'东海之鳖的左足还未踏入浅井中，右膝就被绊住了。于是小心地从浅井中退了出来，把大海的情形告诉了井中之蛙，说：'千里之远，不足以称述它的辽阔；千仞之长，不足以量尽它的深邃。大禹时代，十年之内就有九年发生水涝，而海水并未因此增多；商汤时代，八年之内就有七年发生干旱，而大海水位并未因此降低。大海并不因为时间的短暂与长久而改变，也不因为雨水的多少而使水位上升或下降，这就是东海的最大快乐。'浅井中的青蛙听了这番话，便惊慌失措，茫然若失。况且你的才智还不足以通晓是与非的界限，就想观察领会庄子的言论，这就像让蚊子背负大山，让马蚿虫过河一样，一定不能胜任。再说你的才智不足以理解和谈论精妙的理论，却自我陶醉于一时的口舌之争的胜利中，这不是和浅井之中的青蛙一样吗？况且庄子的学说神妙无方，足可以下踏黄泉之下，

而登大皇（天。大，通“太”，tài），无南无北，奭然（同“释然”，不受拘束的样子。奭，shì）四解，沦于不测；无东无西，始于玄冥（幽深玄远的境界），反（同“返”，返回）于大通（无不通达的大道）。子乃规规然（琐细拘泥的样子）而求之以察，索之以辩，是直用管窥天，用锥指地也，不亦小乎？子往矣！且子独不闻夫寿陵（燕国城邑）余子（少年）之学行于邯郸与？未得国能（赵国人走路的本领），又失其故行（原来的走法）矣，直（只不过，只能）匍匐（pú fú，爬行）而归耳。今子不去，将忘子之故，失子之业。”

公孙龙口呿（qū，口张开的样子）而不合，舌举而不下，乃逸而走。

【十段】

庄子钓于濮水（今山东濮县南。濮，pú）。楚王（楚威王）使大夫二人往先（往见之，先道此意）焉，曰：“愿以境内累矣！”

上登苍天之上，不分南北，四面通达，进入到不可测知的境界；不分东西，从幽深玄远之境开始，返归于无不通达的大道。你却浅陋固执地用洞察万物的眼光去探求它，用激言雄辩的姿态去考察它，这简直是用竹管窥探苍天，用锥尖测量大地，不是所见太渺小了吗？你回去吧，你难道没有听说过寿陵少年去邯郸学习走路的故事吗？他不但没有学会赵国人走路的姿势，而且把原来走路的步法也忘记了，只好爬着回去。现在你还不赶快离开，不然将会忘记你原来的本事，丢失你本来的学业。”

公孙龙听了这番高论，惊异得嘴张开而合不拢，舌头翘起而放不下，只得悄悄地溜走了。

庄子在濮水之上钓鱼。楚王派遣两位大夫先去表达他的心意，说：“楚王愿意把国家的政务委托给先生！”

庄子持竿不顾(回头)，曰："吾闻楚有神龟，死已三千岁矣。王巾笥(装入竹箱，包上巾罩。笥，sì)而藏之庙堂之上。此龟者，宁其死为留骨而贵乎？宁其生而曳(yè，拖)尾于涂(泥)中乎？"

二大夫曰："宁生而曳尾涂中。"

庄子曰："往矣！吾将曳尾于涂中。"

庄子手里仍拿着钓竿，头也不回地说："我听说楚国有只神龟，已经死去三千年了。楚王把它装入竹箱里，用布巾包上，珍藏在庙堂之上。这只神龟，它是宁肯死去留下骨骸而备受尊崇呢，还是愿意活着在泥中拖着尾巴爬行呢？"

两位大夫说："宁愿活着在泥中拖着尾巴爬行。"

庄子说："请你们回去吧！我也愿意拖着尾巴在泥中爬行。"

【十一段】

惠子(指惠施)相梁(魏国都城大梁，这里代指魏国)，庄子往见之(指惠子)。或(有人)谓惠子曰："庄子来，欲代子相。"于是惠子恐，搜于国(国都)中三日三夜。

庄子往见之，曰："南方有鸟，其名为鹓鹐(yuān chú，凤凰一类的鸟，庄子自喻)，子知之乎？夫鹓鹐，发于南海而飞于北海，非梧桐不止，非练实(竹子的果实)不食，非醴泉(甘甜的泉水。醴，lǐ，甜酒)不饮。于是鸱(chī，猫头鹰，喻惠子)得腐鼠(喻相位)，鹓鹐过之，仰而视之

惠子做了梁惠王的宰相，庄子前去看望他。有人告诉惠子说："庄子前来，是想取代你做宰相。"于是惠子非常害怕，在国都中搜寻庄子，连续搜寻了三天三夜。

庄子前去拜访惠子，对他说："南方有一种鸟，其名叫鹓鹐，你知道吗？这种鸟从南海出发，飞向北海，沿途中不是梧桐树它不会栖息，不是竹子的果实不会食用，不是甘甜的泉水不会饮用。这时，有一只猫头鹰得到了一只腐烂的老鼠，鹓鹐从它上空飞过。猫头鹰仰头看着鹓鹐，

曰：‘吓！’今子欲以子之梁国而吓我邪？”

唯恐被夺去腐鼠，便发出‘吓’的威吓声。现在你也在用你的梁国威吓我吗？”

【十二段】

庄子与惠子游于濠（háo，濠水，在今安徽凤阳县境内）梁（桥）之上。庄子曰：“鯈鱼（白鲦鱼。鯈，tiáo）出游从容，是鱼之乐也。”

惠子曰：“子非鱼，安（怎么）知鱼之乐？”

庄子曰：“子非我，安知我不知鱼之乐？”

惠子曰：“我非子，固不知子矣；子固非鱼也，子之不知鱼之乐，全（完全，可以肯定）矣！”

庄子曰：“请循（寻，追溯）其本（起始，指原来的问话）。子曰‘汝安知鱼乐’云者，既已知吾知之而问我。我知之濠上也。”

庄子与惠子在濠水的桥上游玩。庄子说：“白条鱼悠闲自得地在水中游来游去，这是鱼儿的快乐啊！”

惠子说：“你不是鱼，怎么能知道鱼的快乐呢？”

庄子说：“你不是我，怎么能知道我不懂得鱼的快乐呢？”

惠子说：“我不是你，固然不知道你的想法；你本来也不是鱼，也不知道鱼的快乐，这是完全可以肯定的了。”

庄子说：“请回到你原来问我的话，你说的‘你怎么能知道鱼的快乐’这句，就说明你已经知道我懂得鱼的快乐才向我发问的。告诉你吧，我是在濠水的桥上知道鱼的快乐的。”

至 乐

题解

本篇取第一句中"至乐"二字为篇名，同时也表明了全文的中心主旨。所谓"至乐"就是最大的快乐。人生在世什么是最大的快乐，人应该怎样对待生死呢？这些问题涉及苦乐观、生死观和万物存亡变化等方面，是虚静无为思想在这些方面的具体运用。庄子提出"无为诚乐"、"至乐无乐"，乐与忧共存，有乐也有忧，所以乐之极致为无乐，唯无乐才能无忧，才能达到至乐之境。文章最后论述生死的问题，"万物皆出于机，皆入于机"，生死同流，物我无异，万物是循环往复的，人的生死寿夭也是如此，是对当时好生恶死观念的反驳。

原文

【一段】

天下有至乐无有哉？有可以活身者（养身的方法）无有哉？今奚为奚据？奚避奚处？奚就奚去？奚乐（喜欢）奚恶（wù，厌恶）？

夫天下之所尊者，富贵寿善也；所乐者，身安厚味

译文

天下有没有最大的快乐呢？有没有可以养身的方法呢？如果有，现在应该做什么？以什么为依据？回避什么？在什么样的环境中安身？接近什么？又要舍弃什么？喜欢什么？又应当厌恶什么？

世上的人们所尊崇看重的，是富有、尊贵、长寿和美名；所爱好喜欢的，是健康的身体、丰盛的

美服好色音声也；所下者，贫贱夭恶也；所苦者，身不得安逸，口不得厚味，形不得美服，目不得好色，耳不得音声。若不得者，则大忧以（而）惧，其为形（保养身体）也亦愚哉！夫富者，苦身疾作（勤勉劳动），多积财而不得尽用，其为形也亦外矣（同下文"疏矣"、"远矣"皆指违反常性）！夫贵者，夜以继日，思虑善否（指官运的亨通与阻滞。否，pǐ，恶），其为形也亦疏矣！人之生也，与忧俱生。寿者惛惛（hūn hūn，精神昏暗），久忧不死，何苦也！其为形也亦远矣！烈士为（被）天下见善（称善）矣，未足以活身。吾未知善之诚善邪？诚不善邪？若以为善矣，不足活身；以为不善矣，足以活人。故曰："忠谏不听，蹲循（即"逡巡"，退却的样子）勿争。"故夫子胥（伍子胥，名员，字子胥）争之，以残其形；不争，名亦不成。

食品、华丽的服饰、美丽的色彩、动听的音乐；所厌恶鄙弃的，是贫穷、卑贱、夭折和恶名；所痛苦烦恼的，是身体不能获得安逸舒适，吃不到美味佳肴，穿不上漂亮衣服，看不见绚丽颜色，听不到动听的声音。如果不能得到这些，人们就会感到极大地忧虑而恐惧，这样对待身体也太愚昧了啊！富有的人，劳苦身体，辛勤劳作，积聚了许多财物却不能完全享用，这样保养身体不是适得其反吗？高贵的人，夜以继日地思虑着怎样才能保住官位利禄，这样保养身体不也是太疏忽了吗？人一来到人世，便与忧愁同在。长寿的人，又整日糊里糊涂，长久地怀有忧虑而不能死去，这是何等痛苦啊！这样保养身体是事与愿违啊！为名而死之人被天下人称赞，却不能保全自己的性命。我不知道这种善是真的善呢，还是真的不善呢？如果认为它是善，又不能保全自己的性命；认为它是不善，却可以让别人存活。所以说："忠诚地劝谏如果不被听从，就退却不必再去诤谏。"伍子胥因为强谏而身遭残害；但如果他不去诤谏，也就不会成名。

诚有善无有哉？

今俗之所为与其所乐，吾又未知乐之果乐邪？果不乐邪？吾观夫俗之所乐，举群（所有的人群）趣（通“趋”，竞逐）者，誙誙（坚定专心的样子。誙，kēng）然如将不得已（止），而皆曰乐者，吾未之乐也，亦未之不乐也。果有乐无有哉？吾以无为诚乐（真正的快乐）矣，又俗之所大苦也。故曰：“至乐无乐，至誉无誉。”

天下是非果未可定也。虽然，无为可以定是非。至乐活身，唯无为几（近）存。请尝试言之：天无为以之清，地无为以之宁。故两无为相合，万物皆化生。芒乎芴乎（芒、芴，即“恍”、“惚”。芴，hū），而无从出乎！芴乎芒乎，而无有象（迹象）乎！万物职职（繁多的样子），皆从无为殖（繁殖）。故曰：“天地无为也而无不为也。”人也孰能得无为哉！

这样看来，到底善还是不善呢？

现在世俗之人所追逐的和所认为快乐的，我不知道那种快乐是真的快乐呢，还是不快乐呢？我观察世俗之人所追逐的快乐，所有的人一窝蜂地追逐，专心致志好像不达目的绝不罢休，他们都认为这是快乐，我却不认为这就是快乐，也不认为这不是快乐。世上果真有没有快乐呢？我认为清静无为才是真正的快乐，而世俗之人又认为那是最痛苦的。所以说：“最大的快乐就是没有快乐，最高的荣誉就是没有赞誉。”

天下的是非果真是无法确定的。即使这样，无为的态度却是可以判定是非的。最大的快乐是保存自身性命，只有无为可以做到让快乐存身。请让我试着讲讲这个道理：天由于无为能够自然清虚，地由于无为能够自然宁静。天与地两个无为相互结合，万物才能化育生长。恍恍惚惚，不知从哪里生长出来；昏暗迷蒙，没有留下一点儿迹象。万物繁杂众多，都从无为自然的状态中繁殖出来。所以说：“天地无心去做什么，却又无所不生无所不做。”世俗之人有谁能够懂得并效法这种无为之道呢！

【二段】

庄子妻死，惠子吊之，庄子则方箕踞(jī jù，蹲坐，其形如簸箕)鼓盆而歌。

惠子曰："与人居，长子(生育儿女)、老、身死，不哭亦足矣，又鼓盆而歌，不亦甚(过分)乎！"

庄子曰："不然。是其始死也，我独何能无概(即"慨"，慨叹哀伤)！然察其始而本无生；非徒无生也，而本无形；非徒无形也，而本无气。杂乎芒芴(读作"恍惚")之间，变而有气，气变而有形，形变而有生，今又变而之死。是相与为春秋冬夏四时行也。人且偃然(安息的样子，偃，yǎn)寝于巨室(喻指天地)，而我嗷嗷然(哭叫声。嗷，jiào)随而哭之，自以为不通乎命，故止也。"

庄子的妻子死掉了，惠子前往吊丧，见庄子正叉开双腿坐着，一边敲着瓦盆一边唱歌。

惠子说："你和死去的妻子生活了一辈子，她为你生儿育女，现在她衰老而死，你不伤心哭泣也就罢了，却还敲着盆子唱歌，这不是太过分了吗？"

庄子说："不是这样。当她刚死的时候，我难道能不哀痛吗？然而推究她当初本来是没有生命的，不仅没有生命而且没有身体，不仅没有身体而且没有气息。在恍惚迷离的境遇之中，变化而产生气息，气息变化而成形体，形体变化而有生命，现在又由生变化而死。这种由生而死的变化就像春秋冬夏四时交替变化一样自然。死去的那个人静静地安息在天地之间，而我却哭悼她的离去，我认为这是不通达天命，所以不再哭泣了。"

【三段】

庄子之（到）楚，见空髑髅（dú lóu，即“骷髅”，死人的头骨），髐然（骨头干枯破损的样子。髐，xiāo）有形。撽（qiào，从旁边敲打）以马捶（即“箠”，鞭子），因而问之，曰：“夫子贪生失理，而为此乎？将（抑或）子有亡国之事，斧钺（yuè，斧子）之诛，而为此乎？将子有不善之行，愧遗（通“贻”，留给）父母妻子之丑，而为此乎？将子有冻馁（něi，饥饿）之患，而为此乎？将子之春秋（年纪）故及此乎？”

于是语卒，援（拉）髑髅，枕而卧。夜半，髑髅见（通“现”）梦曰：“子之谈者似辩士。视子所言，皆生人之累也，死则无此矣。子欲闻死之说（说法）乎？”

庄子曰：“然。”

髑髅曰：“死，无君于上，无臣于下，亦无四时之

庄子到南方的楚国去，见到一个骷髅，干枯而有活人头颅的形状。他用马鞭敲打着骷髅，问道：“先生是因为过度地贪求享乐，背弃养生之理，才导致死亡的吗？还是遭遇了亡国动乱，受到了斧钺的砍杀而成了这个样子的吗？还是你做了见不得人的事，担心给父母妻儿留下耻辱而羞愧自杀的吗？还是你遭受了寒冷饥饿而折磨致死的呢？还是你已享尽天年而自然死去的呢？”

庄子说完拉过骷髅，枕在头下睡去。半夜里，骷髅显现在他的梦中，对他说：“听你的谈话好像是位善辩之士。听你所说的那些事，都是活着的人所受的牵累，死了就没有这些忧患了。你想听听人死的情形吗？”

庄子说：“好的。”

骷髅说：“人死了，上面没有国君，下面没有臣子，也没有一年四季的操劳

事，从然（放纵自如的样子。从，通“纵”）以天地为春秋，虽南面王乐，不能过也。”

庄子不信，曰：“吾使司命（掌管人生命的神）复生子形，为（造）子骨肉肌肤，反子父母、妻子、闾里（乡里，此指邻居。闾，lǘ）、知识（朋友），子欲之乎？”

髑髅深矉（pín，通“颦”，皱眉头）蹙頞（cù è，愁苦的样子。頞，通“额”）曰：“吾安能弃南面王乐而复为人间之劳乎！”

之事，从容自得与天地同寿，即使是国君的乐趣，也不能超过。”

庄子不相信，说：“我让掌管生命的神灵恢复你的形体，为你重新长出骨肉肌肤，归还你父母、妻儿、邻居和朋友，你愿意吗？”

骷髅皱着眉头，流露出愁苦忧虑的样子，说：“我怎么能抛弃比国君还快乐的生活而再去遭受人间的劳苦呢！”

【四段】

颜渊（孔子弟子）东之（到）齐，孔子有忧色。子贡（孔子弟子）下席（离开座位）而问曰：“小子敢问：回东之齐，夫子有忧色，何邪？”

孔子曰：“善哉女（通“汝”，你）问！昔者管子（管仲，齐国人，曾辅助齐桓公称霸诸侯）有言，丘甚善之，曰：‘褚（zhǔ，装衣服的布袋）小者不可以怀（装）大，绠

颜渊向东到齐国去，孔子面露忧虑的神色。子贡离开座位恭敬地问道：“学生冒昧地请问您，颜回往东前往齐国，先生面露忧虑的神色，这是为什么呢？”

孔子说：“你问得很好啊！从前管子说过一句话，我认为讲得很好，他说：‘小袋子不可以包藏大的东西，短绳子不能

(gěng，汲水用的绳子)短者不可以汲深。’夫若是者，以为命有所成(定)而形有所适(适宜)也，夫不可损益。吾恐回与齐侯言尧、舜、黄帝之道，而重(增加)以燧人、神农之言。彼(指齐侯)将内求于己而不得，不得则惑，人惑则死。且女(通“汝”，你)独不闻邪？昔者海鸟止于鲁郊，鲁侯御(迎接)而觞(本指酒杯，这里指用酒招待。觞，shāng)之于庙，奏《九韶》(舜时乐曲)以为乐，具太牢(牛羊猪都具备的祭祀)以为膳。鸟乃眩视忧悲，不敢食一脔(luán，切成小块的肉)，不敢饮一杯，三日而死。此以己养养鸟也，非以鸟养养鸟也。夫以鸟养养鸟者，宜栖之深林，游之坛陆(水中沙洲)，浮之江湖，食之鳅(泥鳅)鲦(白条鱼)，随行列而止，委虵(从容自得的样子。虵，yí)而处。彼(指海鸟)唯人言之恶闻，奚以夫谠谠(náo náo，喧杂吵闹的样子)为乎！

从深井里汲水。’这样说来，万物的命运各有所定，形体也各有其适宜的地方，都是不可以随意增损改变的。我担心颜回向齐侯宣讲尧、舜、黄帝之道，而且进一步推崇燧人氏、神农氏的言论。齐侯听了这些言论必将用三皇五帝的做法要求自己，但又做不到，做不到就会产生疑惑，忧思不解就会抑郁苦闷，甚至死亡。况且你没有听说过吗？从前有一只海鸟飞到了鲁国都城的郊外停息下来，鲁侯把它恭敬地迎接进太庙，并且用酒宴招待它，演奏《九韶》之乐给它听，准备了牛、羊、猪三牲给它吃。这只鸟却头晕眼花，忧伤悲苦，不敢吃一块肉，不敢饮一杯酒，三天之后就死了。这是用养护人的做法去养护鸟，而不是用养鸟的方法去养鸟。按照鸟的习性去养鸟的话，就应该让它栖息在树林深处，游戏于沙洲荒岛之上，飘飞于江河湖泽之间，啄食泥鳅和小鱼，随着鸟群行列一起飞行与止息，从容自如地生活着。海鸟最害怕听到人的声音，为何还要弄得那么喧杂吵闹呢！

《咸池》（黄帝时乐曲）《九韶》之乐，张（陈设，指演奏）之洞庭之野（广漠之野），鸟闻之而飞，兽闻之而走，鱼闻之而下入，人卒闻之，相与还（通“环”，围绕）而观之。鱼处水而生，人处水而死。彼必相与异，其好恶故异也。故先圣不一其能，不同其事。名止于实（名义要与实际相符。止，限），义设于适（义理的设施要适宜），是之谓条达（条理通达）而福持（福分常有）。”

《咸池》《九韶》一类的音乐，如果在广漠的旷野里演奏，鸟听了之后会飞离，野兽听了之后会逃跑，鱼听了之后会潜入水底，然而人们听了，则会围聚过来相互观赏。鱼待在水里才能生存，人待在水里则会淹死。人和鱼的生活习性各不相同，因而他们的喜好和厌恶也就各不相同。所以上古的圣人不强求人们具有整齐划一的能力，不使他们做相同的事情。名义要限于和实际相符合，义理的设置要适宜于万物的习性，这就叫作条理通达而又福分持久。”

《庄子》一书中多次提及孔子及其弟子颜回，并将他们塑造成道家言论的传声筒，宣扬庄子的思想。孔子与颜回纵论“心斋”，告诫颜回要洗除内心的欲念，求得内心的虚寂专一，随遇而安，这样方可得道，免除后患。颜回告诉孔子自己摒弃了仁义礼乐，忘掉了一切，能够与大道浑然一体，进入“坐忘”的境界。

达 生

题解

本篇与《养生主》类似，也是谈养生的。取篇首二字为题，“达”指通达、通晓，“生”指生存、生命，就是通达养生之意。篇首论述了养形与养神的重要性，篇中明确提出要摒除各种外欲，要心神宁寂，事事释然。作者在肯定了养形作用的同时，更加强调了养神的意义，提出了“形全精复，与天为一”的观点，反映了作者对养生有了较为全面、辩证的认识。庄子认为，养生的关键在于把生死看破，抛弃名位，排除杂念，在饮食和色欲方面要特别谨慎，保持心地淳朴专一。特别是纪渻子给周宣王驯养斗鸡一节，非但不培养它的斗气，还要消磨它的斗性，最后将它培养成不战而胜、呆若木鸡的“守气全神”之鸡，旨在说明一切都应无所用心，顺乎天理，应该养气凝神。

原文

【一段】

达（通达）生（生命）之情（实情）者，不务（求）生（性）之所无以为（无以为用，无所用）；达命之情者，不务命之所无奈何（指无能为力）。养形（形体，身体）必先之以物（物质条件），物有余

译文

通达生命实情的人，不去追求生命中所不必要的东西；通晓性命实情的人，不去做对寿命无能为力的事情。保养身体，一定需要先具备物质条件，可是物质有余

而形不养者有之矣；有生必先无离形，形不离而生亡者有之矣。生之来不能却，其去不能止。悲夫！世之人以为养形足以存生；而养形果不足以存生，则世奚足为哉！虽不足为而不可不为者，其为不免矣！

夫欲免为形（免除为保养身体所受的操劳）者，莫如弃世（抛弃世间分外之事）。弃世则无累，无累则正平（心正气平），正平则与彼（指大自然）更生（新生），更生则几（近）矣！事奚足弃而生奚足遗？弃事则形不劳，遗生则精不亏。夫形全精复（精神康复不亏），与天（指大自然）为一（融为一体）。天地者，万物之父母也。合则成体（天地阴阳交合则生成万物的形体），散则成始（天地阴阳离散则复归于万物的初始）。形精不亏，是谓能移（能随自然变化更新）。精而又精，反以相（辅助）天（指大自然）。

身体却保养不好的人也是有的；保有生命必须让形体不离开身体而独存，可是形体虽然没有离弃生命却已经死亡的人也是有的。生命的降临是不能拒绝的，它的离去也是无法阻止的。悲哀啊！世俗之人认为保养身体就能够保全生命，然而保养身体确实不足以保全生命，那么世间还有什么事情值得去做呢！虽然不值得做，却又不得不去做，这样的行为也就不可避免了！

要想免除身体所受的操劳，便不如忘却世间的俗事。抛弃世间的俗事就没有拖累，没有拖累就会心平气和，心平气和就能同自然一起变化而生生不息了，生生不息就会接近大道了。世俗之事为何值得舍弃呢？生命为何值得遗忘呢？舍弃世俗之事身体就不会受到劳累，遗忘生命就不会让精神受到亏损。身体健全不受劳累，精神不损耗恢复如初，就能与自然融为一体。天地，乃是万物得以化育生长的父母。天地阴阳结合则生成万物的形体，阴阳二气离散则复归于万物初始的混沌状态。身体与精神都不亏损，这就是能够随着自然变化而更新。让精神修养进一步完美，进入无为之道的境地，就会反过来有助于自然的化育。

【二段】

桓公（齐桓公小白）田（同“畋”，打猎）于泽，管仲御（yù，驾车），见鬼焉。公抚管仲之手曰：“仲父何见？”对曰：“臣无所见。”

公反（通“返”，返回），诶诒（éi yí，因惊吓失神而呓语）为病，数日不出。齐士有皇子告敖（姓皇子，名告敖）者，曰：“公则自伤，鬼恶能伤公！夫忿滀（怒气郁结。滀，chù，结聚）之气，散而不反，则为不足；上而不下，则使人善怒；下而不上，则使人善忘；不上不下，中身当心（指淤积在心中），则为病。”

桓公曰：“然则有鬼乎？”

曰：“有。沈（污水积聚之处）有履（鬼名），灶有髻（jí，灶神，着红衣，面貌如美女）。户内之烦壤（尘土积聚之处），雷霆（鬼名）处之；东北方之下者，倍阿（鬼名，

齐桓公在沼泽之地打猎，管仲为他驾车，齐桓公忽然看见一个鬼。他惊慌失措地抓住管仲的手问道：“仲父看见什么了吗？”管仲回答说：“我什么也没有看见。”

齐桓公返回后，因受惊吓失魂而呓语病倒了，一连几天都不出门。齐国有位名叫皇子告敖的贤士对齐桓公说：“您是自己忧伤而失魂落魄，鬼哪里能伤害到您呢！如果体内郁结着愤怒之气，只扩散却不能收敛回复，体内将会变得气血不足；愤激之气集中于身体上部，却不能下通，就会使人容易发怒；集中于身体下部，却不能上达，就会使人健忘；不能上下通达，淤积在心中却不离散，就会使内心受到扰乱而生病。”

齐桓公问道：“那么有没有鬼呢？”

皇子回答说：“有。污水积聚之处有履鬼，灶台处有着红衣的髻神。屋内尘土垃圾堆积之处，雷霆之鬼居住在那里；住宅东北方墙下，有倍阿、

传说属蜥蜴类）鲑蛮（guī lóng，鬼名，传说虾蟆类）跃之；西北方之下者，则泆阳（鬼名，传说豹头马尾。泆，yì）处之。水有罔象（水神名），丘有峷（shēn，怪兽名），山有夔（kuí，一足兽），野有彷徨（páng huáng，形状如蛇，两头，有五彩花纹），泽有委蛇（wēi yí，鬼名）。”

公曰：“请问委蛇之状何如？”

皇子曰：“委蛇，其大如毂（gǔ，车轮），其长如辕，紫衣而朱冠。其为物也，恶（wù，讨厌）闻雷车之声，则捧其首而立。见之者殆（dài，近）乎霸。”

桓公辴然（大笑的样子。辴，zhěn）而笑曰：“此寡人之所见者也。”于是正衣冠与之坐，不终日而不知病之去也。

鲑蛮在那里跳跃；西北方墙下，则有泆阳鬼居住在那里。水里有水鬼罔象，丘陵之中有峷鬼，山中有山鬼夔，旷野有彷徨鬼，沼泽中有委蛇鬼。”

齐桓公问道：“请问委蛇是什么样子的？”

皇子回答说：“委蛇这种怪物，身躯大如车轮，体长如车辕，穿紫色衣服，戴红色帽子。这种鬼物，最讨厌听到雷车轰鸣的声音，一旦听到了便会抱着头站立在那儿。见到了这种怪物的人就快要成为霸主了。”

齐桓公听了之后开怀大笑着说：“那就是我所见到的怪物。”于是整理了一下衣冠端坐起来和皇子谈话，不到一天的工夫，病不知不觉地好了。

管仲，名夷吾，春秋时期齐国著名的政治家、军事家和改革家。他实行了一系列富国强兵的政策，改革内政，稳定了国内的秩序；发展经济，使齐国国富民强；修治甲兵，壮大了齐国的军事力量。他辅佐齐桓公成为春秋时期的第一位霸主，被齐桓公尊称为“仲父”。孔子还赞扬他辅佐齐桓公，称霸诸侯，匡正天下。

【三段】

纪渻子（人名，姓纪，名子。渻，shěng）为王（指周宣王）养（驯养）斗鸡。

纪渻子给周宣王驯养斗鸡。

十日而问：“鸡已（已经，可以，指可以竞斗）乎？”曰：“未也，方虚憍（实质空虚而神态骄傲。憍，通“骄”，骄傲）而恃气（自恃意气）。”

十天后，周宣王问道：“这鸡可以斗了吗？”纪渻子回答说：“不可以，现在它的样子虚浮、骄矜且气势凌人。”

十日又问，曰：“未也，犹应（反应）向（通“响”，指鸡的叫声）景（通“影”，指鸡的身影）。”

过了十天，周宣王又问，纪渻子回答说：“不可以，它听到鸡的鸣叫，看到鸡的身影，都会有所反应。”

十日又问，曰：“未也，犹疾视（目光犀利）而盛气（气势高昂）。”

过了十天，周宣王又问，纪渻子回答说：“不可以，现在还目光敏锐，气势逼人。”

十日又问，曰：“几矣，鸡虽有鸣者，已无变矣，望之似木鸡矣，其德全(德性完备)矣。异鸡无敢应者，反走(转身逃跑。反，同“返”)矣。”

过了十天，周宣王又问，纪渻子回答说：“差不多了。虽然有鸡鸣叫，它却已经不为所动，看起来像只木鸡，它的德性已经完美了。别的鸡没有再敢应战的了，见了它都转身逃跑了。”

【四段】

孔子观于吕梁(在今江苏铜山县东南)，县(通“悬”)水三十仞(rèn，古代长度单位，古以七尺或八尺为一仞)，流沫四十里，鼋鼍(yuán tuó，大鳖和鳄鱼)鱼鳖之所不能游也。见一丈夫(成年男子)游之，以为有苦而欲死也，使弟子并流(沿着水流。并，傍)而拯(救)之。数百步而出(浮出水面)，被(同“披”)发行歌而游于塘下(岸下)。

孔子从而问焉，曰：“吾以子为鬼，察子则人也。请问：蹈水(戏水)有道乎？”

曰：“亡(通“无”)，吾无道。吾始乎故(习惯)，长乎性，成乎命(自然之理)。与齐

孔子在吕梁游览，见到瀑布从二三十丈的高处倾泻而下，水沫飞溅到四十里之外，鼋、鼍、鱼、鳖都无法从这里游过。却看见一个壮年男子在那里戏水，孔子以为那人是因遭遇了困苦而想投水自杀，就让弟子们沿着水流去援救他。那人没入水下行了几百步远才又重新露出水面，披散着头发，在堤岸下边唱歌边游水。

孔子跟在他身后，问道：“我以为你是鬼，仔细观察才知道你是人。请问，戏水有什么方法吗？”

那人回答说：“没有，我没有什么特别的方法。我开始于习惯，长大后变成了习性，有所成就是因为顺其自然。我和漩涡一起

（通"脐"，漩涡）俱入，与汩（gǔ，上涌的旋流）偕出，从（顺）水之道而不为私（不按自己的私意动作）焉。此吾所以蹈之也。"

孔子曰："何谓始乎故，长乎性，成乎命？"

曰："吾生于陵（高地）而安于陵，故也；长于水而安于水，性也；不知吾所以然而然，命也。"

没入水下，又随向上的涌流一起浮出水面，顺从水流动的规律而不按自己的想法妄动。这就是我戏水的方法。"

孔子说："什么叫作开始于习惯，长大后变成了习性，有所成就是因为顺其自然？"

那人回答说："我生于高地而安于高地的生活，这就叫作习惯；成长于水边而安于水上的生活，久而久之便成为习性；不知道为什么那样做，却自然而然地那样做了，就是顺其自然。"

山　木

题解

本篇以“山木”为喻，其主旨与《人间世》相同，虚构了各自独立的九则寓言故事，将寓意隐含在人物的对话中。庄子用山木和家雁的故事，说明成材为患，不成材也为患，只得处于材与不材之间，即使这样也难免于祸患，只有游于无为逍遥的境界才是最理想的。又用虚构的孔子和市南宜僚说明只有抛弃功名，清心寡欲，与世无争，才可以免祸。文中虚构了逃避现实的理想境界，把虚己免害的处世方法与物无终始的哲学发展观结合起来，发挥了“虚己处世”的人生哲学。本篇由多组故事组成，生动幽默，寓意深远，别有情趣。

原文

【一段】

庄子行于山中，见大木，枝叶盛茂。伐木者止其旁而不取也。问其故，曰：“无所可用。”庄子曰：“此木以不材（不成材）得终其天年。”

夫子（指庄子）出于山，舍（息）于故人之家。故人喜，

译文

庄子在山中行走，见到一棵大树，它的枝叶长得很茂盛。伐木的人停在树旁却不去砍伐。庄子问他为什么不去砍伐，那人说：“没有什么用处。”庄子说：“这棵大树因为不成材而能够享尽天赋的寿命啊！”

庄子从山中走出，在老朋友家歇息。老朋友很高兴，

命竖子(童仆)杀雁(野鹅)而烹(应作“享”,通“飨”,xiǎng,招待)之。竖子请(问)曰:“其一能鸣,其一不能鸣,请奚杀?”主人曰:“杀不能鸣者。”

明日,弟子问于庄子曰:“昨日山中之木,以不材得终其天年;今主人之雁,以不材死。先生将何处(如何自处)?”

庄子笑曰:“周将处乎材与不材之间。材与不材之间,似之而非也,故未免乎累。若夫乘(顺)道德而浮游则不然。无誉无訾(zǐ,诋毁),一龙一蛇(像龙的显现,像蛇的隐晦),与时俱化,而无肯专为(固守一端);一上一下(上下,指进退),以和(和顺)为量(量度,标准),浮游乎万物之祖(未始有物的虚无境地);物物(主宰外物)而不物于物(不被外物所支配),则胡可得而累邪!此神农、黄

便让童仆杀一只野鹅来款待庄子。童仆问主人:“一只鹅能鸣叫,一只鹅不能鸣叫,请问杀哪一只呢?”主人告诉道:“杀那只不叫的。”

第二天,弟子就问庄子:“昨天遇见山中的大树,因为不成材而能享尽自然的寿命;现在主人家的野鹅,却因为没有才能而被杀掉。请问先生如何在这两者之间立身安处呢?”

庄子笑着说:“我庄周将处于成材与不成材之间。不过处于成材与不成材之间,位置似乎妥当,其实不然,还是不能免于拖累。若是顺应自然之道而处世,就不会这样了。既没有赞誉也没有诋毁,时而如龙一般腾跃显现,时而如蛇一般潜藏隐晦,随时变化,而不偏滞于某一方面;时而进取时而退缩,以顺应自然为准则,优游于万物产生之初的混沌之境;能主宰外物而不为外物所役使,这样怎么还会受到外物的牵累呢!这是神农、黄帝的

帝之法则也。若夫万物之情，人伦（类）之传（习惯）则不然。合则离，成则毁，廉（锐利，锋利）则挫，尊则议（非议），有为则亏，贤则谋（暗算），不肖则欺，胡可得而必乎哉！悲夫，弟子志（记）之，其唯道德之乡（通“向”，归向）乎！”

处世原则。至于万物的实情和人类的习俗，就不是这样了。有聚合就会有分离，有成功就会有失败，锐利就会招致挫折，尊贵就会招致非议，有作为就会受到亏损，贤能就会受到暗算，没有出息就会受人欺侮，谁又得知荣辱福祸必然降临的缘由呢！可悲啊！弟子们一定要记住，要想免于受累，恐怕只有归向自然无为的境界才是最美好的。”

黄帝，本姓公孙，长于姬水之滨，故改姓姬，居于轩辕之丘，故号轩辕氏。黄帝是上古时期的五帝之首，是华夏民族的始祖，被尊称为“人文初祖”、“文明之祖”。黄帝的传说中有很多是关于他的发明创造，据说他教会了人民养蚕、做舟车、起屋凿井、造弓箭、做杵臼等，还有文字、音律、医药、算术等都是从黄帝部落开始实施的。

【二段】

市南宜僚（人名，姓熊名宜僚，家住市南）见鲁侯，鲁侯有忧色。市南子曰：“君有忧色，何也？”

市南宜僚去拜见鲁侯，鲁侯正面带忧色。市南宜僚就问道：“你面带忧虑之色，为什么呢？”

鲁侯曰:"吾学先王之道,修先君之业;吾敬鬼尊贤,亲而行之,无须臾(片刻)居(止)。然不免于患,吾是以忧。"

市南子曰:"君之除患之术(办法)浅(肤浅)矣!夫丰狐文豹(皮毛丰厚的狐狸,花纹美丽的豹子),栖于山林,伏于岩穴,静也;夜行昼居,戒(警戒)也;虽饥渴隐约(困苦),犹且胥疏(与人相远,流转各地)于江湖之上而求食焉,定(审慎)也;然且不免于罔罗机辟(皆捕鸟兽之具。罔,通"网")之患。是何罪之有哉?其皮为之灾也。今鲁国独非君之皮邪?吾愿君刳形去皮(刳形,指忘身;去皮,指忘国。刳,kū,剖开而挖空),洒心去欲(抛弃一切心思欲望),而游于无人之野。南越有邑焉,名为建德(大德)之国。其民愚而朴,少私而寡欲;知作而不知藏,与而不求其报;不知义之所适,不知

鲁侯说:"我学习先王治国之道,继承先君遗留下的事业;我敬奉鬼神,尊重贤能,身体力行,没有片刻的停止。然而还是不能免除祸患,我因此感到忧虑。"

市南宜僚说:"你消除祸患的办法太浅薄了!就像皮毛丰厚的狐狸和花纹美丽的豹子,栖息在山林之中,隐身于岩洞之内,这是静息;夜间出来活动,白昼潜藏安居,这是警戒;虽然饥渴困穷,还是远离人迹辗转潜行到江湖之上觅求食物,这是审慎;然而还是不能免除罗网机关的陷阱。这两种动物有什么过错呢?这是它们的皮毛给自己带来的灾祸。现在的鲁国不就是为你带来灾祸的皮毛吗?我希望你能剖开形体,舍弃皮毛,洁净内心,摈弃欲念,漫游于没有人迹而与天地冥合的旷野。南越有个城邑,名字叫建德之国。那里的人们淳厚而又质朴,没有私心和杂念;知道耕作而不懂得储藏,热情地给予别人而不希求回报;不知道怎样做才合于道义,也不

礼之所将（行）；猖狂妄行（从心所欲不加约束的行动），乃蹈（踏）乎大方（大道）。其生可乐，其死可葬。吾愿君去（舍弃）国捐俗（世俗），与道相辅而行。”

君曰：“彼其道远而险，又有江山，我无舟车，奈何？”

市南子曰：“君无（通“毋”，不要）形（势，指鲁侯所处的地位）倨（jù，傲慢），无留居（安于所处的地位），以为君车。”

君曰：“彼其道幽远而无人，吾谁与为邻？吾无粮，安得而至焉？”

市南子曰：“少君之费，寡君之欲，虽无粮而乃足。君其涉于江而浮于海，望之而不见其崖，愈往而不知其所穷。送君者皆自崖而反（同“返，返回）。君自此远矣！故有人者（统治人民的）累，见有于人者（为人所役用的）忧。故尧非有人，非见（被）有于人也。吾愿去君之累，除君之忧，

知道怎样做才合于礼仪；随心所欲，任意而行，但能与大道相合。他们活着时自适快乐，死后安然入葬。我希望你舍弃国家，抛弃世俗杂念，与大道相辅并行。”

鲁侯说：“前往那里的路途遥远又艰险，还有江河山岭的阻隔，我没有车辆和船只，该怎么办呢？”

市南宜僚说：“你不要居上位而傲视他人，不要眷恋舒适的生活，抛弃所处的高位，这才是作为你通往大道的车辆。”

鲁侯说：“前往那里的路途幽暗遥远，我和谁结伴前行呢？我没有干粮，怎么能够到达那里呢？”

市南宜僚说：“减少你的耗费，节制你的欲念，即使没有粮食也可以自给自足。你将渡过江河，浮游大海，一眼望不到边际，愈向前愈不知它的尽头。护送你的人都从岸边返回。你将从此脱离尘世而进入到广漠虚空的天地之中。所以役使他人的必然会受到劳累，为他人役使的就会遭受忧患。所以尧能做到不役使他人，也能不被他人所役使。我希望能去除你的劳累，免除你的忧患，

而独与道游于大莫（读为“漠”）之国。方（并）舟而济于河，有虚船（无人的船）来触舟，虽有惼（biǎn，通“褊”，心胸狭窄）心之人不怒；有一人在其上，则呼张（撑开）歙（xī，收拢）之；一呼而不闻，再呼而不闻，于是三呼邪，则必以恶声随之。向（刚才）也不怒而今也怒，向也虚（指无人的空船）而今也实（指有人）。人能虚己（把自己看作不存在一样）以游世，其孰能害之！”

令你独与大道优游于广漠空虚的境域。并起两条船来渡河，突然有只无人驾驭的空船碰撞过来，即使心胸狭隘的人也不会发怒。假如那条船上有一个人，就一定会呼喊着让他撑开或者靠拢过来；呼喊一次没有回应，再呼喊一次也没有回应，于是第三次呼喊就一定会责骂不绝。刚才不生气而现在生气发怒，那是因为刚才是空船而现在却有人在上面。一个人如果能无心于事，随顺自然而遨游于人世，谁还能加害他呢！”

【三段】

孔子围于陈蔡之间，七日不火食。

大公（对老者的尊称）任（虚拟的人名）往吊（慰问）之，曰：“子几死乎？”曰：“然。”

“子恶（wù，厌恶）死乎？”曰：“然。”

任曰：“予尝言不死之道（方法）。东海有鸟焉，其名曰意怠（指海燕一类的鸟）。其为鸟也，翂翂翐翐（鸟飞得舒缓的

孔子被围困于陈国和蔡国之间，一连七天不能生火做饭。

大公任前去探望他，问道：“你快要饿死了吗？”孔子回答说：“是的。”

大公任又问：“你厌恶死吗？”孔子回答说：“是的。”

大公任说：“请让我说说不死的办法。东海有一种鸟，它的名字叫意怠。这种鸟飞翔得很缓慢，好像不能飞行的样子；

样子。翂，fēn；翐，zhì），而似无能；引援（引导协助，意即跟随）而飞，迫胁（依偎）而栖；进不敢为前，退不敢为后；食不敢先尝，必取其绪（剩余）。是故其行列不斥（排斥），而外人卒不得害，是以（因此）免于患。直木先伐（被砍伐），甘井先竭（枯竭）。子其意者饰知（修饰自己的才智）以惊愚（令愚顽的人有所醒悟），修身以明污（显露别人的污浊），昭昭乎（光明显露的样子）如揭日月而行（举着日月行走，比喻炫耀自己。揭，举），故不免也。昔吾闻之大成之人（道德修养极高的人，指老子）曰：'自伐（夸耀）者无功，功成者堕（通"隳"，kuī，毁败），名成者亏。'孰能去功与名而还（返归）与众人！道流而不明居（居于显露的地方），得（通"德"）行而不名处（处在被称颂的位置）；纯纯常常（纯朴而平凡的样子），乃比（同）于狂（无心之行动）；削迹（削除形迹）捐势（捐弃权势），不为

它们总是跟随其他鸟一起飞，栖息时又挤在其他鸟之间；前进时不敢飞在最前面，退后时不敢落在最后面；觅食时不敢先尝，一定要吃残余的。所以它们在鸟群中始终不受排斥，而人们也不能伤害到它们，因此它们能免遭祸患。笔直的树木最先被砍伐，甘甜的井水会率先枯竭。你用心于修饰自己的才智以便惊醒愚昧，修养自己的品行来显示别人的污秽，光明显赫地炫耀自己就像擎着太阳月亮行走，所以是不能免除祸患的。从前我听道德修养极高的老子说过：'自我夸耀的人不会成就功绩，功业成就了却不知退隐就会毁败，名声到处彰显而不知隐藏就会损伤。'谁能够摒弃功业和名声而将自己等同于众人呢！大道广泛流行而有德之人并不炫耀自居，德性广播人世而有德之人并不自求声名；他纯朴而又平凡，同无心而行的人一样；削除形迹，抛弃权势，不热

功名。是故无责(求)于人,人亦无责焉。至人(指道德修养极高的人)不闻,子何喜(指热衷于功名)哉?"

孔子曰:"善哉!"辞其交游,去(离开)其弟子,逃于大泽;衣裘褐(qiú hè,粗陋的衣服。裘,皮衣。褐,毛布),食杼(shù,树名)栗;入兽不乱群,入鸟不乱行。鸟兽不恶,而况人乎!

衷于功名。所以不会去求别人,别人也不会反过来求我。道德修养极高的人都不求闻名于世,你为何偏偏喜好功名呢?"

孔子说:"说得太好了!"于是辞别朋友,离开弟子,逃到旷野之中;穿粗陋的衣服,吃野果;进入兽群而不会受到惊吓,进入鸟群而鸟不会乱飞。鸟兽都不会厌恶他,更何况人呢!

【四段】

庄周游于雕陵(栗园名)之樊(通"藩",藩篱),睹(dǔ,看见)一异鹊自南方来者。翼(翅膀)广(与下句"运"都指长度。东西为广,南北为运)七尺,目大运寸(直径为一寸),感(触)周之颡(sǎng,额头),而集(止)于栗林。庄周曰:"此何鸟哉!翼殷(大)不逝(飞走),目大不睹。"蹇(qiān,作"褰",揭起)裳躩步(快步。躩,jué),执弹而留(等待)之。睹一蝉,方得美荫而忘其身;螳螂执翳(yì,遮蔽)而搏

庄周到雕陵的栗树园里游玩,看见一只怪异的鹊鸟从南方飞来。这只鸟翅膀宽七尺,眼睛直径有一寸长,触碰着庄周的额头而落在栗树林中。庄周说:"这是一只什么鸟啊!翅膀大却不能远飞,眼睛大目光却不敏锐。"于是撩起衣襟快步走过去,拿着弹弓等待捕杀的时机。这时正看见一只蝉,陶醉于浓密的树荫自得自乐而忘记了自身的危险;有只螳螂隐蔽着打算伺机攻

之，见得而忘其形；异鹊从而利之（跟随他从中得利），见利而忘其真（本性）。庄周怵然（惊恐警醒的样子。怵，chù）曰："噫！物固相累（互相牵累），二类相召（吸引）也。"捐弹而反（同"返"）走（跑），虞人（看管栗园的人）逐而谇（suì，责骂）之。

击它，螳螂见即将有所得而忘记了自己的形体；那只怪异的鹊鸟也打算趁机捕食螳螂，只想着获利却丧失了自己的本性。庄周看了这一幕，惊惧而警惕地说："唉！物类本来就是这样互相拖累，不同物类之间总是以利相互招致。"便丢弃了弹弓转身跑了出去，看管栗园的人（以为他偷了栗子）在后面追赶着大声责骂他。

庄周反入，三日不庭（读为"逞"，快乐）。蔺且（lìn jū，庄周的弟子）从而问之："夫子何为顷间（近期）甚不庭乎？"

庄周回到家中，整整三天都感到不快乐。弟子蔺且跟随在旁边，问道："先生最近为什么很不高兴呢？"

庄周曰："吾守形而忘身，观于浊水而迷于清渊。且吾闻诸夫子曰：'入其俗，从其令。'今吾游于雕陵而忘吾身，异鹊感吾颡，游于栗林而忘真。栗林虞人以吾为戮（lù，辱），吾所以不庭也。"

庄周说："我不为利迷惑时能守护自己的形体，见利则忘记自身的安危；观赏于浑浊的流水却迷惑于清澈的水潭。而且我听其他先生说过：'到了一个地方，就要遵从那里的习俗与禁令。'现在我在雕陵游玩而忘记了自身，怪异的鹊鸟触碰我的额头，我嬉游于栗林而忘记了本性。看管栗林的人错怪而责骂我，我因此感到不快乐。"

【五段】

阳子（指杨朱）之（去，往）宋（宋国），宿于逆旅（旅舍）。

杨朱来到了宋国，寄宿在旅舍里。

逆旅人（旅店主人）有妾二人，其一人美，其一人恶。恶者贵而美者贱。阳子问其故，逆旅小子（对年轻人的称呼）对曰："其美者自美，吾不知其美也；其恶者自恶，吾不知其恶也。"

阳子曰："弟子记之：行贤（德行美好）而去自贤（不自以为贤）之行，安往而不爱哉！"

旅舍主人有两个妾，其中一个漂亮，一个丑陋。丑陋的被专宠，漂亮的则被疏远。杨朱问他这是什么缘故，年轻的店主人回答说："那个漂亮的自以为漂亮，我却不觉得她漂亮；那个丑陋的自以为丑陋，我却不觉得她丑陋。"

杨朱说："弟子们记住：品行贤良而自己又不认为具有贤良的品行，走到哪里会不受到人们的喜爱呢！"

田子方

题解

本篇用篇首三字"田子方"为篇名，与篇意无关。全篇主旨与《至乐》《达生》《山木》等篇相近，重在阐述人生哲理，刻画了几个理想的人物形象，如东郭顺子、温伯雪子、老聃、真画者、臧丈人、伯昏无人等，文章体道寓真，深玄莫测。全篇宣扬了做人要纯真自然，无为寡欲，做到忘爵禄、忘得失、忘权欲、忘国耻，同时系统地阐述了死生相待、莫知所究的生死观等，批评了儒家的有为之道，嘲讽了儒士拘守礼义，道貌岸然，却不懂得怡情养性，视儒家所热衷的圣智、仁义、权势为粪土，既否定了儒家思想，又颂扬了道家的无为之义。

原文

【一段】

田子方（姓田，名无择，字子方，魏国贤人）侍坐于魏文侯，数称（多次称赞）谿工（姓谿，名工，魏国贤人。谿，xī）。

文侯曰："谿工，子之师邪？"

译文

田子方陪坐在魏文侯身旁，多次称赞谿工这个人。

魏文侯说："谿工是你的老师吗？"

子方曰："非也，无择（田子方）之里人（同乡之人）也。称道（言论谈吐）数当（常常恰当），故无择称之。"

文侯曰："然则子无师邪？"

子方曰："有。"

曰："子之师谁邪？"

子方曰："东郭顺子（居住在东郭，因以为氏，顺子为名。虚拟的人物）。"

文侯曰："然则夫子何故未尝称之？"

子方曰："其为人也真（纯真）。人貌（外表如同常人）而天虚（内心契合自然。虚，心），缘（顺）而葆真（保持心性纯真），清而容物。物无道，正容（端正自己）以悟之，使人之意也消。无择何足以称之！"

子方出，文侯傥然（失意的样子。傥，tǎng），终日不言。召前立臣而语之曰："远矣，全德之君子！始吾以圣知

田子方说："不是，他是我的同乡。他的言论见解往往很中肯，所以我常称赞他。"

魏文侯说："那么你没有老师吗？"

田子方说："有。"

魏文侯说："你的老师是谁呢？"

田子方说："是东郭顺子。"

魏文侯说："可是，你为什么没有称赞过他呢？"

田子方说："他为人真诚，外貌如常人，而内心与自然相契合，随顺外物而保持心性纯真，心境清虚宁静而能包容万物。如果人与事不合于道，他便自我反省，以此让人悔悟，使他人的邪念也自然消除。我哪里配得上去称赞他呢！"

田子方出去后，魏文侯若有所失，一整天不说话。召见侍立在面前的大臣，告诉他们说："太深远奇妙了，真是德行完备的君子！当初我认为圣智的

(同"智",智慧)之言、仁义之行为至矣。吾闻子方之师,吾形解(形体解脱懒散)而不欲动,口钳而不欲言。吾所学者,直土埂(泥土做的偶人)耳!夫魏真为我累耳!"

【二段】

孔子见(拜见)老聃(老子。聃,dān),老聃新沐(刚洗完头),方(正)将被(通"披",披散)发而干,慹(zhé,不动)然似非人。孔子便(借为"屏",屏蔽)而待之。少焉见,曰:"丘也眩(xuàn,眼花)与?其信然(确实如此)与?向者(刚才)先生形体掘(通"崛",直立的样子)若槁(gǎo,干枯)木,似遗物离人而立于独也。"

老聃曰:"吾游心于物之初。"

孔子曰:"何谓邪?"

曰:"心困(困惑)焉而不能知,口辟(闭,合)焉而不能言,尝为汝议乎其将(大略)。

言论、仁义的行为算是至高无上的。当我听到田子方的老师的情况,我的身体一下子松懈懒散得不愿意动了,嘴巴像被钳住一样不愿意说话了。我过去所学的东西,像那些泥塑的偶人般毫无用处啊!魏国真是我的拖累啊!"

孔子去拜见老聃,老聃刚洗完头,正披散着头发等头发晾干,凝神静立一动不动像木头人似的。孔子便躲在屏蔽之处等待他。一会儿见到了老聃,说:"是我看花眼了呢,还是果真就是那样的呢?刚才先生的身体直立不动似一段枯槁的木头,好像要遗弃万物超脱人世而独立自存一般。"

老聃说:"那是我内心神游于万物初始时的混沌虚无的境域。"

孔子说:"这是指什么呢?"

老聃说:"你内心对它困惑却不能知晓,嘴巴闭合而不能言说,还是让我试着为你说说大概吧。

至阴肃肃（清冷的样子），至阳赫赫（炎热的样子）。肃肃出乎天，赫赫发乎地。两者交通成和而物生焉，或为之纪（纲纪）而莫见其形。消息（消亡和生息）满虚（盈满和空虚），一晦一明，日改月化，日有所为，而莫见其功。生有所乎萌，死有所乎归，始终相反乎无端，而莫知乎其所穷。非是（自然天道）也，且孰为之宗（主宰）！”

孔子曰：“请问游是（指游心于虚无之道）。”

老聃曰：“夫得是，至美至乐也。得至美而游乎至乐，谓之至人。”

孔子曰：“愿闻其方。”

曰：“草食之兽，不疾（害怕）易（改变）薮（sǒu，生长着很多草的湖泽）；水生之虫，不疾易水。行小变而不失其大常（基本生存条件）也，喜怒哀乐不入于胸次。夫天下也者，万物之所一（万物共同栖息的场所）也。

地之极致为寒冷之气，天之极致为炎热之气。肃杀的阴气出于天，炎热的阳气出于地。天地阴阳二气相互交流融合而生成万物，有时候为万物的纲纪，支配着万物的运行，却又不显露出它的形体。它们不停地消亡、生长、盈满、空虚，时而晦暗，时而明朗，日日有改变，月月有转化，每天都有所作为却又不见其功绩。万物诞生有它所萌发的地方，死亡也有它所归返的去处，它们开始终了相互循环没有边际，也无法知道它的尽头。除了自然天道之外，还会有什么是万物的主宰呢！”

孔子说：“请问游心于大道的情形。”

老聃说：“能达到这样的境界，就是至美至乐。体会到至美而悠游于至乐的境界，就称作至人。”

孔子说：“我想听听做到至人的方法。”

老聃说：“食草的兽类不担忧频繁地更换草泽，水生的虫类不担忧改变生活的水域。这只是做了小小的改变而没有失去根本的生存需要，喜怒哀乐的情绪便不会侵入到内心。天下是万物共同生息的地方。

得其所一而同（混同）焉，则四支（通“肢”，肢体）百体将为尘垢，而死生终始将为昼夜，而莫之能滑（gǔ，乱），而况得丧祸福之所介（分际）乎！弃隶者（指得失祸福隶附于己之物）若弃泥涂（同“土”），知身贵于隶也。贵在于我而不失于变，且万化而未始有极也，夫孰足以患心！已为道者解乎此。”

孔子曰：“夫子德配天地，而犹假至言以修心。古之君子，孰能脱（免）焉！”

老聃曰：“不然。夫水之于汋（zhuó，清澈的样子）也，无为而才自然矣。至人之于德也，不修而物不能离焉。若天之自高，地之自厚，日月之自明，夫何修（修饰）焉！”

孔子出，以告颜回曰：“丘之于道也，其犹醯鸡（即“蠛蠓”，一种小飞虫，比喻所见狭小。醯，xī）与！微夫子之发吾覆也，吾不知天地之大全也。”

得到共同的生息之气而又能混同其中，那么四肢百体就将成为尘垢般的废物，而死亡、降生、终结、开始也就像昼夜更替一样平常，没有什么力量能够扰乱它，更何况是得失祸福的分界呢！抛弃得失祸福等隶附于己的外物就如同丢弃泥土一样，这是因为知晓自身比得失祸福等隶属之外物更为可贵。懂得自身可贵又能随同大道一起运行变化，且这种变化未曾有尽头，这没有什么值得让内心忧患的。已经通晓大道的人能理解这些道理。”

孔子说：“先生的德行已经与天地相合，还要借助至理之言来休养心性。古代的君子，又有谁能够免于修养呢！”

老聃说：“不是这样的。水的清澈自然，只有在平静不动时方能显示出它的自然本性；至人的德行，不需要修饰而万物不能对他施加影响。这就像天自然而高，地自然而厚，日月自然而明亮，哪里用得着修饰呢！”

孔子出来后，把这些话告诉了颜回，说：“我对于大道的认识，就像醋瓮中的小飞虫那样微小！如果没有老聃对我的启发来揭开我的蒙蔽，我就不会知道天地的宽广啊！”

【三段】

庄子见鲁哀公（庄子是战国时人，与魏惠王、齐威王同时，上距鲁哀公一百二十年，不可能相见，故此为寓言）。哀公曰："鲁多儒士，少为（信仰）先生方（道术）者。"

庄子曰："鲁少儒。"

哀公曰："举鲁国而儒服，何谓少乎？"

庄子曰："周（庄子的自称）闻之：儒者冠圜（yuán，通"圆"）冠者，知天时；履（穿）句（通"矩"，方）屦（jù，用葛麻制成的鞋）者，知地形；缓（用五色丝绳系着）佩玦（jué，一种环形而有缺口的佩玉）者，事至而断。君子有其道者，未必为其服也；为其服者，未必知其道也。公固（坚决，坚定）以为不然，何不号（发号令、命令）于国中曰：'无此道而为此服者，其罪死！'"

于是哀公号之五日，而鲁国无敢儒服者。独有一丈夫（指成年男子），儒服而立乎公门。公即召而问以国事，千转万变而不穷。

庄子拜见鲁哀公。鲁哀公说："鲁国那么多儒生，很少有跟从事先生学习道术的。"

庄子说："鲁国的儒生少。"

鲁哀公说："全鲁国的人都穿儒生的服装，怎么能说儒生少呢？"

庄子说："我听说，儒生之中戴圆帽子的那些人，通晓天时；穿方鞋子的那些人，懂得地理；佩戴着用五色丝绳系着玉玦的，遇事而能做出决断。君子即便怀有其中某一种道术，也未必就穿戴儒生的服饰；而穿戴儒生服饰的人，同样也未必就真的怀有某一种道术。如果你一定以为不是这样，那么为什么不号令全国，命令他们：'不懂得这种道术而穿戴儒生服饰的，要处以死罪！'"

于是鲁哀公发布了这样的命令，鲁国中差不多再没有敢穿戴儒生服饰的人了。只有一位男子，穿着儒生服饰站立在朝门。鲁哀公即刻召见那人，以国事询问他，无论多么复杂的问题都难不倒他。

庄子曰："以鲁国而儒者一人耳，可谓多乎？"

庄子说："鲁国这么大而真正的儒生只有这一人，怎么可以说多呢？"

【四段】

文王(周文王)观(巡察)于臧(地名，在渭水附近)，见一丈人(指姜太公)钓，而其钓莫钓(身在钓鱼，而用心不在垂钓上，寓行无为之道)。非持其钓(手里持着钓竿而有意在钓鱼)有钓(有所钓，即别有所钓，不在鱼)者也，常钓(经常这样垂钓)也。

周文王在臧地巡视，看见一位老人在渭水边垂钓，他虽在钓鱼，可心思并不在钓鱼上。那位老者不是手持钓竿在有意垂钓，而是他经常这样垂钓。

文王欲举而授之政，而恐大臣父兄之弗安也；欲终而释(放弃)之，而不忍百姓之无天(失去庇荫)也。于是旦而属(集合)之大夫曰："昔(通"夕")者寡人梦见良人，黑色而髯，乘驳马(毛色杂的马)而偏朱蹄(马蹄的一边是红色的)，号曰：'寓(托付)而(你)政于臧丈人，庶几(差不多)乎民有瘳(chōu，病愈)乎！'"

文王想举荐他出来做官，把政事交给他治理，但又担心大臣和父兄们不同意；想放弃不用那人，又不忍心百姓得不到有德之人的庇荫。于是在早晨召集大夫们，说："昨夜我梦见一位贤良的君子，面色黧黑，两颊长有长须，骑着一匹杂色的马，而马蹄的一边是红色的，号令我说：'把你的政事托付给臧地的老者，这样人民的疾苦差不多就可以解除了。'"

诸大夫蹴然（惊惧不安的样子。蹴，cù）曰："先君王（指文王的父亲季历。季历生时面黑而两颊多须，喜乘杂色马，马蹄偏赤）也。"

大夫们惊惧不安地说："这是君王已故的父亲啊！"

周文王，姬姓，名昌，商纣王时为西伯，即西方诸侯之长，亦称西伯昌。周文王是一位很有作为的君主，他重视发展农业生产，建立了周代以农立国的传统。他能够敬老爱幼，礼贤下士，遍访贤才，在渭水边巧遇怀才不遇的姜尚，拜为军师。国家得以长治久安。

文王曰："然则卜（占卜）之。"

诸大夫曰："先君之命，王其无它（不必犹疑），又何卜焉？"

遂迎臧丈人而授之政。典法无更，偏令（犹策令。偏，通"篇"）无出。三年，文王观于国，则列士坏植散群（解散朋党群体），长官者不成德（不建立个人功德），斔斛（yǔ hú，谷物量器，一

文王说："那么我们占卜看看吧。"

大夫们说："既然是君王父亲的命令，您就不必犹疑了，又何必占卜呢？"

于是到臧地迎请老者把政事委托给他。这个人执掌政事之后，从前的典章法令都没有更改，也没有发布新的策令。三年以后，文王巡视国内，见到各种士人所结成的朋党都解散了，官吏们也不汲汲于建立个人功德，标

斛为十斗，六斛四斗为一籔）不敢入于四竟（通“境”）。列士坏植散群，则尚同（统一于君王）也；长官者不成德，则同务（同心协力）也；斔斛不敢入于四竟，则诸侯无二心也。

文王于是焉以为大师（老师），北面（古代国君南面而坐，臣子面北，现在文王面北，以示尊重）而问曰：“政可以及天下乎？”臧丈人昧然（沉默不语的样子）而不应，泛然（淡然无心的样子）而辞，朝令而夜遁（dùn，逃走），终身无闻。

颜渊问于仲尼曰：“文王其犹未邪？又何以梦为乎？”

仲尼曰：“默，汝无言！夫文王尽之也，而又何论刺（讥刺）焉！彼直以循（顺）斯须（顷刻之间）也。”

准不一的量器也不敢进入境内。列士的朋党解散掉，就会统一于君王；官吏们不建立个人功德，都能以国事为重；标准不一的量器不混入境内，诸侯们也就没有异心了。

于是文王将臧地老者奉为老师，北面站立向他请教说：“您治理政事的做法可以推及天下吗？”臧地老者神情漠然，不做回答，漫不经心地予以拒绝，早上文王向他征询意见晚上他就逃匿了，从那以后再也没有他的音讯。

颜渊问孔子说：“文王难道还不足以取信于人吗？何必还要假托梦呢？”

孔子说：“别出声，你不要说话了！文王已经做得很完善了，你怎么能随意讥刺评论呢！他只不过是短时间内顺应众人的心思罢了。”

知北游

题解

《知北游》以篇首三字“知北游”为篇名，由十一则寓言故事和一段议论构成，“知”是寓言中的人名，“北游”指向北方游历。本篇内容主要在论述万物的主体道，这是道家的本体论，集中阐述了庄子哲学的宇宙论、认识论。文章开始便预示了主题，一方面指出了宇宙的本原和本性，另一方面也论述了人对于宇宙和外在事物应采取的态度和认识。该篇是“外篇”中重要的一篇，对最高本体的道做了较多论述。道虽是随处皆在，广大无边的，它是万物之本，既产生万物，又在万物之中，并主宰其运动变化，天地万物都不能离开大道。庄子还认为，大道不存在具体形象，但又具有相对性，既具有对立性，又相互转化，具有朴素的唯物辩证观，对后世哲学发展产生了重要影响。

原文

【一段】

知（zhì，虚拟的人物）北游于玄水（虚拟的水名。玄，黑色，深奥之意）之上，登隐弅（虚拟的丘名。弅，fèn，隆起）之丘，而适（恰好，正好）遭无为谓（虚拟的人名，意指无为）焉。

译文

知向北游历到玄水岸边，登上名叫隐弅的山丘，恰巧遇到了无为谓。

知谓无为谓曰："予（我）欲有问乎若（你）：何思何虑则知道？何处（居）何服（行）则安（守）道？何从何道（路途）则得道？"三问而无为谓不答也。非不答，不知答也。

知不得问，反（同"返"，返回）于白水（虚拟的水名）之南，登狐阕（虚拟的山名。阕，què）之上，而睹狂屈（虚拟的人名，有狂放屈伸之意）焉。知以之言也，问乎狂屈。狂屈曰："唉！予知之，将语（yù，告诉）若（你）。"中（心中）欲言而忘其所欲言。

知不得问，反于帝宫，见黄帝而问焉。黄帝曰："无思无虑始知道，无处无服始安道，无从无道始得道。"

知问黄帝曰："我与若知之，彼与彼（指无为谓和狂屈）不知也，其孰是邪？"

黄帝曰："彼无为谓真是也，狂屈似之，我与汝

知对无为谓说："我想请教你一些问题：怎样思索怎样考虑才能懂得道呢？怎样居处怎样行事才能掌握道呢？有什么途径和方法才能获得道呢？"知问了好几遍无为谓都不回答。并不是无为谓不回答，而是他不知道怎么回答。

知得不到解答，返回到白水的南边，登上名叫狐阕的山丘，在那里见到了狂屈。知又拿刚才问无为谓的问题来问狂屈。狂屈说："唉！我知道怎样来回答你这些问题，正要告诉你。"可是当他心中想说却又似乎忘记了所要说的话。

知在狂屈那里也没有得到答案，便返回到黄帝的宫殿，见到了黄帝就又问起那些问题。黄帝说："不用思索、不用考虑才能认识道，居无定所、无所行事才能掌握道，不由任何途径不用任何方法才能获得道。"

知问黄帝说："我和你知道了这些道理，而无为谓和狂屈不知道这些道理，那么谁是对的呢？"

黄帝说："那无为谓是真正正确，狂屈接近于正确，我和你

终不近也。夫知者不言，言者不知，故圣人行不言之教。道不可致（招致），德不可至（达到）。仁可为也，义可亏（亏损）也，礼相伪也。故曰：‘失道而后德，失德而后仁，失仁而后义，失义而后礼。’礼者，道之华（通“花”，装饰，引申为假象）而乱之首也。故曰：‘为道者日损（抛弃那些虚饰的东西），损之又损之，以至于无为。无为而无不为也。’今已为物也，欲复归根（返归于虚无之道），不亦难乎！其易也，其唯大人（指自然无为的得道之人）乎！生也死之徒（类），死也生之始，孰知其纪（始末，终结）！人之生，气（指元气）之聚也；聚则为生，散则为死。若死生为徒，吾又何患！故万物一也。是其所美者为神奇，其所恶者为臭腐；臭腐复化为神奇，神奇

终究与道相差甚远。懂得道的人不说，说的人不懂得道，所以圣人推行的是不用言语的教化。道是不可以依靠言语获得的，德是不可以借助言谈达到的。仁爱是可以有所作为的，道义是可以亏损的，礼仪是流于相互欺骗和虚伪的。所以说：‘丧失了道然后才有德，丧失了德然后才有仁，丧失了仁然后才有义，丧失了义然后才有礼。’礼，是道的假象，是祸乱的开始。所以说：‘进行道德修养的人，一天天地抛弃那些人为虚饰的东西，抛弃了再继续抛弃，以至于达到无为的境界，顺应自然，无所作为，也就没有什么做不成的了。’现在世人追逐外物已经丧失了真性，要想返归于虚无之道，不是很难了吗！假如还能改变而返归的话，那只有得道的人才可做得到。生是死的同类，死是生的开始，它们循环相继，谁能知道生死的始末呢！人的出生是元气的聚集。元气聚集就能获得生命，元气消散生命就消亡。如果死生为同类，相互承继，我还有什么可忧虑的呢！所以万物是一体的，都统一于生死循环变化之中。世人把自己认为美好的事物称为神奇，把自己厌恶的事物称为腐朽；而腐朽的事物可以转化为神奇的，神奇的事

复化为臭腐。故曰：‘通(贯通)天下一气耳。’圣人故贵(看重)一(指生死的同一性)。”

物也可以转化为腐朽的。所以说：‘贯通天地万物变化始终的只是气罢了。’因此圣人重视万物的同一性。”

知谓黄帝曰：“吾问无为谓，无为谓不应我，非不我应，不知应我也；吾问狂屈，狂屈中欲告我而不我告，非不我告，中欲告而忘之也。今予问乎若，若知之，奚故不近(指不接近大道)？”

知对黄帝说：“我问无为谓，无为谓不回答我，并不是不回答我，而是不知道怎么回答我；我问狂屈，狂屈内心想告诉我却没有告诉我，不是不告诉我，而是内心想告诉我却忘记了。现在我向您询问，你懂得我所问的，为何却说与大道不相接近呢？”

黄帝曰：“彼(指无为谓)其真是(真正懂得大道)也，以其不知也；此(指狂屈)其似之(近似于知道大道)也，以其忘之也；予与若终不近也，以其知之也。”

黄帝说：“无为谓是真正懂得大道的人，因为他不知道大道是什么；狂屈好像懂得了大道，因为他忘记了什么是大道；我和你终究与大道不相接近，因为我们知道什么是大道。”

狂屈闻之，以黄帝为知言(明白大道的言论)。

狂屈听了这番谈话后，认为黄帝所言是懂得大道的言论了。

【二段】

天地有大美而不言，四时有明法(明显的规律)而不议，万物有成理(万物生成的道理)而不说。圣人者，原天地之美而达万物之理。是故至人

天地有最大的美德却无法用言语表达，四时运行有明显的规律却无法加以评议，万物自有生成的道理却不加以解说。圣人能够推究天地的美德而通达万物生成的道理。所以至人

无为，大圣不作，观于天地之谓也。

今彼（指天地）神明（喻天地自然的灵妙）至精，与彼（指万物）百化，物已死生方圆，莫知其根也。扁然（犹“遍然”，普遍地）而万物，自古以固存。六合（指天地四方）为巨，未离其（指大道）内；秋豪（通“毫”）为小，待之成体；天下莫不沉浮（升降、往来，指事物的变化），终身不故（通“固”，固定不变）；阴阳四时运行，各得其序；惛然（暗昧的样子。惛，hūn）若亡而存；油然（不着痕迹的样子）不形而神；万物畜（被养育）而不知。此之谓本根，可以观于天矣！

【三段】

舜问乎丞（古之得道者，舜之师）：“道可得而有乎？”

曰：“汝身非汝有也，汝何得有夫道！”

舜曰：“吾身非吾有也，孰有之哉？”

顺应自然无所作为，大圣不妄自行动有意造作，这是因为他们观察天地运行之道而加以效法的结果。

现今天地自然极其神明精妙，参与万物的千变万化，万物不停地发生着或死或生或方或圆的变化，却无法知道它变化的根源。万物普遍地有这种变化，自古以来就存在着。天地四方是巨大的，却超不出道的范围；秋毫是渺小的，也得依赖道才能生成形体；天下万物没有不在升降变化的，不会一直固定不变；阴阳四时各按一定的规律顺序，井然有序地运行着；大道暗昧模糊，好像不存在却又无处不在；大道运行不显露形迹而神妙莫测；万物受其养育而浑然不觉。这才是根本，可以由此观察自然之道了。

舜问丞说：“道可以获得而保有吗？”

丞说：“你的身体都不是你所保有的，你怎么能获得并保有道呢！”

舜说：“我的身体都不归我所保有，那归谁保有呢？”

曰："是天地之委（寄托）形也；生非汝有，是天地之委和也；性命非汝有，是天地之委顺也；子孙非汝有，是天地之委蜕（蜕变，指繁殖生衍）也。故行不知所往，处不知所持，食不知所味。天地之强阳（运动）气也，又胡可得而有邪！"

丞说："这是天地把形体托付给你；生命也不是你所有的，是天地给予你阴阳二气调和而生成；性命也不是你所有的，是天地寄托给你顺应自然之性；子孙也不是你所有的，是天地给予你蜕变繁衍的结果。所以，行走不知该去哪里，居处不知该持守什么，饮食不知什么合口味。可见，一切都是天地间气的运动变化所致，又怎么能够获得而保有呢！"

【四段】

东郭子（因住在东郭而得名）问于庄子曰："所谓道，恶乎在？"

庄子曰："无所不在。"

东郭子曰："期（必，证实）而后可。"

庄子曰："在蝼蚁。"

曰："何其下邪？"

曰："在稊稗（tí bài，两种形似谷物的草）。"

曰："何其愈下邪？"

曰："在瓦甓（pì，砖）。"

曰："何其愈甚邪？"

东郭子问庄子说："人们所说的道，在什么地方呢？"

庄子说："道无所不在。"

东郭子说："必须指出一个具体的地方才可以。"

庄子说："在蝼蛄和蚂蚁之中。"

东郭子说："怎么会在这样卑下的地方呢？"

庄子说："在稊稗之类的杂草之中。"

东郭子说："怎么会更卑下呢？"

庄子说："在砖头瓦片之中。"

东郭子说："怎么比刚才的还卑下呢？"

曰："在屎溺（niào，通"尿"）。"

东郭子不应。庄子曰："夫子之问也，固（本来）不及质（道的实质）。正、获（主管饮射之礼的司正、司获）之问于监市（管理市场的官）履（踩，踏）狶（xī，同"豨"，猪）也，'每下愈况'。汝唯莫必（限定，指明），无乎逃物。至道若是，大言（表现道的言论）亦然。周遍咸三者，异名同实，其指（通"旨"，意义）一也。尝（试）相与游乎无何有之宫（虚无的境界），同合而论，无所终穷乎！尝相与无为乎！澹（dàn，淡漠）而静乎！漠而清乎！调而闲乎！寥已吾志（即"吾志已寥"，我的心志虚寂啊。寥，虚寂），无往焉而不知其所至，去而来而不知其所止，吾已往来焉而不知其所终。彷徨（逍遥自在的样子）乎冯闳（空虚开阔的样子。闳，hóng），大知（同"智"，智慧）入焉而不知其所穷。物物（主宰万物，即大道）者

庄子说："在屎尿之中。"

东郭子不再说话。庄子说："先生所问的，本来就没有问到道的本质。司正和司获询问市场管理员如何踩踏猪腿验证肥瘦的方法，市场管理员告知'越往猪下腿踩越能明白'。你不要限定道在什么地方，万物没有哪一个可以脱离道而存在的。最高的道也是无处不在的，表达至道的言论同样是无处不在。'周''遍''咸'这三个称谓，名称不同而实质相同，它们的意义是一样的。我们试着一起遨游于虚无的境界，将你的言论与至道之言混同合一，你就会发现所论的大道是无法穷尽的。试着让我们一起顺应自然无所作为吧！恬淡而又宁静啊！淡漠而又清虚啊！和顺而又安逸啊！我的内心虚寂寥廓，不知要到什么地方，去了又回来不知要停在哪里；我这样来来回回往返，却不知道要归于何处。逍遥自在于空虚寥廓的境域之中，即使大智之人与大道交融相契也不能明晰大道的边际。创生万物的大道与万物浑融一体，没有界限，而物与物之间是有分界的，这就是所谓物与物

与物无际（界限），而物有际者，所谓物际者也。不际之际（没有界限转化为有界限），际之不际（有界限转化为没有界限）者也。谓盈虚衰杀，彼（指大道）为盈虚非盈虚，彼为衰（败）杀（降）非衰杀，彼为本末非本末，彼（指道）为积散非积散也。”

之间的差异界限。大道就存在于这样不停的变化之中：由没有界限的大道转化为有分界的万物，又由有分界的万物转化为没有界限的大道。人们所说的盈满、空虚、衰败、减损，大道能使万物发生盈虚变化，而自身并没有盈虚的分别；大道能使万物发生衰杀变化，而自身并不会衰杀；大道能使万物有始终变化，而自身并没有始终的分别；大道能使万物有聚散变化，而自身并没有聚散。”

阅读指导

每况愈下：意谓估量猪之肥瘦，越近猪腿的下部越能显出它是否真肥，因为猪腿的下部最难长肉。比喻越是从低微的事物上推求，越能看清“道”的真实情况。况，由比照而显明。

冉求，字子有，亦称冉有，春秋末年鲁国人。冉求多才多艺，在孔门弟子中以政事著称。他生性稳重，孔子鼓励他要勇于施行。他在跟随孔子学习时，也说自己不是不喜欢老师的大道，而是担心自己的能力不够。冉求在担任季氏的家臣时，替季氏搜刮民财，聚敛财富，受到了孔子的严厉批评；而在季氏准备攻打颛臾时，孔子也指责他不能劝谏季氏，并且教导他治国安民的办法。

杂篇

庚桑楚

题解

《庚桑楚》以人名为篇名，中心是宣扬学道。道的核心是“无有”，学道的关键在于做到无心于功名得失，无知无觉，乃至无我，一切缘于不得已。在“老聃之没有庚桑楚者”一段，通过对得道者庚桑楚形象的描述，说明要不求功、不要名，因为有功就有害，举贤任智就会导致人与人相食。在“南荣趎蹴然正坐”段落中，又通过学道者南荣趎的形象，说明要学道就要放弃得失，像婴儿那样天真无知，解除心中故障，才是学道的正确途径。

原文

【一段】

老聃之役（门徒弟子）有庚桑楚（姓庚桑，名楚，老聃弟子）者，偏得（独得）老聃之道，以北居畏垒（虚拟的山名）之山。其臣（仆人）之画然（明察炫耀的样子）知（通“智”，智慧）者去之（指仆人），其妾之挈然（标举。挈，qiè）仁者远之。

译文

老聃有一个弟子叫庚桑楚，独得老聃真传，居住在北方的畏垒山中。他的仆人中有炫耀智慧的他就让他离去，侍女中有标榜仁义的他就让她远离自己。

拥肿（糊涂无知的样子）之与居，鞅掌（失容不恭的样子）之为使。居三年，畏垒大壤（通“穰”，丰收）。畏垒之民相与言曰：“庚桑子之始来，吾洒然（惊异的样子）异之。今吾日计之而不足，岁计之而有余。庶几（差不多）其圣人乎！子胡不相与尸（主，指古代代表死者受祭的活人，后来的祖先牌位）而祝（祝祷）之，社（土神）而稷（jì，谷神）之乎？”

庚桑子闻之，南面而不释（通“怿”，快乐）然。弟子异之。庚桑子曰：“弟子何异于予？夫春气发而百草生，正得秋而万宝（各种果实）成。夫春与秋，岂无得（通“德”，功德）而然哉？天道已行矣。吾闻至人，尸居（像尸主一样静寂而居）环堵之室（方丈小屋。堵，一丈），而百姓猖狂（任性放纵），不知所如往。今以畏垒之细（小）民，而窃窃（私下议论的样子）焉欲俎豆（祭祀器具，引申为崇奉

他只和那些朴拙无知的人居住在一起，留下那些适性随意的人供他驱使。住了三年，畏垒山中获得大丰收。畏垒山中的人们相互议论说：“庚桑子刚来时，我对他感到惊异。现在我们短时间内看他无所作为感到缺憾，但从长远来看却觉得富富有余。他差不多是圣人吧！你们为什么不为他设立牌位，像祭祀祖先一样供奉他；为他建立宗庙，像对待国君一样敬奉他呢？”

庚桑子听说了这些议论，面向南而立显得很不高兴。弟子们对他的不高兴感到奇怪。庚桑子说：“你们对我有什么感到奇怪的呢？春天阳气勃发而百草自然生长，秋天适宜而各种果实成熟。那春天与秋天，难道无故就能这样吗？这种功德仅仅是由于天道的自然运行罢了。我听说，得道的至人像死人一样宁静地生活在方丈小屋之中，而百姓能够随心所欲，任性自适，不知去往哪里。现在畏垒山中的人们，都私下里谈论想

祀。俎，zǔ）予于贤人之间，我其（岂）杓之人（即“人之杓”，人们的榜样。杓，dí，标准）邪！吾是以不释于老聃之言。”

弟子曰：“不然。夫寻常（八尺为寻，一丈六尺为常）之沟，巨鱼无所还（通“旋”，旋转）其体，而鲵鳅（ní qiū，小鱼）为之制（通“折”，曲折回旋）；步仞（六尺为步，七尺或八尺为仞）之丘陵，巨兽无所隐其躯，而孽狐（妖孽的狐狸。孽，niè）为之祥（善）。且夫尊贤授能，先善与利，自古尧、舜以然，而况畏垒之民乎！夫子亦听矣！”

庚桑子曰：“小子来！夫函（通“含”，吞）车之兽，介（独）而离山，则不免于罔罟（网的通称。罟，gǔ）之患；吞舟之鱼，砀（dàng，通“荡”，流出）而失水，则蚁能苦之。故鸟兽不厌高，鱼鳖不厌深。夫全其形生（通“性”，本性）之人，藏其身也，不厌深眇（miǎo，通“渺”，远）而已矣！且夫二子（指尧与舜）者，

把我列入古代贤人之间崇奉，我难道愿意成为人们效法的榜样吗？我正是因为遵从了老聃的教导才对畏垒百姓的做法感到不痛快。”

弟子们说：“不是这样的。像在小水沟里，大鱼无法掉转它的身体，而小鱼可以回旋自如；小山丘上，巨兽没有地方能够隐藏身躯，而妖狐正好可以栖身。况且尊重贤才授任能人，赏善施利，从尧舜时就是这样，何况畏垒山中的人们呢！先生你还是听从他们的安排吧！”

庚桑子说：“年轻人你过来！口能吞车的巨兽，独自离开山林，那就不能免除罗网的祸患；口能吞船的大鱼，一旦游荡离开江河，就连蚂蚁都能让它困苦不堪。所以鸟兽不厌山高，鱼鳖不厌水深。要保养形体保全本性的人，也就会敛藏自己，不会厌弃深远幽邃的。况且，尧与舜这两个人，

又何足以称扬哉！是其于辩（通“辨”，分别善与利）也，将妄凿垣（yuán，墙）墙而殖蓬蒿也，简（选择）发而栉（zhì，梳理头发），数米而炊，窃窃（小心计较的样子）乎又何足以济世哉！举贤则民相轧（倾轧），任知则民相盗（欺骗）。之数物（数事，指举贤、任知等事）者，不足以厚民（利民）。民之于利甚勤（努力），子有杀父，臣有杀君；正昼（中午）为盗，日中穴（挖）阫（péi，墙）。吾语（yù，告诉）女（通“汝”，你）：大乱之本，必生于尧、舜之间，其末存乎千世之后。千世之后，其必有人与人相食者也。”

哪里又值得称赞和褒扬呢！像他们那样分辨善恶贤愚，如同胡乱地毁弃矮墙而种植蓬蒿当墙一样愚昧；挽起头发来梳理，计算着米粒来烹煮，斤斤计较着利害得失又怎么能救世呢！举荐贤能之士，就会让百姓互相倾轧；任用智慧之人，就会让百姓互相欺诈。这几种做法，不足以给百姓带来好处。人们对于追求私利一旦勤勉用心，就会出现儿子杀害父亲，臣子杀害君主，大白天抢劫，中午挖别人墙脚。我告诉你们：天下大乱的根源，必定产生于尧舜时期，而流弊于千载之后。千载之后，人们会贪婪到人吃人的地步！”

阅读指导

老子与庄子虽同属于先秦道家的代表人物，但二人既有相同点也有差异。老子这一形象在《庄子》一书中频繁出现，作者的用意是借老子来表达自己的意志与观点。庄子同老子都对当时混乱的现实持批判的态度，认为是统治者违背了大道，肆意妄为而造成的，疗治社会只有绝圣弃智，无欲无为，让人民回归到天然的本心上去；要摈弃仁义礼乐，通于道，合乎德。

【二段】

南荣趎（姓南荣，名趎，是庚桑子的学生。趎，chú）蹴然（局促不安的样子。蹴，cù）正坐曰："若趎之年者已长矣，将恶（wū，怎么）乎托业（受学）以及此言邪？"

庚桑子曰："全汝形，抱（通"保"）汝生（通"性"），无使汝思虑营营（劳累而不知休息的样子）。若此三年，则可以及此言矣！"

南荣趎曰："目之与形，吾不知其异也，而盲者不能自见；耳之与形，吾不知其异也，而聋者不能自闻；心之与形，吾不知其异也，而狂者不能自得。形之与形亦辟（通"譬"，相似）矣，而物或间（间隔，阻塞）之邪？欲相求而不能相得。今谓趎曰：'全汝形，抱汝生，勿使汝思虑营营。'趎勉闻道耳矣！"

庚桑子曰："辞尽矣。奔蜂（细腰土蜂）不能化藿蠋

南荣趎恭敬地端坐着说："像我这样上了年岁大的老人，要怎样学习才能达到你所说的精神境界呢？"

庚桑子说："保养好你的形体，保全你的天性，不要使你的思虑劳累不休。像这样坚持三年，就可以达到我所说的那种境界了。"

南荣趎说："人们的眼睛，我看不出它们彼此的外形有什么差异，盲人却不能看见；人们的耳朵，我看不出它们彼此的外形有什么差异，聋人却不能听到；人们的心思，我看不出它们彼此的形态有什么差异，疯狂的人却不能把持自己。我的形体与你的形体也没有什么两样，是外物阻塞了吗？以致我向你学道总是学不到手。你现在对我说：'保养好你的形体，保全你的天性，不要使你的思虑为追逐善利而劳累不休。'我勉强学道也只能到达耳朵而未能入心。"

庚桑子说："我的话说够多了。细腰土蜂不能孵化豆叶中的大青

(huò zhú，生长在豆类上的大青虫)，越鸡不能伏(孵)鹄(hú，天鹅)卵，鲁鸡固能矣！鸡之与鸡，其德(物性)非不同也；有能与不能者，其才固有巨小也。今吾才小，不足以化子。子胡不南见老子！”

南荣趎赢(担负)粮，七日七夜至老子之所。

老子曰：“子自楚之所来乎？”南荣趎曰：“唯。”

老子曰：“子何与人偕(xié，一同)来之众也？”南荣趎惧然顾(回头看)其后。

老子曰：“子不知吾所谓乎？”

南荣趎俯(低头)而惭，仰而叹，曰：“今者吾忘吾答，因失吾问。”

老子曰：“何谓也？”

南荣趎曰：“不知乎？人谓我朱愚(即“铢愚”，愚昧无知)；知乎？反愁我躯。不仁

虫，越鸡不能孵化天鹅蛋，而鲁鸡却能够做到。鸡和鸡相比较，它们的秉性并没有不同，但有的能做到，有的却不能做到，因为它们的才能本来就有大小之别。现在我的才能低，不足以教化你。你为何不到南边去拜见老子？”

南荣趎担着口粮，走了七天七夜来到了老子居住的地方。

老子说：“你是从庚桑楚那里来的吗？”南荣趎说：“是的。”

老子说：“你为什么和那么多人一起来呢？”南荣趎惊异地回头看自己的身后。

老子说：“你不知道我所指的是什么吗？”

南荣趎低下头感到十分惭愧，继而仰面叹息着说：“现在我忘记了我应该怎样回答，因而也忘记了我的疑问。”

老子说：“什么意思呢？”

南荣趎说：“不知道吗？人们会说我愚昧无知；知道吗？反而会给身体带来愁苦。不施仁爱

则害人，仁则反愁我身；不义则伤彼，义则反愁我己。我安(怎么)逃此而可？此三言者，趎之所患也。愿因(通过)楚而问之。”

老子曰：“向吾见若眉睫之间，吾因以得汝矣，今汝又言而信(证实)之。若规规然(自失的样子)若丧父母，揭竿而求诸海也。女(通“汝”，你)亡人哉，惘惘(wǎng wǎng，迷茫的样子)乎！汝欲反(能“返”)汝情性而无由入，可怜哉！”

南荣趎请入就舍(入居弟子之舍)，召(吸收)其所好，去其所恶。十日自愁，复见老子。

老子曰：“汝自洒濯(洗涤。濯，zhuó)，熟(通“孰”，何)哉郁郁(忧郁不乐的样子)乎！然而其中津津乎(流露、渗出的样子)犹有恶也。夫外韄(huò，通“缚”，束缚)者不可繁(繁杂)而捉(通“促”，急迫)，将内揵(jiàn，闭)；内韄者不可缪(miù，杂乱)而捉，将外揵。

会伤害他人，施仁爱反而会危害自身；不行道义会伤害他人，施行道义反而会危害自己。我怎样才能躲避这种处境呢？这三种情况，正是我所忧虑的。希望通过庚桑楚的介绍而向你请教。”

老子说：“刚才我看你眉目间的神色，便已经了解了你的心思，现在又从你所说的话中得到了印证。你茫然自失的样子好像是丧失了父母，就好像要举着竹竿去探测大海。你像流亡的人呀，迷惘啊！你想恢复你的本性却不知道从哪里做起，实在是可怜啊！”

南荣趎请求到弟子的馆舍居住，吸收他所喜好的东西，摒弃他所厌弃的东西。十天之内仍然苦思不得而倍感愁苦，便再去拜见老子。

老子说：“你自己洗洁清除那些不合大道的东西，为什么还闷闷不乐呢！可见你心中还有污秽的东西没有流露出来。你受到外物的束缚，摆脱不掉繁杂与急促，于是内心世界必将堵塞不通；你内心世界受到束缚，摆脱不掉繁乱与急促，外部感官必将闭塞不通。

外内韄者，道德不能持，而况放道而行者乎！”

南荣趎曰：“里人有病，里（邻里）人问之，病者能言其病，然其病病（动词，把……当作病）者，犹未病也。若趎之闻大道，譬犹饮药以加病也，趎愿闻卫生（护养生命，全形养性）之经（道理，方法）而已矣。”

老子曰：“卫生之经，能抱一（合一）乎？能勿失乎？能无卜筮（shì，用蓍草占卜）而知吉凶乎？能止乎？能已乎？能舍诸人而求诸己乎？能翛然（无拘无束的样子。翛，xiāo）乎？能侗然（纯朴无知的样子。侗，tóng）乎？能儿子乎？儿子终日嗥（háo，号哭）而嗌（yì，咽喉）不嗄（shà，嘶哑），和之至也；终日握而手不掜（yì，拳曲），共（合，同）其德也；终日视而目不瞚（shùn，通“瞬”，眨眼），偏（偏滞）不在外也。行不知所之，居不知所为，与物委蛇（随顺外物。蛇，yí）而同其波。是卫

外部感官和内心世界都被束缚的人，即使有高尚道德修养也不能持守，何况是刚刚学道的人呢！”

南荣趎说：“村里的人生病，邻里的人去问候他，病人能讲清自己的病情，他能把自己的病当作病，那么他的病还未达到很严重的程度。像我听到了大道，好像吃药加重了病情，我只希望听听呵护生命的道理罢了。”

老子说：“呵护生命的道理，能使精神与形体合一吗？能不丧失本性吗？不通过占卜能道吉凶祸福吗？能满足于自己的本分吗？能不再追求已经逝去的东西吗？能舍弃效法他人而求助自己吗？能无拘无束自由自在吗？能朴实无知不炫耀才智吗？能像婴儿一样天真无邪吗？婴儿整日啼哭而咽喉却不会嘶哑，这是声音与自然和谐的缘故；整日握拳而手指头不会拳曲，这是因为小手握着合乎它的本性；整日目不转睛地盯着外物看，这是因为他的内心并不偏滞于外物的缘故。行走却不知道去往哪里，居处不知道该做什么，只是随顺外物，听任自然。这就

生之经已。”

南荣趎曰：“然则是至人之德已乎？”

曰：“非也。是乃所谓冰解冻释（比喻扫除障碍，解开症结）者，能乎？夫至人者，相与交（同“邀”，顺、循）食乎地而交乐乎天，不以人物利害相撄（yīng，扰乱），不相与为怪，不相与为谋，不相与为事，翛然而往，侗然而来。是谓卫生之经已。”

曰：“然则是至乎？”

曰：“未也。吾固（本来）告汝曰：‘能儿子乎？’儿子动不知所为，行不知所之，身若槁木之枝而心若死灰。若是者，祸亦不至，福亦不来。祸福无有，恶（wū，疑问代词，怎么，如何）有人灾也！”

是养护生命的道理了。”

南荣趎说：“那么这就是得道的至人达到的最高思想境界吗？”

老子说：“不是。这只是所说的解除症结而使心性灵通，你能做得到吗？那些至人，能够顺应自然而求食于大地与天同游乐，不因外在的人物或利害关系而扰乱自己，不参与怪异，不参与谋虑，不参与世俗的事务，无拘无束而去，纯真无知而来，这就是护养生命的道理了。”

南荣趎说：“这就达到最高境界了吗？”

老子说：“没有。我原本告诉你说：‘能够像婴儿一样天真无邪吗？’婴儿行动却不知自己要干什么，行走却不知自己要去往哪里，身体像枯木枝而心灵像死灰一样无意识。能做到这样，祸患不会到来，福祉也不会降临。祸福都没有，哪里还会有人为的灾害呢！”

徐无鬼

题解

《徐无鬼》以人名作为篇名。全篇的主旨是在倡导无为的思想。全篇由十四则寓言故事和议论组成，内容有些庞杂，但鲜见玄虚的阔论，多是对现实生活的体验。在文章风格方面，既有常见的犀利洒脱，又有辛辣的讽刺意味。本书节选其中的四则。

原文

【一段】

徐无鬼（姓徐，名无鬼，魏国隐士）因女商（魏武侯的宠臣）见魏武侯，武侯劳（慰劳）之曰："先生病（贫困）矣，苦于山林之劳，故乃肯见于寡人。"

徐无鬼曰："我则劳于君，君有何劳于我！君将盈耆（通"嗜"，shì）欲，长（zhǎng，增进，增加）好恶，则性命之情病（伤害）矣；君将黜（chù，革除）耆欲，掔（qiān，除去）好恶，则耳目病矣。

译文

徐无鬼凭着女商的推荐去拜见魏武侯，武侯慰问他说："先生一定是太贫困了！隐居山林的劳苦让你无法忍受，所以你才肯见我。"

徐无鬼说："我是来慰问你的，你为什么要慰问我呢！你如果追求嗜好和欲望的满足，增加喜好和厌恶的感情，那么你性命的实质就要受到伤害了；你要废弃嗜好和欲望，除去喜好和厌恶的感情，那么耳目的享受就会受到困顿了。

我将劳君，君有何劳于我！”武侯超然不对。

少焉，徐无鬼曰：“尝语（yù，告诉）君，吾相（xiàng，观察）狗也。下之质，执（守）饱而止，是狸德（狸猫的习性）也；中之质，若视日；上之质，若亡（通“忘”，忘记）其一（指躯体）。吾相狗，又不若吾相马也。吾相马，直者中（符合）绳，曲者中钩，方者中矩，圆者中规，是国马也，而未若天下马也。天下马有成材（天然的材质），若卹（xù，通“恤”，忧虑）若失，若丧其一。若是者，超轶绝尘（超越马群，疾如狂风，把尘土远远地抛在身后，形容跑得飞快。轶，通“逸”），不知其所。”武侯大悦而笑。

徐无鬼出，女商曰：“先生独何以说吾君乎？吾所以说吾君者，横说之则以《诗》《书》《礼》《乐》，

我正要慰问你，你凭什么要慰问我呢！”武侯听了怅然若失，不能应答。

过了一会儿，徐无鬼说：“我试着来告诉你，我通过观察狗的相貌体态来确定它们的才能优劣。下等材质的狗，只求混饱肚子罢了，类似野猫一样的习性；中等材质的狗，眼睛能够看得高远；上等材质的狗，好像忘记了自身的存在。我观察狗，又不如我相马更精妙。我观察马，直的地方符合绳墨，弯的地方符合钩曲，方的地方符合角尺，圆的地方符合圆规，这样的马是国中的好马，然而还比不上天下最好的马。天下最好的马有天然的材质，缓步前行时若有所思，好像忘记了自身。像这样，超逸绝尘，奔驰迅疾，不知去向。”武侯兴奋得大笑起来。

徐无鬼走了出来。女商说：“先生究竟是用什么办法使我们国君这么开心呢？我所用来取悦我们国君的办法是，横说用《诗》《书》《礼》《乐》，

从（通“纵”）说之则以《金板》《六弢》（即太公兵法。弢，即“韬”），奉事（行事）而大有功者不可为数，而吾君未尝启齿（开口）。今先生何以说吾君，使吾君说（通“悦”，愉悦）若此乎？”

徐无鬼曰：“吾直告之吾相狗马耳。”

女商曰：“若是（这样）乎？”

曰：“子不闻夫越之流人（流放之人）乎？去（离开）国（国都）数日，见其所知（所认识的人）而喜；去国旬月，见所尝见于国中者喜；及期年（一年。期，jī）也，见似人（似国都中的人）者而喜矣；不亦去人滋（愈）久，思人滋深乎？夫逃虚空（荒凉之地）者，藜藋（lí diào，一种野草，又名灰菜）柱（塞）乎鼪鼬（shēng yòu，黄鼠狼）之径，踉（liáng，借为长）位（处）其空，闻人足音跫然（脚步声。跫，qióng）而喜矣，又况乎昆弟亲戚之謦欬（qǐng kài，谈笑）其侧者乎！久矣夫，莫以真人之言謦欬吾君之侧乎！”

纵说用《金板》《六韬》太公兵书。侍奉国君而大有功效的，多得不可计算，但我们国君从未开口笑过。现在先生你对我们国君讲了什么，竟让我们国君如此高兴呢？”

徐无鬼说：“我只不过是把我观察狗和观察马的办法告诉他罢了。”

女商说：“就这样简单吗？”

徐无鬼说：“你没有听说过在越地流放的人吗？离开国都没几天，见到所认识的人便十分高兴；离开国都十天半月，看到曾经在国都中见过的人就大喜过望；至于离开国都一年后，只要看到好像是国都中的人就高兴；不就是离开故人越长久，思念故人的感情越深厚吗？流落到荒凉之地的人，丛生的野草塞满了黄鼠狼往来的小路，长久地居处在杂草丛生的空旷之野，偶尔听到人走路的脚步声就会高兴起来，更何况是兄弟亲戚在他身边说笑呢！太长时间了，没有人用真实纯朴的言语在我们国君身边谈笑了啊！”

【二段】

黄帝将见大隗（tài wěi，寓托的人名，指大道）乎具茨（山名，在今河南密县东。茨，cí）之山，方明（虚拟人物）为御，昌寓骖乘（坐在车后面的陪乘者。骖，cān），张若、谞朋（均为虚拟的人名），前马，昆阍、滑稽（均为虚拟的人名。阍，hūn）后车；至于襄城（今河南襄城县）之野，七圣皆迷，无所问涂（通“途”，道路）。

黄帝要到具茨山去拜见大隗，方明驾车，昌寓同车陪乘，张若、谞朋在马前做向导，昆阍、滑稽在车后跟随；来到了襄城的野外，七个人都迷失了方向，不知到哪儿问路。

适遇牧马童子，问涂焉，曰：“若（你）知具茨之山乎？”曰：“然。”

“若知大隗之所存乎？”曰：“然。”

黄帝曰：“异哉小童！非徒（只）知具茨之山，又知大隗之所存。请问为天下。”

小童曰：“夫为天下者，亦若此而已矣，又奚（xī，何）事焉！予少而自游于六合（指上下和四方，泛指天地或宇宙）之内，

恰好遇到一个牧马的少年，向他问路，说：“你知道具茨山吗？”少年回答说：“知道。”

又问：“你知道大隗居住的地方吗？”少年回答说：“知道。”

黄帝说：“真奇怪啊，这位少年！不仅知道具茨山，还知道大隗的住处。请问怎样治理天下。”

少年说：“治理天下，就像牧马一样罢了，又何必多事呢！我小时候独自游玩于天地之间，

予适(刚好)有瞀(mào，目眩)病，有长者教予曰：'若(你)乘日之车(比喻顺随着时光的流逝)而游于襄城之野。'今予病少痊，予又且复游于六合之外。夫为天下，亦若此而已。予又奚事焉！"

黄帝曰："夫为天下者，则诚非吾子之事。虽然，请问为天下。"小童辞。

黄帝又问。小童曰："夫为天下者，亦奚以异乎牧马者哉！亦去其害马(妨害马之事，指分外之事)者而已矣！"黄帝再拜稽首(古时的一种跪拜礼。稽，qǐ)，称天师而退。

碰巧患有目眩眼花的病症，有位长者教导我说：'你乘坐日车到襄城的野外游玩。'现在我的病稍微好了一些，我又将到人世之外去游玩。治理天下，也是这样吧。我又何必去干什么呢！"

黄帝说："治理天下，当然不是你需要做的事。虽然如此，我还想向你请教如何治理天下。"少年闭口不答。

黄帝又问。少年说："治理天下，与牧马有什么不同呢！也就是去掉那些多余的事，随顺自然罢了！"黄帝再三叩头拜谢，称少年为天师而告退。

《庄子》中的黄帝带有寓言色彩，是以庄子思想的代言人身份出现的。庄子在《天地》篇虚构了黄帝在赤水北岸游览时丢失了玄珠，派才智超群的知、善于明察的离朱、善于言辩的喫诟去寻找，结果都没能找到，最后却被无心无迹的象罔得到了。这个故事宣扬了庄子所谓的求道不能凭借智慧聪明，要无所用心才能领悟的思想。

【三段】

庄子送葬，过惠子之墓，顾谓从者曰："郢(yǐng，楚国国都)人垩(è，白灰)漫(通"墁"，涂)其鼻端若蝇翼，使匠石(石匠)斫(zhuó，砍削)之。运(挥动)斤(斧)成风，听(任，随意)而斫之，尽垩而鼻不伤，郢人立不失容。宋元君(即宋元公，宋平公之子)闻之，召匠石曰：'尝试为寡人为之。'匠石曰：'臣则尝能斫之。虽然，臣之质(对象)死久矣。'自夫子(指惠施)之死也，吾无以为质矣，吾无与言之矣！"

庄子送葬，经过惠子的坟墓，回头对随行的人说："郢地有个人把一点儿白灰涂抹在自己的鼻尖上，只有蚊蝇翅膀大小，让石匠用斧头把白点削掉。石匠挥舞斧头呼呼成风，漫不经心地砍削白灰点，那点白灰被彻底削掉而鼻子丝毫没受伤害，郢地的人站在那里无不脸色大变。宋元君听到这件事，就招来石匠，对他说：'请你也试着为我砍去鼻尖上的白点。'石匠说：'我以前能削掉鼻尖上的白点。不过，可以和我配合的对象已经死去很久了。'自从惠子死了之后，我也没有可以配合的对象了，我没有可以与之论辩的人了！"

【四段】

吴王浮于江(长江)，登乎狙(jū，猴子)之山。众狙见之，恂(xún，恐惧)然弃而走(跑)，逃于深蓁(通"榛"，荆棘丛)。有一狙焉，委蛇(wēi yí，通"逶迤"，跳来跳去)攫(jué，抓)抓，见(通"现"，展现)巧乎王。

吴王泛舟于长江之上，登上一座猕猴占据的山冈。群猴看见吴王都惊慌地四处奔逃躲避，它们隐蔽在荆棘深丛之中。唯独有一只猴子，敏捷地抓取树枝来回跳跃，向吴王展示它的灵巧。

王射之，敏给（迅疾）搏捷（接取。捷，通“接”）矢（shǐ，箭）。王命相者（协助出猎的人，指左右。相，助）趋（通“促”，急）射之，狙执死。

王顾谓其友颜不疑（人名）曰：“之狙也，伐其巧、恃其便，以敖（通“傲”）予，以至此殛（jí，杀死）也。戒之哉！嗟乎，无以汝色骄人哉！”颜不疑归而师董梧（姓董，名梧，吴之贤人），以锄（去除）其色，去乐辞显，三年而国人称之。

吴王用箭射它，它机敏地接住飞来的箭头。吴王下令随从快速地射它，猕猴躲避不及抱树而死。

吴王回头对他的朋友颜不疑说：“这只猴子，在我面前矜夸它的灵巧，仗恃着它的灵便来傲视我，以至于这样丧命。要引以为戒啊！唉，不要用你的盛气傲视他人啊！”颜不疑回去便拜董梧为师，改掉自己的傲态，不再淫乐，谢绝尊荣，三年之后国人都称赞他。

则　阳

题解

《则阳》以首句人名作为篇名。全篇的主旨在于论道，反映了庄子的世界观。本篇用人物的对话来说明恬淡、清虚、顺任的旨趣和生活态度，同时也对滞留人事、迷恋权势的人给予激烈的抨击。在"圣人达绸缪"段落，说明圣人对一切无心，任其自然，则无事不成。在"魏莹与田侯牟约"段落，从道的观点来看，诸侯国之间的战争等大事，如果放在无限的宇宙世界之中，都是极端渺小的，既不值得去做，也不值得去说。庄子认为，一切是非、争夺都是没有意义的、渺小的，是非都没有定准，因时而异，因人而异。

原文

【一段】

圣人达（通达）绸缪（chóu móu，纠葛），周（遍）尽一体矣，而不知其然，性也。复命（指静）摇作（指动）而以天为师（以自然为主），人则从而命（命名）之也。忧乎知（通"智"，智慧），而所行恒无几时，其有止也，若之何！

译文

圣人通达于人世间的一切纷扰和纠葛，普遍了解万物混同一体的状态，却不知道它为什么会是这样，这是出于自然本性。不论动静都以顺应自然为主，人们因而称他为圣人。世人总是忧虑自己的智谋不足，担心所作所为不能持续多久，生命就到了尽头，但这又能怎么样呢！

生而美者，人与之鉴（鉴别，评价），不告则不知其美于人也。若知之，若不知之，若闻之，若不闻之，其可喜也终无已，人之好之亦无已，性也。圣人之爱人也，人与之名，不告则不知其爱人也。若知之，若不知之，若闻之，若不闻之，其爱人也终无已，人之安之亦无已，性也。

生来就漂亮的人，别人对他进行评价他才知道自己漂亮，如果不告诉他，他便不知道自己比别人漂亮。他好像知道，又好像不知道，好像听说过，又好像没听说过，他内心的喜悦没有终止的时候，别人对他的喜欢也没有终止的时候，这就是出于自然本性。圣人抚爱众人，别人给他以圣人的称号，如果别人不称誉他，圣人自己也不知道他在抚爱众人。他好像知道，又好像不知道，好像听说过，又好像没听说过，他抚爱众人没有终止的时候，众人习惯他的抚爱也没有终止的时候，这就是出于自然本性。

【二段】

魏莹（魏惠王，名莹）与田侯牟（疑指齐威王）约，田侯牟背之，魏莹怒，将使人刺之。

魏惠王与田侯牟订立盟约，而田侯牟背弃了盟约，魏惠王十分愤怒，打算派人去刺杀他。

犀首（官名，如后世虎牙将军。犀，xī）公孙衍（姓公孙，名衍，魏国人。衍，yǎn）闻而耻之，曰："君为万乘（万辆兵车，指大国。乘，shèng，一车四马为一乘）之君也，而以匹夫（无官职的一般百姓）从仇（报仇）。衍请受甲二十万，为君攻之，虏其人民，系其

公孙衍将军听说后，认为这种做法很可耻，便对魏惠王说："你是大国的君主，却用市井无赖的手段去报复。我请求带领二十万甲兵，替您攻打齐国，俘虏他的子民，掠夺他的

杂篇·则阳

牛马，使其君内热发于背，然后拔（攻克）其国。忌（齐将田忌）也出走，然后抶（chì，鞭打）其背，折其脊。”

季子（魏国贤人）闻而耻之，曰：“筑十仞（rèn，七尺或八尺为一仞）之城，城者既十仞矣，则又坏之，此胥靡（服役之人）之所苦也。今兵不起七年矣，此王之基也。衍乱人，不可听也。”

华子（魏国贤人）闻而丑之，曰：“善言伐齐者，乱人也；善言勿伐者，亦乱人也；谓‘伐之与不伐乱人也’者，又乱人也。”

君曰：“然则若何？”

曰：“君求其道而已矣！”

惠子闻之，而见（引见）戴晋人（得道之人）。戴晋人曰：“有所谓蜗者，君知之乎？”

曰：“然。”

牛马，使齐国国君急火攻心背部生疽疮，然后占领他的国土。等齐将田忌战败出逃，然后抓住他，鞭打他的后背，折断他的脊梁，这才是光明正大的做法。”

季子听说了公孙衍的主张，感到可耻，说：“比如建造十仞高的城墙，城墙已经建造十仞高了，又要毁坏它，这是服役的人所苦恼的事。现在不用兵打仗七年了，这是王业的基础。公孙衍是挑起祸乱的人，不能听他的话。”

华子听了这些议论后，认为这些观点都很丑陋，说：“劝说攻打齐国的人，是好乱之人；劝说不要攻打齐国的人，也是好乱之人；争论攻打齐国与不攻打齐国而搅乱人心的人，更是好乱之人。”

魏惠王说：“既然这样，那应该怎么办呢？”

华子回答说：“君王追求自然之道就可以了。”

惠子听说之后，就把戴晋人引见给魏惠王。戴晋人说：“有一种叫蜗牛的小动物，君主知道吗？”

魏惠王说：“知道。”

“有国于蜗之左角者，曰触氏（比喻争斗。与下文“蛮氏”皆虚拟的国名）；有国于蜗之右角者，曰蛮氏（比喻野蛮）。时相与争地而战，伏尸数万，逐北（追逐败北）旬有五日而后反（通“返”）。”

君曰：“噫！其虚言与？”

曰：“臣请为君实之（证实此话）。君以意在（察）四方上下有穷乎？”

君曰：“无穷。”

曰：“知游心于无穷，而反在（反察，反观）通达之国（人马舟车所能到达的地方），若存若亡乎？”

君曰：“然。”

曰：“通达之中有魏，于魏中有梁（魏国都城大梁，今河南开封），于梁中有王，王与蛮氏，有辩（通“辨”，分别）乎？”

君曰：“无辩。”

客出而君惝然（恍惚不定的

戴晋人接着说：“有个国家建在蜗牛的左角上，称为触氏；另有国家建在蜗牛的右角上，称为蛮氏。两个国家时常为争夺地盘而发生征战，倒伏下的尸体数也数不清，战胜的一方追逐败北的一方十五天才能返回。”

魏惠王惊奇地问道：“唉！这是虚妄不实之言吧？”

戴晋人说：“我请求为你证实这个说法。君主请你试想天地四方上下有穷尽吗？”

魏惠王说：“当然没有穷尽。”

戴晋人说：“知道自己游心于无穷的境域，再返回到人迹所至的狭小范围，是否感觉那片狭小的地方在无穷的天地间若有若无呢？”

魏惠王说：“是的。”

戴晋人说：“在人迹所至的地方有魏国，在魏国之内有大梁之城，在大梁之城内有魏王您。您和那蛮氏国有分别吗？”

魏惠王说：“没有分别。”

戴晋人告辞，魏惠王心中恍

样子。惝，chǎng）若有亡也。客出，惠子见。君曰："客，大人也，圣人不足以当之。"

惠子曰："夫吹筦（guǎn，同"管"）也，犹有嗃（xiāo，吹竹管声）也；吹剑首（剑环头的小孔）者，吷（xuè，细微的声音）而已矣。尧、舜，人之所誉也。道尧、舜于戴晋人之前，譬犹一吷也。"

【三段】

长梧（地名）封人（守封疆之人）问子牢（即琴牢，孔子弟子）曰："君为政焉勿卤莽（冒失，粗疏），治民焉勿灭裂（胡乱）。昔予为禾，耕而卤莽之，则其实亦卤莽而报予；芸（除草）而灭裂之，其实亦灭裂而报予。予来年变齐（改变耕作方法。齐，通"剂"，方法），深其耕而熟耰（yōu，除草）之，其禾蘩（fán，白蒿）以滋，予终年厌飧（饱食。厌，同"餍"。飧，sūn，晚饭）。"

庄子闻之曰："今人之治其形，理其心，多有似封

惚不定，若有所失。待客人走后，惠子进去拜见魏惠王。魏惠王说："这位客人，是位了不起的得道者，圣人也不足以和他相提并论。"

惠子说："吹箫管，能发出悠长而响亮的声音；吹剑环孔，只有微弱的声音罢了。尧、舜是人们所称誉的圣人。在戴晋人面前称道尧和舜，就好像吹剑孔发出微弱的声音。"

长梧守卫封疆的人询问子牢说："你处理政事不要草率粗疏，治理百姓不要胡乱行事。从前我种庄稼，耕作时草率而马虎，收获的谷物也就以草率而马虎的收成来报复我；除草时胡乱大意，收获的谷物也就用胡乱轻薄的收成来报复我。我第二年改变耕作方法，深耕细作，庄稼长得很茂盛，我整年都能吃得饱。"

庄子听到后说："现在人们治理自己的形体，调理自己的心神，很多像守卫封疆

人之所谓，遁其天，离其性，灭其情，亡其神，以（与）众（世俗之人）为。故卤莽其性者，欲恶之孽（niè，通“蘖”，树木被砍后新生出的枝芽）为性，萑苇（芦苇。萑，huáng）蒹葭（jiān jiā，芦苇），始萌以扶（保养）吾形，寻（接着）擢（zhuó，拔除）吾性；并溃漏发（即“溃漏并发”。溃指溃烂，漏指流脓不止），不择所出，漂疽（即“瘭疽”，指脓疮。疽，jū）疥痈（jiè yōng，疥疮脓毒），内热溲膏（遗精。溲，sōu）是也。”

的人所说的那样，逃避自然，离散本性，灭绝真情，丧失精神，追随世俗之人所为。对待本性和真情粗疏鲁莽的人，欲念和邪恶的祸根，就像萑苇、蒹葭蔽遮禾黍那样危害人的本性，开始时似乎还可以用来扶助人的形体，逐渐就拔除了自己的本性；于是形体就会溃烂流脓，不知选择什么地方泻出，毒疮疥疽，内热遗精，都是这样。”

【四段】

蘧伯玉（卫国贤大夫。蘧，qú）行年六十而六十化，未尝不始于是之，而卒诎（chù，通“黜”，贬斥）之以非也。未知今之所谓是之非五十九非也。万物有乎生而莫见其根，有乎出而莫见其门（出口）。人皆尊其知（同“智”）之所知，而莫知恃其知之所不知而后知，可不谓大疑乎！已乎！已乎！

蘧伯玉经历六十年每年都有变化，未尝不是开始时认为是正确的，而后来又觉察出是错误的。很难说今天所认为是正确的就不是五十九年来所认为是错误的。万物有它的诞生却不见它的根本，有它的出现却不见它产生的地方。人们都尊崇他的智慧之所以那么睿智，却不懂得凭借他的智慧是因为不智而后智，这不是极端糊涂吗！算了吧！算了吧！

且无所逃（无法避免）。此所谓然与，然乎？

况且避免不了这种情况。这就是所谓的正确呢，果真是正确的吗？

蘧瑗，字伯玉，谥成子，春秋时期卫国人。他是卫国著名的贤大夫，也因贤德而闻名于诸侯，主张以德治国，执政者要以自己的行为去感化、教育和影响民众，同儒家孔子的主张相同。蘧伯玉与孔子一生是挚友，孔子周游列国时有十年在卫国度过，前后两次在蘧伯玉家居住，时间长达九年。

外　物

题解

《外物》以篇首二字作为篇名，“外物”是指外在的事物。全篇的宗旨在于表明庄子“得意忘言”的境界，庄子意在阐明凡事不可强求，做人不要自信，只要随波逐流，任其自然，这一切都是可以获得成功的。在“外物不可必”段落中，说明凡事如果强求就必然会引起自身与外界的矛盾，矛盾一旦激化，就会伤害心性；在“庄周家贫”段落中，客观上揭露了官吏的虚伪；在“任公子为大钩巨缁”段落中，说明随顺自然，不可强求名利；在“老莱子之弟子出薪”段落中，说明不改变贤能自负的态度是不可能学道的；最后道出“无用之为用”，即无用就是大用。

原文

【一段】

外物不可必（必然），故龙逢（关龙逢，夏末贤臣，因直谏被杀）诛（诛杀），比干（古代著名忠臣，后被纣王残杀）戮（lù，诛杀），箕子狂，恶来（纣王的谄臣）死，桀、纣亡。人主莫不欲其臣之忠，而忠未必信，故伍员（伍子胥）流于江，苌弘（周灵王的贤臣。

译文

外在的事物不可能有必然的标准，所以关龙逢被诛杀，比干遭杀戮，箕子被迫装疯，恶来身死，桀纣灭亡。君主没有不希望他的臣子都是忠臣的，然而忠臣也未必能得到信任，所以伍子胥被赐死后尸体漂流于江面上，苌弘

苌，cháng）死于蜀（周之邑，今河南禹县西北），藏其血，三年而化为碧。人亲莫不欲其子之孝，而孝未必爱，故孝己（殷高宗儿子，遭后母虐待，忧苦而死）忧，而曾参（春秋时人，孔子弟子，勤奋好学，颇得孔子真传）悲。木与木相摩则然（通"燃"，燃烧），金与火相守则流。阴阳错行，则天地大絯（通"骇"，惊动），于是乎有雷有霆，水中有火（雨中闪电），乃焚大槐。有甚忧两陷（指人心陷入阴阳两端）而无所逃，螴蜳（chén chún，怵惕不安的样子）不得成，心若县（通"悬"，悬挂）于天地之间，慰暋（烦闷。暋，mín）沉屯（忧郁，沉闷），利害相摩，生火甚多；众人焚和（沉溺于利害争执而焚伤心中的和气），月（形容人心的清澈）固不胜火（形容内心的焦急），于是乎有僓（通"隤"，tuí，崩坏）然而道尽。

屈死于蜀地，蜀地人珍藏他的血液，三年后化为碧玉。父母没有不希望子女尽孝的，然而尽孝也未必能获得怜爱，所以孝己忧愁，曾参悲戚。木与木相互摩擦就会燃烧，金与火放在一起就会熔化。阴阳错乱而行，则天地受到惊动，于是雷霆震动，大雨夹着闪电，甚至会焚毁大树。有人过分忧虑，就会使内心陷入阴阳纷乱之中而无所逃避，怵惕不安而又一无所成，内心像高悬在天地之间，忧郁沉闷，利害相冲突，内心焦灼万分；世俗之人内热如火伤害了心中的和气，内心的清虚宁静不能抑制焦急的心火，于是精神败坏而天性也丧失殆尽。

比干，生活于殷商末年，是商纣王的叔父，同微子、箕子一起被孔子称为是殷商末年的三位贤人。比干受兄长帝乙的嘱托，忠心辅佐侄儿纣王，鼓励发展农牧业生产，主张减轻赋税徭役，但纣王荒淫残暴，横征暴敛，比干忠勇直谏三日不肯离去，被纣王残暴地剖心而死。比干因此而被誉为“亘古第一忠臣”。

【二段】

庄周家贫，故往贷粟(sù，粮食)于监河侯(监河官吏)。监河侯曰：“诺。我将得邑金(封邑的赋税)，将贷子三百金，可乎？”

庄周忿然作色曰：“周昨来，有中道(途中)而呼者。周顾视车辙，中有鲋鱼(鲫鱼。鲋，fù)焉。周问之曰：‘鲋鱼来(语气助词)！子何为者耶？’对曰：‘我，东海之波臣(水族臣仆)也。君岂有斗升之水而

庄周家境贫穷，所以向监河之官借贷粮食。监河官吏说：“好的。等我收取封邑的赋税，就借给你三百金，可以吗？”

庄周气愤得变了脸色，说：“我昨天来的时候，半路上听到有喊叫声。我回头看到车辙碾过的坑洼之处，里面有条鲫鱼。我问它说：‘鲫鱼啊！你在这里干什么呢？’鲫鱼回答我说：‘我是东海水族中的臣仆。你能用斗升之水

活我哉？'周曰：'诺。我且南游吴越之王，激（引发）西江之水而迎子，可乎？'鲋鱼忿然作色曰：'吾失我常与（经常在一起的，指水），我无所处。我得斗升之水然活耳。君乃言此，曾（竟，还）不如早索我于枯鱼之肆（sì，市场）！'"

来救我吗？'我说：'好的。我将到南方去游说吴越二国的君主，劝他们引西江的水来迎接你，可以吗？'鲫鱼气得脸色顿变，不高兴地说：'我失去让我存活的水，已经没有容身之处。我只要得到斗升之水就可以活命。而你竟然说出这样的话，还不如早点到干鱼市场去找我吧！'"

【三段】

任公子（任国的公子）为大钩巨缁（zī，黑绳），五十犗（jiè，阉割过的牛）以为饵，蹲乎会稽（kuài jī，今浙江境内），投竿东海，旦旦而钓，期年（一年。期，jī）不得鱼。已而（不久）大鱼食之，牵巨钩，錎（通"陷"）没而下骛（wù，乱跑），扬而奋鬐（qí，鱼鳍），白波若山，海水震荡，声侔（móu，齐）鬼神，惮赫（dàn hè，震惊）千里。任公子得若鱼，离（剖）而腊（xī，晾干）之，自制河（浙江）以东，苍梧已北，莫不厌（通"餍"，饱食）若鱼者。已而后世辁才（小才。辁，

任国的公子制作了一个用粗黑绳系着的大钓钩，用五十头阉牛做钓饵，蹲在会稽山上，将钓竿投入东海，每天都去钓鱼，一年都没有钓到一条鱼。不久大鱼吞食了钓饵，牵拽着大钩在水底到处乱跑，继而又向上翻腾抖动鱼鳍，掀起如山的白色巨浪，海水剧烈震荡，啸声如鬼神般号啕，震惊千里。任国公子钓到了这条大鱼，将它剖开并晒制成干肉，从浙江以东，苍梧山以北，没有谁不饱食这条鱼的。这以后那些才能粗浅

quán)讽说（传说）之徒，皆惊而相告也。夫揭（举）竿累（细绳），趣（通“趋”）灌渎（小溪。渎，dú），守鲵鲋（ní fù，小鱼），其于得大鱼难矣！饰小说（低微琐碎之言）以干（求）县令（高名。县，通“悬”，高），其于大达（大道）亦远矣。是以（因此）未尝闻任氏之风俗，其不可与经于世亦远矣！

和喜好道听途说的人惊讶地奔走相告。这些人只是举着系细绳的小钓竿，来到小水沟边，等待小鱼上钩，要想得到大鱼那就更困难了！将自己浅薄的言论修饰一番，以求得高高的美名，这与大道相距很远了。所以没有听说过任国公子有所大成的志趣，恐怕就不可以说善于治理天下，两者之间的差距也是很远啊！

【四段】

老莱子（楚国的隐士）之弟子出薪（xīn，打柴），遇仲尼（即孔子），反（同“返”，返回）以告，曰：“有人于彼，修上（上身长）而趋下（下肢短。趋，同“促”，短促），末偻（背拱曲。偻，lóu）而后耳（耳朵后贴），视若营（充满）四海，不知其谁氏之子。”

老莱子的弟子出去打柴，遇到了孔子，回来后告诉了老莱子，说：“那里有一个人，上身长而下身短，脊背微屈两耳后贴，目光深邃，像是怀有天下，不知道他是什么人。”

老莱子曰：“是丘也，召而来。”

老莱子说：“这个人是孔丘，快召唤他来见我。”

仲尼至。曰：“丘，去汝躬矜（jīn，矜持，拘束）与汝容知（同“智”，智慧），斯为君子矣。”

孔子来了。老莱子说：“孔丘，除去你仪态上的矜持和容颜上的睿智，你就可以成为君子了。”

仲尼揖(yī,作揖)而退,蹙然(局促不安。蹙,cù)改容而问曰:"业可得进乎?"

老莱子曰:"夫不忍一世之伤,而骜(通"傲",轻视)万世之患,抑固(本来)窭(jù,陋)邪,亡其(或是,还是)略(智谋)弗及邪?惠以欢为骜,终身之丑,中民(中等人)之行进焉耳。相引(引进)以名,相结以隐(私)。与其誉尧而非桀,不如两忘而闭其所非誉。反(违反本性)无非伤也,动无非邪也。圣人踌躇(chóu chú,从容随物的样子)以兴事,以每成功。奈何哉,其载(从事)焉终矜(jīn,骄傲)尔(你)!"

孔子作揖而后退,神情顿变局促不安地问道:"我的学业可以进一步提高吗?"

老莱子说:"不能忍受一世的痛苦,却忽视了给子孙后代留下无穷的祸患,你是本来就孤陋寡闻,还是智谋贫乏呢?你向世人施以恩惠来取悦他们,自己也志得意满,这实际上是给你带来了一生的耻辱,这是中等人的所作所为。这样的人总是用名声来互相抬举,用私情来相互结合。与其赞誉帝尧而非议夏桀,不如把两者都遗忘而停止那些非议和赞誉。违背自己的本性无不受到损伤,心灵不安躁动就会生出邪念。圣人总是从容随物稳妥行事,以致事业常常成功。有什么办法呢,你总是以自己的作为为荣啊!"

【五段】

惠子谓庄子曰:"子言无用。"

庄子曰:"知无用而始可与言用矣。天地非不广且大也,人之所用容足耳。然则厕(通"侧")足而垫(掘)之

惠子对庄子说:"你的言论没有用处。"

庄子说:"知道没有用处才能和他谈论有用。天地并非不广大,人所用的也只是立足之地罢了。然而把立足之外的地方都挖

致（至）黄泉，人尚有用乎？”惠子曰：“无用。”

庄子曰：“然则无用之为用也亦明矣。”

去，一直挖到黄泉，人所立之地还有用吗？”惠子说：“当然没有用处。”

庄子说：“那么没有用处的用处也就明显了。”

【六段】

荃（quán，通“筌”，鱼篓）者所以在鱼，得鱼而忘荃；蹄（兔网）者所以在兔，得兔而忘蹄；言者所以在意，得意而忘言。吾安（哪里）得夫忘言之人而与之言哉！

鱼篓是用来捕鱼的，捕到鱼便忘记了鱼篓；兔网是用来捕兔的，捕到兔就忘记了兔网；语言是用来表达意思的，明白了意思便忘记了语言。我到哪里能找到遗忘了语言的人而和他交谈呢！

寓　言

题解

《寓言》以篇首二字为篇名。所谓“寓言”，就是假托他人之言来阐发自己的思想。第一段的几句话说明了《庄子》一书的写作手法和语言特色，申明了“寓言”“重言”“卮言”的各自含义及其在文章中所起的作用，这也相当于全书的引言。《庄子》阐述道理和主张，常假托于故事中的人物，这种寓言方法正是该书语言表达上的特点。全篇的宗旨在于阐述庄子关于道的哲理，大量寓言被用作论证的依据。在“颜成子游谓东郭子綦曰”段落中，说明修道的要领和过程，如果能够领悟到万物变化循环不已的道理，并以此看破生死，就算是领悟到天道的妙处了。在“众罔两问于景曰”段落中，说明学道只需知其然，而不应问其所以然，指出无所依恃才能随心而动。

原文

【一段】

寓言（寄托寓意的言论）十九（十分之九），重言（借重先哲的言论）十七，卮言（无心之言论。卮，zhī，酒器）日出（更新），和（合）以天倪（自然的分际。倪，ní）。

译文

寄托寓意的言论有十分之九，借重圣哲的言论有十分之七，无心之言天天更新，合于自然的分际。

寓言十九，藉（假借）外论之。亲父不为其子媒（做媒）。亲父誉（称赞）之，不若非其父者也。非吾罪也，人之罪也。与已同则应，不与己同则反；同于己为（则）是之，异于己为非之。

重言十七，所以已（止）言也，是为耆艾（老年人。耆，qí）。年先（长）矣，而无经纬本末（指真才实学）以期（待）来者，是非先也。人而无以先人，无人道（为人之道）也；人而无人道，是之谓陈人（陈腐的人）。

卮言日出，和以天倪，因以曼衍（不拘常规，引申发挥），所以穷年。不言则齐（等同），齐与言不齐，言与齐不齐也，故曰言无言。言无言，终身言，未尝言；终身不言，未尝不言。有自（根由）也而可，

寄寓的言论有十分之九是借助外物来谈论道理的，就像父亲不为亲生儿子做媒一样。父亲称颂自己的儿子，不如别人来称颂更好。这不是我的过错，是别人猜疑不相信的过错。和自己观点相同就应和，和自己观点不同的就反对；与自己的观点相同的就认为是正确，与自己的观点不相同的就认为是错误。

借重他人的言论有十分之七是为了止住别人争辩的言论，因为这些都是长者的话。如果仅是年岁比别人大，却没有治世的本领和通晓事理端绪的才智令后人期待，这样的人还称不上是前辈长者。一个人在道德才智方面不能领先于别人，也就缺乏为人之道；缺乏为人之道，也就是陈腐无用的老朽。

无心之言天天更新，合于自然的分际，随着事物变化不断引申发挥，可以享尽天年。如果世人不众说纷纭，事物的常理自然齐一，本来自然齐一的事理一旦掺入分辨事理的言论就不能等同齐一了，分辨事理的言论与自然齐一的事理也不能和谐一致了，所以要说没有分辨事理的话。说出没有分辨事理的言论，即使终身都在说话，也好像从来没有说过话；即使终身不说话，却也未尝没有说话。认可有认可的理由，

有自也而不可；有自也而然（正确），有自也而不然。恶乎然？然于然；恶乎不然？不然于不然。恶乎可？可于可；恶乎不可？不可于不可。物固有所然，物固有所可。无物不然，无物不可。非卮言日出，和以天倪，孰得其久！万物皆种（种类）也，以不同形相禅（传承），始卒（始终）若环，莫得其伦（端倪），是谓天均（自然均衡）。天均者，天倪也。

不认可也有不认可的理由；认为正确有正确的理由，认为不正确有不正确的理由。什么是正确？正确就是正确；什么是不正确？不正确就是不正确。什么叫认可？认可就是认可；什么叫不认可？不认可就是不认可。万物本来就有它正确的地方，也有它值得肯定之处。没有什么事物不存在正确的方面，没有什么事物不可以认可的。如果不是无心之言日日更新，合于自然的分际，它又怎么能够持久而得到人们的信服呢！万物各有种类，以不同的形体相传承，开始和终了像圆环一样循环往复，是找不到其变化的端倪的，这就称作自然的均衡。自然的均衡，也就是自然的分际。

阅读指导

卮言：卮是酒器，卮器满了，自然往外溢。庄子用“卮言”来形容他的言论并不是偏漏的，而是无心自然地流露。

【二段】

颜成子游谓东郭子綦(qí)曰："自吾闻子之言，一年而野(质朴)，二年而从(顺从)，三年而通(通达)，四年而物(物化)，五年而来(来归附)，六年而鬼入(神化)，七年而天成(合于自然)，八年而不知死，不知生，九年而大妙(大道玄妙的境界)。"

"生有为，死也。劝(助)公(天道)以其私(个人的作为)，死也，有自(根由)也；而生阳(阳气)也，无自也。而果然乎？恶(wū，疑问代词：怎么)乎其所适(适宜)？恶乎其所不适？天有历数(四时变化)，地有人据(人们居住的区域)，吾恶乎求之？莫知其所终，若之何其无命也？莫知其所始，若之何其有命也？有以(与之)相应也，若之何其无鬼邪？无以相应也，若之何其有鬼邪？"

颜成子游对东郭子綦说："自从我听了你讲论的大道，一年之后就返归质朴，两年之后就顺从而不固执，三年之后通达而不受局限，四年之后与物浑融不分彼此，五年之后能令万物皆来归附，六年之后能神化灵悟，七年之后合于自然，八年之后生死齐一，九年之后进入大道的玄妙境界。"

东郭子綦说："人生在世如果有为，必然要走向死亡。以他个人的力量来帮助天道，这有为也就是他死亡的原因；而生命的生成是感于阳气运转，没有来由的。你果真能够认识人的生与死吗？哪里是你所适宜的地方？哪里又是你所不适宜的地方？天有四时变化，地有人们居住的区域划分，我还有什么可追求的呢？没有人知道它的所终，怎么能断定它没有命运的安排？没有人知道它的起始，怎么能断定它没有命运的安排呢？万物如果有与之相感应的现象，怎么能断定没有鬼神呢？万物如果没有与之相感应的现象，怎么能断定有鬼神呢？"

【三段】

众罔两（影外微阴）问于景（通“影”，影子）曰：“若（你）向（从前）也俯而今也仰，向也括撮（束结头发）而今也被（通“披”，披散）发，向也坐而今也起，向也行而今也止，何也？”

景曰：“搜搜（区区）也，奚（xī，何）稍（借为“屑”）问也！予有（读为“为”，指俯仰行止等行为）而不知其所以。予，蜩甲（蝉蜕的皮壳。蜩，tiáo）也，蛇蜕也，似之而非也。火与日，吾屯（聚）也；阴与夜，吾代（谢）也。彼（指形体），吾所以有待邪？而况乎以无有待者乎！彼来则我与之来，彼往则我与之往，彼强阳（徜徉，运动的样子）则我与之强阳。强阳者，又何以有问乎！”

众多的影外微阴向影子问道：“你刚才俯身而现在又仰起，刚才还束结头发现在又披散开来，刚才还坐着而现在又站了起来，刚才还行走而现在又止步不前，为什么呢？”

影子回答说：“区区小事，哪里值得问起呢？我有的那些举止，我也不知道为什么会那样。我，像那蝉蜕下的皮壳，像那蛇蜕下的包皮，跟它本身有点儿像却又不是它本身。火光和阳光，使我集中而显现；阴暗和夜晚，又使我消失而不见。那有形体的东西，是我所必须依赖的吗？何况是没有任何依赖的事物呢！它到来我就随之而来，它离去我就随之而去，它活动我就随之活动不止。活动是自然而然的现象而已，又有什么好问的呢！”

让 王

题解

《让王》是以事件为篇名的。所谓“让王”，就是辞让王位的意思，表达了轻物重生思想，是《养生主》文意的继续。篇中文字多见于《吕氏春秋》，提倡不因外物妨碍生命，利禄不可取，王位可以让，全在于看重生命，保全生命。庄子在文中宣扬安贫乐道，洁身自好，并运用了借古讽今的手法，充分表现了对现实社会的不满。

原文

【一段】

韩魏相与争侵地。子华子(魏国贤人)见昭僖侯(韩国国君。僖，xī)，昭僖侯有忧色。子华子曰：“今使天下书(写)铭(誓约)于君之前，书之言曰：‘左手攫(jué，取)之则右手废，右手攫之则左手废。然而攫之者必有天下。’君能攫之乎？”

译文

韩国和魏国相互侵夺土地。子华子拜见昭僖侯，见昭僖侯面带忧虑的神色。子华子说：“现在让天下人在你面前写下誓约，誓约中说：‘左手夺取到它就砍去右手，右手夺取到它就砍去左手。然而夺取到它就可以得到天下。’你愿意去夺取它吗？”

昭僖侯曰："寡人不攫也。"

子华子曰："甚善！自是观之，两臂重于天下也，身又重于两臂。韩之轻于天下亦远矣！今之所争者，其轻于韩又远。君固愁身伤生以忧戚不得也！"

僖侯曰："善哉！教寡人者众（多）矣，未尝得闻此言也。"子华子可谓知轻重矣。

昭僖侯说："我不愿意夺取。"

子华子说："很好！这样看来，两只手臂比天下重要，而身体比两只手臂重要。韩国比起整个天下实在是不足挂齿啊！现在你所夺取的土地，比起韩国来更是微不足道了。你又何必愁苦身体、伤害生命而忧虑那得不到的土地呢！"

昭僖侯说："好啊！劝导我的人很多，还没有听到过你这样高明的言论。"子华子可以说是知道孰轻孰重了。

【二段】

故曰：道之真（精华）以治（修养）身，其绪余（残余）以为（治理）国家，其土苴（糟粕。苴，jū）以治天下。由此观之，帝王之功，圣人之余事也，非所以完身养生也。今世俗之君子，多危身弃生以殉物，岂不悲哉！

凡圣人之动作也，必察其所以之（所追求的目的）与其所以为（所以这样做的原因）。今

所以说：道的精华可以用来修养身心，它的剩余部分就可以用来治理国家，它的糟粕才用来治理天下。由此看来，帝王的功业，只不过是圣人多余的小事，不是用来保养身形保全生命之道。现在世俗中的君子，多是危害身体抛弃生命去追逐物欲的享受，难道不可悲么！

凡是圣人的一举一动，一定要仔细审察他所追求的目的和他所以这样做的原因。现在

且有人于此，以随侯之珠（随国国君所得的珍珠，故名）弹千仞（古代长度单位七尺或八尺为一仞）之雀，世必笑之。是何也？则其所用者重而所要者轻也。夫生者，岂特随侯（依俞樾说在“随侯”后补“珠”）之重哉！

如果有这样一个人，用珍贵的随侯宝珠去弹射空中飞着的鸟雀，世人一定会嘲笑他。这是为什么呢？这是因为他所使用的东西贵重，而所求取的东西轻微。生命这东西，岂不是比随侯珠更珍贵吗！

【三段】

曾子居卫，缊（yùn，乱麻）袍无表，颜色肿哙（浮肿。哙，kuài），手足胼胝（pián zhī，手脚生出的硬皮），三日不举火，十年不制衣，正冠而缨绝，捉衿（jīn，上衣、袍子等前面的部分）而肘见，纳屦（穿鞋。屦，jù）而踵决（脚后跟裂开。踵，zhǒng，脚后跟）。曳縰（xǐ，束发的布帛）而歌《商颂》，声满天地，若出金石。天子不得臣，诸侯不得友。故养志者忘形，养形者忘利，致道者忘心矣。

曾子居住在卫国，用乱麻填充的袍子已经破破烂烂，面容浮肿，手脚生出厚厚的老茧，连续三天没有生火煮饭，整整十年没有添置新衣，端正帽子而帽缨便断掉了，拉起衣襟臂肘就露了出来，一穿鞋子脚后跟就裂开了。他还拖着散乱的发带吟唱《商颂》，声音洪亮充满天地，就像从金石乐器中发出的一样清脆。天子不能召他作为臣子，诸侯不能与他结为朋友。所以修养心志的人能够忘却形体，养护形体的人能够忘却利禄，得道之人能够忘却心智。

曾子，名参，字子舆，春秋末年鲁国人。曾子十六岁拜孔子为师，一生勤奋好学，颇得孔子的真传。后来孔子的孙子子思跟随曾子学习，而孟子又师承子思，可以说，曾子上承孔子之道，下启思孟学派。相传《大学》即为曾子所著，完整地构筑了士人伦理道德修养的过程，即正心诚意、修身齐家、治国平天下，影响了中国整个封建时代士人的人生修养。

【四段】

孔子穷于陈蔡（陈国或蔡国）之间，七日不火食，藜（lí，野菜）羹（gēng，用肉或菜调制的饮食）不糁（sǎn，米粒），颜色甚惫，而犹弦歌于室。颜回择菜于外，子路、子贡相与言曰：“夫子再（两次）逐于鲁，削迹于卫，伐树于宋，穷于商周，围于陈蔡。杀夫子者无罪，藉（凌辱）夫子者无禁。弦歌鼓琴，未尝绝音，君子之无耻也若此乎？”

颜回无以应，入告孔子。孔子推琴，喟然（叹息的样

孔子被围困于陈国和蔡国之间，七天都没有生火煮饭，喝着不加米粒的野菜羹汤，面容憔悴不堪，却还在屋里不停地弹琴唱歌。颜回在屋外挑选野菜，子路和子贡相互议论说：“先生两次被驱逐出鲁国，在卫国又不让居留，在宋国遭受伐树的屈辱，在商周之地走投无路，现在又被困厄在陈蔡之地。谋杀先生的不会被治罪，凌辱先生的不会被禁止。先生还在弹琴唱歌，乐声不曾断绝，君子不知耻辱竟然达到这样的地步吗？”

颜回没有争辩，进去告诉孔子。孔子听后推开琴，叹了

子。喟，kuì)而叹曰："由(仲由，字子路)与赐(端木赐，字子贡)，细人(见识浅陋之人)也。召而来，吾语(告诉)之。"

子路、子贡入。子路曰："如此者，可谓穷矣！"

孔子曰："是何言也！君子通于道之谓通，穷于道之谓穷。今丘抱仁义之道以遭乱世之患，其何穷之为(通"谓"，说)！故内省而不穷于道，临难而不失其德。天寒既至，霜雪既降，吾是以知松柏之茂也。陈蔡之隘(ài，危险)，于丘其幸乎。"

孔子削然(安然的样子)反琴而弦歌，子路扢(xì，喜悦)然执干而舞。子贡曰："吾不知天之高也，地之下也。"

古之得道者，穷亦乐，通亦乐，所乐非穷通也。道得于此，则穷通为寒暑风雨之序(规律)矣。故许由娱于颍阳，而共伯(名和，封于共。西周末年，诸侯立共伯和为天子，宣王立，共伯退居丘首山)得志乎丘首。

一口气，说："子路和子贡，真是见识浅陋的人啊！叫他们进来，我告诉他们。"

子路和子贡进了屋子。子路说："像现在这样的处境，可以说是穷困至极了！"

孔子说："这是什么话！君子通达于大道的叫作通，不能通达大道的才叫作穷。现在我抱守仁义之道却遭逢乱世带来的祸患，怎么能说穷困呢！所以，善于自我反省的人就不会困顿于大道面前，面对危难就不会丧失自己的德行。严寒到来，霜雪降下，我这才真正知道松柏的茂盛。陈蔡之间被围困的危险，对我来说是一件幸事啊！"

孔子说完后又安详地继续弹琴唱歌，子路兴奋地操起盾牌跳起舞。子贡说："我不知道天有多高，地有多厚。"

古代得道之人，困厄时能快乐，通达时也能快乐，快乐的原因并不是由于困厄和通达。只要明白了这个道理，那么困厄和通达就好像寒暑风雨那样有规律地变化了。所以许由能够自娱于颍水的北岸，共伯能够逍遥自得于丘首山。

盗跖

题解

《盗跖》以人名作为篇名。“盗跖”是义军首领，被历代统治者斥为大盗。本篇主旨在于抨击和批判儒家所推崇的尧、舜以至汤、武等古代名王圣贤，揭露了儒家的道德规范的虚伪性，讽刺了世俗儒士追求荣华富贵的可耻欲望，宣扬顺从人的自然本性，提倡顺应天道，轻利全生。庄子通过盗跖之口揭露孔子的言行，批判了孔子的仁义之说，讥讽儒家是“不耕而食，不织而衣”之人，而孔子的言行是“诈巧虚伪”，儒家所谓的圣贤忠孝之士，都是名利之徒。

原文

【一段】

孔子曰：“丘闻之，凡天下有三德：生而长大，美好无双，少长贵贱见而皆说（同“悦”，愉悦）之，此上德也；知（同“智”，智慧）维（包罗）天地，能辩（通“辨”，辨别）诸物，此中德也；勇悍果敢，聚众率兵，此下德也。凡人有此一德者，足以南面

译文

孔子说：“我听说，但凡天下人有三种美德：生而高大魁梧，容貌英俊无双，不论年少年长高贵贫贱，见了都喜欢他，这是上等的德行；智慧能够包罗天地，才能足以辨别各种事物，这是中等的德行；勇武、彪悍、果决、勇敢，能聚合众人统率士兵，这是下等的德行。凡是具有其中一种美德的人，就可以南面

称孤矣。今将军兼此三者，身长八尺二寸，面目有光，唇如激（鲜明）丹，齿如齐贝（整齐的珠贝），音中黄钟，而名曰盗跖（zhí），丘窃（私下）为将军耻（感到可耻）不取焉。将军有意听臣，臣请南使吴越，北使齐鲁，东使宋卫，西使晋楚，使（派）为将军造大城数百里，立数十万户之邑（yì，封邑），尊将军为诸侯，与天下更始（更新），罢（停止）兵休卒，收养昆弟（指兄和弟），共（通“供”，供奉）祭先祖。此圣人才士之行，而天下之愿也。”

称帝。现在，将军同时具有这三种美德，身高八尺二寸，面容发亮，双目发光，嘴唇犹如鲜红的朱砂，牙齿像整齐的珠贝，声音洪亮合于黄钟之音，然而名字却叫盗跖，我私下为将军感到可耻，不可取这样的恶名。将军如果有意听从我的意见，我将向南出使吴国和越国，向北出使齐国和鲁国，向东出使宋国和卫国，向西出使晋国和楚国，派人给将军建造一座方圆几百里的大城，建立拥有几十万户的封邑，尊奉将军为诸侯，和天下人有一个新的开始，停战休兵，收养兄弟，供祭祖先。这是圣人贤士的行为，也是天下人的愿望。”

【二段】

盗跖大怒曰：“丘来前！夫可规（劝谏）以利而可谏以言者，皆愚陋恒民（顺民）之谓耳。今长大美好，人见而说（通“悦”，愉悦）之者，此吾父母之遗德也。丘虽不吾誉（即不誉。誉，赞扬），吾独不自知邪？

“且吾闻之，好面（当面）

盗跖大怒，说：“孔丘过来！凡是可以用利禄来诱导的，可以用语言来谏劝的，都可以称作是愚蠢浅陋的顺民罢了。现在，身体高大魁梧，人人见了都喜欢，这是我父母遗留的德性。孔丘你虽然没有当面赞扬我，难道我自己不知道吗？

“况且我听说，喜欢当面称

誉人者，亦好背而毁（诋毁）之。今丘告我以大城众民，是欲规我以利而恒民畜（待）我也，安（怎么）可久长也！城之大者，莫大乎天下矣。尧、舜有天下，子孙无置锥之地；汤、武立为天子，而后世绝灭；非以其利大故邪？

“且吾闻之，古者禽兽多而人少，于是民皆巢居以避之。昼（白天）拾橡栗，暮栖木上，故命之曰‘有巢氏之民’。古者民不知衣服，夏多积薪（xīn，木柴），冬则炀（yáng，烤火）之，故命之曰‘知生之民’。神农之世，卧则居居（安静的样子），起则于于（自得的样子）。民知其母，不知其父，与麋鹿共处，耕而食，织而衣，无有相害之心，此至德之隆也。然而黄帝不能致德，与蚩尤（chī yóu，上古时代九黎族部落酋长）战于涿（zhuō）鹿之野，流血百里。尧、舜作，立群臣；汤放（放逐）

赞别人的人，也喜欢背后诋毁别人。现在你告诉我要建造大城，聚集众多百姓，这是想用利禄来诱导我，而且是以安抚顺民的态度来对待我，怎么可以长久呢！城池即使再大，也不会比天下更大吧。尧、舜虽拥有天下，而他们的子孙却没有立锥之地；商汤和周武王立为天子，而他们的后代却遭受灭绝；这不正是他们贪图大利的缘故吗？

“况且我听说，古时候禽兽多而人民少，于是人民都在树上结巢以躲避禽兽。白天捡拾橡栗充饥，晚上爬上树休息，所以把他们叫作‘有巢氏的民众’。古时候人们不知道穿衣服，夏天积蓄很多木柴，冬天就用来烤火取暖，所以把他们叫作‘知道生存的民众’。神农时代，人们躺卧时安静闲适，起来时舒缓自得。人们只知道自己的母亲，而不知道自己的父亲，和麋鹿生活在一起，自己耕地吃饱肚子，自己织布穿衣避寒，彼此没有相害的念头，这是道德极盛的时代。然而黄帝不能达到这样的德行，和蚩尤交战于涿鹿的郊野，流血百里。尧、舜相继兴起做了天子，设立群臣百官；商汤放逐了

其主，武王杀纣。自是以后，以强凌弱，以众暴寡。汤、武以来，皆乱人之徒也。

“今子修文、武之道，掌天下之辩，以教后世。缝衣（宽大而长的儒服）浅带（博带），矫（jiǎo，造作）言伪行，以迷惑天下之主（诸侯），而欲求富贵焉，盗莫大于子。天下何故不谓子为盗丘，而乃谓我为盗跖？子以甘辞说子路而使从之，使子路去其危（高）冠，解其长剑，而受教于子，天下皆曰：‘孔丘能止暴禁非。’其卒（结果）之也，子路欲杀卫君（指卫庄公蒯聩〈kuǎi kuì〉）而事不成，身菹（zū，剁成肉酱）于卫东门之上，子教子路菹此患，上无以为身，下无以为人，是子教之不至也。子自谓才士圣人邪？则再逐于鲁，削迹于卫，穷于齐，围于陈蔡，不容身于天下。子之道岂足贵邪？

他的君主，周武王杀害纣王。自此以后，世上总是以强大欺凌弱小，以势众侵害寡少。商汤、周武王以来，都是祸害百姓的人。

“现在你修习周文王、武王的治国之道，掌控天下的舆论，用来教化后世子孙。你穿着宽衣博带的儒服，说话行动造作虚伪，来迷惑天下的诸侯，意欲求取富贵，再没有比你更大的强盗了。天下人为什么不把你叫作盗丘，而把我叫作盗跖呢？你用甜言蜜语说服了子路，让他跟随你，并让他摘掉高冠，解去佩剑，而接受你的教诲，天下人都说：‘孔丘能够制止强暴，禁绝不轨行为。’可是结果呢，子路想杀掉卫国君主，事情没有成功，自己却在卫国的东门上被剁成了肉酱，你使得子路遭受被剁成肉酱的祸患，他上不足以保全自身，下不足以立足社会，这是你那套说教不成功的表现。你不是自称为才士圣人吗？然而你两次被逐出鲁国，在卫国被人削掉所有足迹，在齐国走投无路，在陈国和蔡国之间被围困，弄到天下没有容身之处。你的主张哪里有可贵之处呢？

"世之所高（推崇），莫若黄帝，黄帝尚不能全德（德行完美），而战涿鹿之野，流血百里。尧不慈，舜不孝，禹偏枯（偏瘫），汤放其主，武王伐纣。此六子者，世之所高也。孰（通"熟"，仔细）论之，皆以利惑其真而强反其情性，其行乃甚可羞也。

"世之所谓贤士，莫若伯夷、叔齐。伯夷、叔齐辞孤竹之君，而饿死于首阳之山，骨肉不葬；鲍焦（周时隐者。鲍，bào）饰行非世，抱木而死；申徒狄（殷商时人，姓申徒，名狄）谏而不听，负（背）石自投于河，为鱼鳖所食；介子推（晋文公的忠臣）至忠也，自割其股（大腿）以食文公，文公后背之，子推怒而去，抱木而燔（fān，焚烧）死；尾生（人名）与女子期于梁（桥）下，女子不来，水至不去，抱梁柱而死。此六子者，无异于磔犬（被分裂肢体的死狗。磔，zhé）流豕（沉入河中的

"世人所尊崇的，没有超过黄帝的，黄帝尚且不能具有完备的德行，而征战于涿鹿的郊野，流血百里。尧不慈爱，舜不孝顺，禹半身偏瘫，商汤流放他的君主，武王讨伐纣王。这六个人，都是世上所推崇的，但是仔细地评论这几个人，都是因为追求功利，迷失了真性而强迫自己违反自然性情，他们的行为是非常可耻的。

"世人所谓的贤士，再没有超过伯夷、叔齐的了。伯夷、叔齐辞让了孤竹国君位，而饿死在首阳山上，尸骨都未能埋葬；鲍焦粉饰自己的行为而非议时世，抱着树木死去；申徒狄对国君进谏而不被采纳，背着石块投河而死，尸体被鱼鳖所吞食；介子推是最忠诚的，曾割下自己大腿上的肉给晋文公吃，文公回国后却遗忘了他，子推怒而离开国都隐居山林，最后抱着树木活活被烧死；尾生与一个女子相约在桥下相见，女子没有如期赴约，河水涌来而尾生不肯离开，抱着桥柱而死。这六个人，与分裂了肢体的死狗、沉入河中的死

的死猪。豕，shǐ）、操瓢而乞者，皆离名轻死，不念本养寿命者也。

猪和拿着瓢到处乞讨的乞丐，没有什么区别，都是重视名节轻视生命，而又是不顾念本性养护性命之人。

“世之所谓忠臣者，莫若王子比干、伍子胥。子胥沉江，比干剖心，此二子者，世谓忠臣也，然卒（最终）为天下笑。自上观之，至于子胥、比干，皆不足贵也。

“世人所谓的忠臣，再没有超过王子比干、伍子胥的了。伍子胥被弃尸江中，比干被剖心而死，这两个人，是世人所称道的忠臣，然而最终遭到了天下人的耻笑。从以上事实看来，无论是伍子胥还是比干，都是不值得推崇的。

“丘之所以说我者，若告我以鬼事，则我不能知也；若告我以人事者，不过此矣，皆吾所闻知也。

“孔丘你用来说服我的，如果告诉我怪诞离奇的事情，那是我所不知道的；如果告诉我人世间的事情，不过如此，都是我所听说过的事情。

伍子胥，名员，字子胥，春秋末年楚国人。后因楚平王听信谗言，将其父兄诓骗到楚国都城杀害，伍子胥被迫逃奔到吴国，辅佐吴王阖闾，使吴国逐渐强大。伍子胥后来率领吴军大破楚军，攻入楚国郢都，掘开楚平王坟墓，鞭尸泄愤。后又辅佐吴王夫差，在夫差答应越王勾践允和之时，再三谏阻不被采纳，反被逼迫自杀。

“今吾告子以人之情，目欲视色，耳欲听声，口欲察味，志气欲盈(求满足)。人上寿百岁，中寿八十，下寿六十，除病瘐(yǔ，病)死丧忧患，其中开口而笑者，一月之中不过四五日而已矣。天与地无穷，人死者有时，操有时之具，而托于无穷之间，忽然(迅速的样子)无异骐骥(qí jì，千里马)之驰过隙也。不能说其志意、养其寿命者，皆非通道者也。

“丘之所言，皆吾之所弃也，亟(jí，急迫地)去走归，无复言之！子之道，狂狂(狂妄无度，形容诈巧)汲汲(jí jí，急于追求的样子，形容虚伪)，诈巧虚伪事也，非可以全真(保养天真的本性)也，奚足论哉！”

“现在我来告诉你关于人的常情，眼睛想要看到色彩，耳朵想要听到声音，嘴巴想要品尝到味道，心志想要得到满足。人生在世高寿一百岁，中寿八十岁，下寿六十岁，除去疾病、死丧、忧患的岁月以外，其中开口而笑的时日，一月之中也不过是四五天而已。天与地是没有穷尽的，人的死亡却是有时限的，拿有限的生命，而寄托在没有穷尽的天地之间，就像骏马奔驰过缝隙般迅疾。凡是不能让自己的心意畅快、保养自己寿命的人，都是不能通晓道理的人。

“孔丘你所说的话，都是我所抛弃的，你赶快回去吧，不要再说了！你的那套主张，狂妄无度，急于追求，都是奸诈虚伪的东西，不足以保全真性，还有什么值得谈论的呢！”

说　剑

题解

《说剑》以意作为篇名，是一篇结构完整、情节曲折、故事性较强的文章。以庄子说服赵文王停止斗剑取乐的寓言故事，提倡国君应以国家、天下为重，与《庄子》一书的文风迥异。本篇中的庄子是一个策士形象，应该是纵横家假托庄子之名而虚构出来的故事。因此本篇可能是战国策士假托之作被收入了《庄子》书中。

原文

【一段】

昔赵文王（即赵惠文王，名何，武灵王的儿子）喜剑，剑士夹门（拥门，聚于宫门）而客三千余人。日夜相击于前，死伤者岁百余人，好之不厌。如是三年，国衰，诸侯谋（图谋）之。

太子悝（kuī，虚构的人名）患（担心）之，募左右曰："孰能说王之意止剑士者，赐之千金。"

译文

从前赵文王喜好剑术，聚集在宫门的剑客有三千余人。这些剑客日夜在文王面前相互击剑，一年下来死伤的有一百多人，而赵文王对此却不满足。像这样过去三年，国势日益衰退，其他诸侯国都在图谋攻取赵国。

太子悝对此很担心，就召集左右幕僚对他们说："谁能说服国王使他停止剑客们的活动，便赏赐他千金。"

左右曰："庄子当能。"

太子乃使人以千金奉庄子。庄子弗受，与使者俱往见太子，曰："太子何以教周，赐周千金？"

太子曰："闻夫子明圣，谨奉千金以币（赠送）从者（仆从）。夫子弗受，悝尚何敢言！"

庄子曰："闻太子所欲用周者，欲绝王之喜好也。使臣上说大王而逆王意，下不当（不符合）太子，则身刑而死，周尚安所事（用）金乎？使臣上说大王，下当太子，赵国何求而不得也！"

太子曰："然。吾王所见，唯剑士也。"

庄子曰："诺。周善为剑。"

太子曰："然吾王所见剑士，皆蓬头突鬓（鬓毛突出），垂冠（低垂帽子），曼胡之缨（粗实的冠缨。曼，通"缦"，粗而无纹理。胡，粗），短后之衣，瞋目（发怒时

左右幕僚说："庄子能做到。"

太子就派人将千金送给庄子。庄子不肯接受，跟随使者一起前往拜见太子，说："太子对我有什么指教，为何要赏赐给我千金呢？"

太子说："听说先生贤明通达，谨奉送千金来犒劳您的随从人员。先生却不接受，我还敢说什么呢！"

庄子说："听说太子想重用我，来劝阻君主对剑术的喜好。假使我向上劝说大王而忤逆了他的心意，对下又没有完成太子交给我的任务，那我就会遭受刑戮而死，我还要千金有什么用呢？假使我能向上说服大王，对下又完成了太子交给的任务，那么我向赵国提什么要求得不到满足呢！"

太子说："是这样的。我们大王所乐意接见的，只有剑士。"

庄子说："是的。我也很善于使剑。"

太子说："然而我们大王所接见的剑士，都是头发蓬乱，鬓毛突出，帽子低垂，帽缨粗实，穿短小的上衣，怒目瞪眼但

睁大眼睛。瞋，chēn）而语难（说话不流利），王乃说之。今夫子必儒服而见王，事必大逆。”

庄子曰：“请治剑服。”治剑服三日，乃见太子。太子乃与见王，王脱白刃（把雪白的剑拔出来）待之。

说话不流利的人，大王就喜欢这样装扮的人。现在先生如果一定要身穿儒士的服装去拜见大王，事情必然不会顺利。”

庄子说：“请为我制作剑士的服装。”三天以后剑士服装准备好了，庄子就去拜见太子。太子就和他去拜见赵王，赵王正拔出利剑等待着他。

【二段】

庄子入殿门不趋，见王不拜。王曰：“子欲何以教寡人，使太子先（指先作介绍）？”

曰：“臣闻大王喜剑，故以剑见王。”

王曰：“子之剑何能禁制（服）？”

曰：“臣之剑十步一人，千里不留行（指所向无敌，行千里而不被阻留）。”

王大悦之，曰：“天下无敌矣！”

庄子曰：“夫为剑者，示之以虚，开之以利，后之以发，先之以至。愿得试之。”

庄子进入宫殿大门不快步向前，见了赵王也不跪拜。赵王说：“你打算用什么来教导我，让太子先行推荐呢？”

庄子说：“我听说大王喜欢剑术，所以特地用剑术来拜见大王。”

赵王说：“你的剑术怎么能制服对手呢？”

庄子说：“我的剑术可以在十步之内杀死一人，千里之内无人能挡。”

赵王听了非常高兴，说：“这真是天下无敌的剑术了！”

庄子说：“用剑术的方法，先让别人看来空虚不见踪影，用有机可乘之处引诱对方，然后在对手发起攻击前抢先击中对方。我希望有机会试试我的剑术。”

王曰："夫子休，就舍待命，令设戏（试剑比武），请夫子。"

王乃校（同"较"，较量）剑士七日，死伤者六十余人，得五六人，使奉（通"捧"）剑于殿下（殿堂之下），乃召庄子。王曰："今日试使士敦（借为"对"，比）剑。"

庄子曰："望之久矣！"

王曰："夫子所御（用，持）杖（指剑），长短何如？"

曰："臣之所奉皆可。然臣有三剑，唯王所用，请先言而后试。"

王曰："愿闻三剑。"

曰："有天子剑，有诸侯剑，有庶人剑。"

赵王说："先生先去休息，暂到馆舍等待命令，等我安排好试剑比赛，再去请先生。"

赵王让剑士们比武较量了七天，死伤者有六十多人，从中挑选出五六个人，让他们捧着剑立于殿堂之下，才去召请庄子前来。赵王说："今天可请先生与剑士们比试剑术了。"

庄子说："期待很久了！"

赵王说："先生所使用的宝剑，长短怎么样？"

庄子说："我用长剑短剑都可以。不过我有三种剑，任凭大王选用，请让我先做说明然后再比试。"

赵王说："希望听听关于这三种剑的说法。"

庄子说："有天子之剑，有诸侯之剑，有百姓之剑。"

【三段】

王曰："天子之剑何如？"

曰："天子之剑，以燕谿（地名，在燕国。谿，xī）石城（山名）为锋，齐岱（齐国岱山，即泰山）为

赵王说："天子之剑怎样？"

庄子说："天子之剑，将燕谿的石城山当作剑端，将齐国的泰山当作

锷（è，剑刃），晋卫为脊，周宋为镡（tán，剑环），韩魏为夹（通"铗"，剑把）；包以四夷，裹以四时，绕以渤海，带以常山（即恒山）；制以五行（金、木、水、火、土五种基本物质及其运动变化），论以刑德；开以阴阳，持以春夏，行以秋冬。此剑，直之无前，举之无上，案（通"按"）之无下，运（转动）之无旁，上决浮云，下绝地纪（维系大地的绳子）。此剑一用，匡（kuāng，正）诸侯，天下服矣。此天子之剑也。"

文王芒然自失，曰："诸侯之剑何如？"

曰："诸侯之剑，以知勇士为锋，以清廉士为锷，以贤良士为脊，以忠圣士为镡，以豪杰士为夹。此剑，直之亦无前，举之亦无上，案之亦无下，运之亦无旁；上法圆天，以顺三光（日、月、星）；下法方地，以顺四时；中

剑刃，将晋国和卫国当作剑背，将周地宋国当作剑环，将韩国和魏国当作剑把；用周围的四境来包扎，用四时来围裹，用渤海来缠绕，用恒山来做系带；用五行来制衡，用刑杀和恩德来论断；顺阴阳而开合变化，顺春夏时令而掌握，顺秋冬到来而运行。这种剑，向前伸一无所挡，向上举便再无他物在其上面，按剑向下便没有他物在其下面，挥动起来便没有东西在它旁边，向上可以割裂浮动的云朵，向下可以断绝维系大地的绳子。这种剑一旦使用，就可以匡正诸侯，使天下人归服。这就是天子之剑。"

赵文王茫然自失，说："诸侯之剑怎么样？"

庄子说："诸侯之剑，用智勇之士当作剑端，用清廉之士当作剑刃，用贤良之士当作剑背，用忠圣之士当作剑环，以豪杰之士当作剑把。这种剑，向前伸也没有他物可阻挡在前面，向上举也再无他物在其上面，按剑向下也没有他物在其下面，挥动起来也没有东西在它旁边；向上效法于天而顺应日月星三光，向下效法于地以顺应四时，中间

和民意，以安四乡（四方）。此剑一用，如雷霆之震也，四封之内，无不宾服（服从）而听从君命者矣。此诸侯之剑也。”

王曰：“庶人之剑何如？”

曰：“庶人之剑，蓬头突鬓，垂冠，曼胡之缨（粗实的冠缨），短后之衣，瞋目而语难，相击于前，上斩颈领，下决肝肺。此庶人之剑，无异于斗鸡，一旦命已绝矣，无所用于国事。今大王有天子之位而好庶人之剑，臣窃（私下）为大王薄（鄙薄）之。”

王乃牵（带）而上殿，宰人（负责国君膳食的官）上食，王三环（绕了三圈）之。庄子曰：“大王安坐定气，剑事已毕奏（禀奏）矣！”

于是文王不出宫三月，剑士皆服毙（自杀。服，通“伏”）其处也。

和顺民意而安定四方。这种剑一旦使用，就好像雷霆震撼，四境之内，没有不归服而听从国君的命令的了。这就是诸侯之剑。”

赵王说：“百姓之剑怎么样？”

庄子说：“百姓之剑，头发蓬乱，鬓毛突出，帽子低垂，帽缨粗实，身穿短小的上衣，怒目而视，说话不流利，在人们面前相互击剑争斗，上能斩断脖颈，下能刺穿肝肺。这就是百姓之剑，跟斗鸡没有什么不同，一旦丧命了，对于国事没有丝毫用处。现在，大王拥有天子的位置而喜好百姓的剑术，我私下认为大王应当鄙薄这种做法。”

赵王于是带着庄子来到殿上，主管膳食的官吏献上食物，赵王绕着饭食转了三圈。庄子说：“大王安静地坐下来，平定气息，关于剑术的事情我已经禀奏完了！”

于是赵文王三个月没有走出宫门，剑士们都失望地在其居住的馆舍伏剑自杀了。

渔　父

题解

《渔父》以虚拟的人物作为篇名。"渔父"指捕鱼的老翁，是一位得道的隐士，并以之教训儒家的孔子。通过他的视角，批评了孔子"苦心劳形，以危其真"的思想及其儒家的仁义、忠贞、慈孝、礼乐，教导孔子要"谨修而身，慎守其真"，指斥其不在其位而谋其政，宣扬了安分守真的处世态度和还归自然之道的主张。本篇以得道者渔父与孔子的对话形式展开，有情节，有人物，是一篇情节曲折的文言小说。

原文

【一段】

孔子游乎缁帷（即黑帷，虚拟的地名。缁，zī）之林，休坐乎杏坛（孔子讲学之地，在鲁东门外）之上。弟子读书，孔子弦歌鼓琴。奏曲未半，有渔父者，下船而来，须眉交（皆）白，被（通"披"，披散）发揄（yú，挥）袂（mèi，衣袖），行原以上，距（至）陆而止，左手据膝，右手持颐（yí，面颊）

译文

孔子到缁帷林中游玩，坐在杏坛上休息。弟子们在读书，孔子弹着琴吟唱。曲子还未弹奏一半，有位捕鱼的老渔翁从船上走了下来，老渔翁胡须和眉毛全都白了，披散着头发，挥动着衣袖，沿着河岸上来，来到岸上一处高地停了下来，左手按着膝盖，右手托着下巴，

以听。曲终而招子贡、子路（均为孔子的弟子），二人俱对。

客指孔子曰："彼何为者也？"

子路对曰："鲁之君子也。"

客问其族（姓氏）。子路对曰："族孔氏。"

客曰："孔氏者何治也？"

子路未应，子贡对曰："孔氏者，性服（守）忠信，身行仁义，饰礼乐，选（序）人伦。上以忠于世主，下以化于齐民（平民），将以利天下。此孔氏之所治也。"

又问曰："有土之君与（同"欤"，yú，疑问词，相当于"吗"）？"

子贡曰："非也。"

"侯王之佐与？"

子贡曰："非也。"

客乃笑而还行，言曰："仁则仁矣，恐不免其身；苦心劳形，以危其真（天性）。

听孔子弹琴。曲子演奏完毕，老渔翁便招呼子贡和子路过去，两人走了过去应答。

老渔翁指着孔子问道："他是做什么的？"

子路回答说："他是鲁国的君子。"

老渔翁又问孔子的姓氏。子路回答说："他姓孔。"

老渔翁说："孔氏研习什么学问？"

子路没有回答，子贡回答说："孔先生思想上奉守忠信之道，亲身践行仁义，修饰礼乐规范，序列人伦关系。对上效忠于当世的君主，对下向平民施予教化，用这种办法给天下百姓带来利益。这就是孔先生所研习的学问。"

老渔翁又问："他是拥有领土的君主吗？"

子贡说："不是。"

老渔翁说："那么他是诸侯的辅臣吗？"

子贡说："不是。"

老渔翁笑着往回走，自言自语地说："孔氏行仁，也算是尽仁之道了，恐怕难于免除自身所遭受的祸患了；他内心愁苦，形体劳累，这就要危害他自然的本性了。

呜呼！远哉，其分(离)于道也！”

子贡还，报孔子。孔子推琴而起，曰：“其圣人与！”乃下求之，至于泽畔，方将杖(持)拏(náo，通“挐”，船桨)而引(撑开)其船，顾见孔子，还乡(通“向”，面向)而立。孔子反走，再拜而进。

客曰：“子将何求？”

孔子曰：“曩者(刚才。曩，nǎng)先生有绪言(不尽之言)而去，丘不肖，未知所谓，窃待于下风(下方，表示谦卑)，幸闻咳唾之音(比喻谈吐、议论)，以卒(最终)相(xiàng，助)丘也！”

客曰：“嘻！甚矣，子之好学也！”

唉！他离这大道也实在太远了！”

子贡回来，把与老渔翁谈话的情况报告了孔子。孔子推开了琴起身说：“这位恐怕是位圣人吧！”于是走下杏坛去寻找那位老渔翁，到了河岸，老渔翁正拿着船桨撑开船准备离去，回头看见孔子，便转过身来面对着孔子站着。孔子退了几步，施礼相拜，然后才上前相见。

老渔翁说：“你找我有什么事相求吗？”

孔子说：“刚才先生的话还没有说完就离开，我实在不聪敏，不知道您所说的是什么意思，我私下在这里恭敬地等候先生，希望能听到您的谈吐议论，以便最终能有助于我。”

老渔翁说：“咦！真是的，你也太好学了！”

《庄子·渔父》篇说孔子到缁帷林中游玩，坐在杏坛上休息，弟子们在读书，孔子在弹着琴瑟吟唱诗歌。后来，杏坛也就成了孔子讲学和纵论礼乐之处。孔子开创了平民教育，主张“有教无类”，在教育史上具有划时代的意义。他所提倡的温故知新、因材施教、学思结合、学以致用等教学原则至今仍在沿用。

【二段】

孔子愀然（神色改变的样子。愀，qiǎo）而叹，再拜而起曰：“丘再逐于鲁，削迹于卫，伐树于宋，围于陈蔡。丘不知所失，而离（通“罹”，遭）此四谤者何也？”

客凄然变容曰：“甚矣，子之难悟也！人有畏影（畏惧自己的影子）恶迹（厌恶自己的足迹）

孔子面色惭愧而长声叹息，再次行礼站起来说：“我两次被鲁国驱逐出境，在卫国被削平足迹，在宋国遭受砍伐遮阴之树的耻辱，在陈国和蔡国之间被围困。我不知道自己所犯的过失，为什么会遭到这四种诋毁呢？”

老渔翁面带忧凄之色说：“太难啊，你实在是难以觉悟啊！有人害怕自己的身影、厌恶自己

而去(摆脱)之走者，举足愈数(shuò，频繁。这里借为“建”)而迹愈多，走愈疾而影不离身，自以为尚迟，疾走不休，绝力而死。不知处阴以休影，处静以息迹，愚亦甚矣！子审仁义之间，察同异之际，观动静之变，适(调和)受与(取舍)之度(适度)，理好恶之情，和喜怒之节，而几于不免矣。谨修而(你)身，慎守其真，还(归还)以物与人，则无所累矣。今不修之身而求之人，不亦外乎！”

的足迹，想摆脱它们而逃离，举步愈频繁而足迹愈多，跑得愈快而影子却总不离身，自己认为跑得还慢，由于快跑而不停下来，用尽力气而死。他不知道待到阴暗的地方就会使影子自然消失，静止下来足迹自然就会消失，真是太愚蠢了！你仔细推究仁义之道，分辨同异的界限，观察动静的变化，调和取舍的分寸，疏通好恶的情感，调和喜怒的节度，你几乎不能免于祸患了。你要谨慎地修养你的身心，慎重地保持你的本性，把身外之物归还给他人，那么也就没有什么牵累了。现在你不修养自身而反求他人，这不是很疏漏吗？”

【三段】

孔子愀然曰：“请问何谓真？”

客曰：“真者，精诚之至(极点)也。不精不诚，不能动人。故强(qiǎng，勉强)哭者，虽悲不哀；强怒者，虽严不威；强亲者，虽笑不和。真悲无声而哀，真怒未发而威，真亲未笑而和。

孔子面色惭愧地说：“请问什么是真？”

老渔翁说：“所谓真，就是精诚达到了极点。如果不精不诚，就不能感动人。所以勉强哭泣的人，虽然外表看似悲痛实则并不哀伤；强作怒状的人，虽然外表看似严厉其实并不威严；勉强亲热的人，虽然满面笑容其实并不和蔼。真正的悲痛即便没有哭声也会让人感受到哀伤，真正的愤怒即便没有发作也会让人觉察到威严，真正的亲切即便没有笑容也会让人感觉到和蔼。

真在内者，神动于外，是所以贵真也。其用于人理（人伦）也，事亲则慈孝，事君则忠贞，饮酒则欢乐，处丧则悲哀。忠贞以功为主，饮酒以乐为主，处丧以哀为主，事亲以适为主。功成之美，无（通“毋”，不拘）一其迹（途径）矣；事亲以适，不论所以（用）矣；饮酒以乐，不选其具矣；处丧以哀，无问其礼矣。礼者，世俗之所为也；真者，所以受于天也，自然不可易也。故圣人法天贵真，不拘于俗。愚者反此，不能法天而恤（xù，体恤）于人，不知贵真，禄禄（通“碌碌”，凡庸的样子）而受变于俗，故不足。惜哉，子之蚤（zǎo，通“早”）湛（通“耽”，沉溺）于人伪而晚闻大道也！”

自然的真性存在于内心，神情表现在外表，这就是看重真性的原因。把这种真性应用于人伦关系上，服侍父母就会慈善孝顺，侍奉君主就会忠诚坚贞，饮酒时就会欢乐，居丧时就会悲哀。忠贞以建立功业为主，饮酒以欢乐为主，居丧以表达悲哀为主，侍奉父母以适意为主。功绩的完美，不需局限于一种途径；侍奉父母寻求适意，不讲究用哪种方法；饮酒为了寻找欢乐，不在乎选择什么器具；居丧为了尽哀，不必讲究礼节仪式。礼仪是世俗人为造出来的东西；真性是禀受于天然，自然而不可改变的。所以圣人效法自然重视真性，不受世俗的拘束。愚昧无知的人正与此相反，不能够效法自然而体恤世人，不懂得珍视真性，庸庸碌碌受世俗的影响而变化，所以不知道满足。可惜啊，你过早地沉溺于世俗人为的造作之中，而听闻大道太晚了。”

【四段】

孔子又再拜而起曰：“今者丘得遇也，若天幸然。

孔子又一次叩拜行礼，然后站起来说：“现在我有机会遇到先生而受教，真是上天赐给我良机。

先生不羞（以……为羞）而比（等同）之服役（仆服，指弟子），而身教之。敢问舍所在，请因受业而卒学大道。”

客曰：“吾闻之，可与往（一同前往）者与之，至于妙道；不可与往者，不知其道，慎勿与之，身乃无咎（jiù，过失）。子勉之！吾去子矣，吾去子矣！”乃刺船（撑船）而去，延（缓慢）缘（沿）苇间。

先生不以此为羞辱而把我当作弟子一般看待，并且亲自教导我。请问您住在哪里，让我跟随着您学习来了解大道吧。”

老渔翁说：“我听说，可以同他一齐领悟大道的就传授给他，直至体悟到奇妙的大道；不可以同他一齐领悟大道的，他也就不懂得真正的大道，就要小心不可传授给他，自身也就没有什么过失了。你好自为之吧！我要离你而去了，我要离你而去了！”于是撑船而离开，沿着芦苇之间的水道缓缓离去。

列御寇

题解

《列御寇》以人名作为篇名。全篇的主旨在于宣扬不可于外炫耀智慧而应该养神于内，做到虚无宁静，安于所安，生无为，死不葬，任其自然，才是真正地懂得大道。通过伯昏瞀人教训列子的故事，说明如果一味地表现自己，居功自傲，好高骛远，而不安于自然，不处心于虚无之境，就会受到天道的惩罚。在“庄子将死”段落中，庄子提出不葬，认为不仅要把人生看破，还要把死后洞穿，即把一切都看破，这样才能达到大道的境界。

原文

【一段】

列御寇（列子，战国前期思想家）之（去，往）齐，中道而反（通“返”，返回），遇伯昏瞀人（楚国一隐者。瞀，mào）。伯昏瞀人曰：“奚方（事）而反（通“返”，返回）？”

曰：“吾惊焉。”

曰：“恶（wū，什么）乎惊？”

曰：“吾尝食于十浆（米汤，这里指卖米汤的店铺），而五浆先馈（kuì，送食物给人吃）。”

译文

列御寇准备到齐国去，走到半路又返了回来，遇到伯昏瞀人。伯昏瞀人说：“什么事情又让你返了回来？”

列御寇说：“我感到惊异不安。”

伯昏瞀人说：“什么原因让你惊异不安呢？”

列御寇说：“我曾在十家卖浆的店铺里饮浆，却有五家先给我送来。”

伯昏瞀人曰："若是，则汝何为惊已？"

曰："夫内诚不解（疏解），形谍（dié，通"渫"，即泄，泄露）成光，以外镇（镇服）人心，使人轻乎贵老，而整（jī，借为"赍"，招致）其所患。夫浆人特为食羹之货，无多余之赢（赢利），其为利也薄，其为权也轻，而犹若是，而况于万乘之主乎？身劳于国而知尽于事，彼将任我以事而效我以功，吾是以惊。"

伯昏瞀人曰："善哉观乎！汝处已，人将保（归附）女（通"汝"，你）矣！"

无几何而往，则户外之屦（jù，用麻葛等物制成的鞋）满矣。伯昏瞀人北面而立，敦（竖着）杖蹙（cù，紧贴）之乎颐（yí，下巴）。立（站）有间（一会儿），不言而出。

宾（通"傧"，bīn，接引宾客）者以告列子，列子提屦，跣（xiǎn，光着脚）而走，暨（到）乎

伯昏瞀人说："即便如此，你又有什么不安呢？"

列御寇说："内心虽然真诚，但还未对大道融会贯通，在外表上流露出自己的光彩，用外在的东西镇服人心，使人对我尊重而轻视高贵者与老年人，这必然会招致祸患。那卖浆的人只是做些饮食买卖，没有多余的赢利，所得的利润也少，他们的权势也轻微，可是他们还要如此对待我，何况是对拥有万乘大国的君主呢！身体操劳于国事而智慧耗尽于政事，君主将职事委任于我而要我取得功效，所以我感到惊异不安。"

伯昏瞀人说："你真会观察问题呀！你安处吧，人们将会归附你的！"

没过多久，伯昏瞀人又来到列子住处，看见门外摆满了鞋子。他面向北站立，竖着拐杖紧贴着下巴。站了一会儿，没有说话就出去了。

接待宾客的人告诉列子，列子提着鞋，光着脚走出来，到了

门，曰："先生既来，曾（乃）不发药（指能医治人毛病的言论）乎？"

曰："已矣，吾固（本来）告汝曰人将保汝，果保汝矣！非汝能使人保汝，而汝不能使人无保汝也，而焉用（因）之感豫（愉快）出异（表现得与众不同）也！必且有感（读"撼"）摇而本性，又无谓也。与汝游者，又莫汝告也。彼所小言，尽人毒也。莫觉莫悟，何相孰（通"熟"，审察）也！巧者劳而知者忧，无能（即无为，指得道者）者无所求，饱食而敖（同"遨"）游，汎（通"泛"，飘忽不定的样子）若不系之舟，虚而敖游者也！"

门口，说："先生既然来了，却不说几句挑我毛病的话吗？"

伯昏瞀人说："算了吧，我本来已经告诉你说人们要归附你，现在果然归向你了。我并非确定你能使别人归附你，而是责备你不能使别人不要归附你，你何必因为这事而感到愉悦而显得与众不同呢！必定有什么动摇了你的本性，而这又是毫无用处的。与你交游的人又没有提醒你，他们所说的那些琐碎的言论，尽是毒害人的东西。没有谁能觉悟，又怎么能够彼此相互审察呢！灵巧的人多劳累而有智慧的人多忧虑，得道之人无所追求，吃饱饭无所拘束自由自在地遨游，飘忽不定像无绳索系住的船只，这才是心境虚无而能自由遨游的人！"

【二段】

郑人缓（人名）也，呻吟（诵读声）于裘氏（郑地名。裘，qiú）之地。祇（zhī，刚好）三年而缓为儒，河润九里，泽及三族，使其弟墨（墨家学说）。儒墨相与辩，其父助翟（zhái，缓弟名）。十年而缓自杀。其父梦之曰：

郑国有位名叫缓的人，在裘氏之地诵读诗书。只用了三年便成为儒者，像河水滋润土地一样恩泽广播到很远的地方，恩惠还施及三族，他又让他的弟弟学习墨家学说。兄弟二人各以儒墨的学说相互辩论，缓的父亲帮助翟。十年之后缓愤而自杀了。他的父亲托梦给他说：

"使而子为墨者，予也，阖(hé，何不)尝视其良(冢〈zhǒng〉，坟墓)？既为秋柏之实矣。"

夫造物者之报(给予)人也，不报其人而报其人之天，彼(指缓弟翟)故使彼(成为墨者)。夫人(指缓)以己为有以异于人以贱其亲，齐人之井饮者相捽(zuó，揪)也。故曰：今之世皆缓也。自是(自以为是)，有德者以不知也，而况有道者乎！古者谓之遁天之刑(违背自然所受到的刑罚。遁，dùn)。圣人安其所安(指自然)，不安其所不安(指人为)；众人安其所不安，不安其所安。

庄子曰："知道易，勿言难。知而不言，所以之天也；知而言之，所以之人也；古之至人，天而不人。"

"让你的儿子成为墨者的是我，你为什么不来我的坟墓看看呢？上面种植的秋柏已经结出果实了。"

造物者所给予人的，不是给予他人为的智力和能力，而是给予人自然本性，翟的本性是那样的，所以使他成为墨者。缓认为自己与别人不同而托梦责怪他父亲，就像齐国的民众自认为凿井有功而与饮水的人相互扯着头发殴打一样。所以说：现在的人都像缓一样贪图功劳以为己有。自以为是，这在有德行的人看来是不可理解的，何况是在得道之人呢！古时候的人认为像缓这样贪图功劳是违背自然应受到刑罚的。圣人能够安于自然，而不安于人为的设置；普通人安于人为的设置，却不安于自然。

庄子说："认识道容易，不说出来却很困难。认识了大道而不妄加谈论，就达到了自然的境界；认识了大道而信口说了出来，这是走向人为的道路；古时候的至人，能够合于自然而不追求人为。"

【三段】

宋人有曹商(人名)者，为宋王(指宋偃王)使秦(出使秦国)。其往也，得车数乘；

宋国有个名叫曹商的人，被宋王派遣出使秦国。他前往秦国时，得到宋王送给他的几辆车

王说（同“悦”，愉悦）之，益（增加）车百乘。反（通“返”，返回）于宋，见庄子，曰：“夫处穷闾（偏僻的里巷。闾，lú）厄（通“隘”，狭窄）巷，困窘织屦（jù，麻鞋），槁项（干瘪的脖子。槁，gǎo）黄馘（guó，脸）者，商之所短也；一悟（使……觉悟）万乘之主而从车百乘者，商之所长也。”

庄子曰：“秦王有病召医，破痈（yōng，毒疮）溃痤（cuó，疖疮）者得车一乘，舐（shì，舔）痔者得车五乘，所治愈下，得车愈多。子岂治其痔邪？何得车之多也？子行矣！”

子；秦王也喜欢他，又给他加赐了百辆车子。他返回到宋国，来拜见庄子，说：“身居偏僻狭窄的里巷，贫苦地靠自己织鞋度日，脖颈干瘪面容黄瘦，这是我所不如别人的地方；一旦能使万乘君主听从自己的意见便使随从的车辆增加到百乘，这是我超过他人之处。”

庄子说：“听说秦王有病召请医生，凡是能够破除毒疮溃散疖疮的可以获得一乘车辆，用舌舔痔疮的可以获得五乘车辆，所治疗的部位越卑贱，所能获得的车辆越多。你难道是给秦王舔过痔疮吗？不然获得的车辆为什么这么多呢？请你离开吧！”

庄子是战国时期著名的思想家、哲学家和文学家。他的思想主要是继承和发展了老子的学说，他把“道”视作是宇宙万物的本源，“道”无所不包，无处不在，强调人类应该顺从天道自然，实行无为而治，摒弃主观人为，对世俗社会所提倡的仁义礼乐进行了激烈的抨击，认为圣人如果死去了，大盗便不会兴起，天下就会太平无事。

【四段】

孔子曰："凡人心险（险恶）于（比）山川，难于知天。天犹有春秋冬夏旦暮之期，人者厚貌深情。故有貌愿（谨慎）而益（通"溢"，骄傲），有长若不肖，有顺懁（xuān，急躁）而达，有坚而缦（màn，软弱），有缓而钎（hàn，通"悍"，强悍）。故其就义（追求仁义）若渴者，其去义若热。故君子远使之而观其忠，近使之而观其敬，烦使之而观其能，卒（通"猝"，突然）然问焉而观其知（通"智"，智慧），急与之期（约）而观其信，委之以财而观其仁，告之以危而观其节（节操），醉之以酒而观其侧（通"则"，指状态），杂之以处而观其色。九征（征验）至，不肖人得矣。"

孔子说："人心比山川还要险恶，比了解自然变化还困难。自然界尚有春夏秋冬和早晚变化的规律，可是人却外表掩饰内心的多变，感情深沉不露。所以有的人外貌谨慎老实而行为骄横，有的人貌似长者而品行不端，有的人外表似乎急躁内心却通达事理，有的人外表坚强而内心软弱，有的人表面和缓而内心强悍。所以这些人追求仁义如同口渴想饮水那样急切，抛弃仁义也会像逃避热火一样急促。所以对待君子，要把他派到远方去做事来观察他是否忠贞不贰，把他安排在身边做事来观察他是否恭敬不怠，给他繁难的事务来考察他是否具备能力，向他突然提出问题来观察他的心智应变，和他紧急相约考察他是否守信用，把钱财委托给他管理考察他是否廉洁，告诉他面临危急的情况来考验他是否有节操，让他醉酒来观察他酒后的状态，把他混杂在男女群处的环境来观察他是否好色。这九种征验都能做得到，那些不肖之人就可以验证出来了。"

【五段】

人有见宋王者，锡（通“赐”，赏赐）车十乘。以其十乘骄稚（骄）庄子。庄子曰：“河上有家贫恃（依靠）纬（编织）萧（芦荻）而食者，其子没于渊，得千金之珠。其父谓其子曰：‘取石来锻（打碎）之！夫千金之珠，必在九重之渊而骊龙（黑龙。骊，lí）颔下。子能得珠者，必遭其睡也。使（假使）骊龙而寤（wù，醒），子尚奚微之有哉！’今宋国之深，非直（不止）九重之渊也；宋王之猛，非直骊龙也。子能得车者，必遭其睡也；使宋王而寤，子为齑粉（指粉身碎骨。齑，jī，即“齑”）矣。”

或聘于庄子，庄子应其使曰：“子见夫牺牛（祭祀用的牛）乎？衣以文绣，食以刍（chú，草）叔（通“菽”，shū，大豆）。及其牵而入于大（通“太”）庙，虽欲为孤犊（dú，小牛），其可得乎！

有个人拜见宋王，得到宋王赏赐的十乘车辆，他就用这些车辆向庄子炫耀。庄子说：“河边有户贫穷的人家依靠编织苇席来生活，他的儿子潜入深渊，得到一颗价值千金的珍珠。他的父亲对儿子说：‘拿石头来打碎它！这颗价值千金的珍珠，一定出在九重深渊的黑龙下巴之下。你所以能够得到这颗珍珠，一定是正赶上黑龙在睡觉。假使黑龙醒着，你哪里还会有机会获得呢！’现在宋国危机的深重，不比九重的深渊轻；宋王的凶猛，也不比骊龙差。你能从宋王那里获得十辆车的赏赐，一定是遇上他正在睡觉；假使宋王一旦醒过来，你将要粉身碎骨了。”

有人来聘请庄子，庄子对前来的使者说：“你见过准备用作祭祀的牛吗？给它披上绣有花纹的衣被，用草料和大豆喂养它。等到把它牵入太庙准备杀掉时，它即使想做一只没有人豢养的小牛，又怎么能做到呢？”

【六段】

庄子将死，弟子欲厚葬之。庄子曰：“吾以天地为棺椁（棺材。椁，guǒ），以日月为连璧（并连的双璧），星辰为珠玑（jī，不圆的珠子），万物为赍送（指送葬品。赍，jī）。吾葬具岂不备邪？何以加此！”

弟子曰：“吾恐乌鸢（yuān，老鹰）之食夫子也。”

庄子曰：“在上为乌鸢食，在下为蝼蚁食，夺彼（指乌鸢）与此（指蝼蚁），何其偏也！”

以不平（公平）平，其平也不平；以不征征，其征也不征。明者唯为之使，神者（指精神健全的人）征之。夫明之不胜神也久矣，而愚者恃其所见入于人（沉溺于人事），其功外也，不亦悲乎！

庄子快要死的时候，弟子们打算将他厚葬。庄子说：“我把天地当作棺椁，把日月当作双璧，把星辰当作珠宝，把万物当作陪葬品。我的陪葬用品难道还不够齐备吗？还有什么能够超过这些呢！”

弟子们说：“我们担心乌鸦和老鹰啄食先生的遗体呀！”

庄子说：“暴尸在地面让乌鸦和老鹰吃掉，埋尸于地下让蝼蛄和蚂蚁吃掉，从乌鸦和老鹰嘴里夺取食物而给蝼蛄蚂蚁吃，怎么这样偏心呢！”

用不公平的方式来寻求公平，这种公平自然不会是真正的公平；用不能够应验的东西来应验外物，这种应验的结果当然不可信了。自认为聪明的只会被外物所役使，只有精神健全的人才可超脱外物而得到应验。自认为聪明的人比不上精神超脱的人，而愚昧的人还仗恃着他的偏见仍然沉溺于世俗的人事之中，他的功劳只在追逐外在之物，这不是很可悲吗！

天　下

题解

《天下》以篇首二字作为篇名。本篇是中国最早的一篇论述学术概况的专著。庄子认为，古代的道术是完美的，只有天人、神人、至人以及君子、圣人才能掌握它，并将它体现出来的，这些道术集中体现在“内圣外王”之道上。但后世的学者各执己见，自以为是，标榜自己的一套学术，而实际上只是一方之术、一管之见，是十分片面的，因而道术被他们弄得支离破碎。庄子先后论述了墨家、宋钘尹文学派、慎到田骈学派、关尹老聃学说等，既肯定了各家学说的可取之处，又对其中的不足之处予以批评，表明庄周学派对各家学说的继承与发展。

原文

【一段】

天下之治（研究）方术（特定的学问，是道术的一部分）者多矣，皆以其有（所学）为不可加矣。古之所谓道术（反映天道之术）者，果恶乎在？曰：“无乎不在。”曰：“神（圣人）何由降？明（明王）何由出？”“圣有

译文

天下研究特定学问的人很多，都认为自己的所学是不可被超过、无以复加了。古时所谓洞悉天道的学问，究竟在哪里呢？回答说：“到处都存在。”若问：“圣人从哪里降临？明王从哪里出现？”回答说：“圣人有

所生，王有所成，皆原于一（大道）。”

不离于宗（指道，从主宰万物方面而言），谓之天人；不离于精（指道，从纯粹不杂方面而言），谓之神人；不离于真（指道，从真实不伪方面而言），谓之至人。以天为宗（主宰），以德为本，以道为门，兆（征兆）于变化，谓之圣人。以仁为恩，以义为理，以礼为行，以乐为和，薰然（温和的样子。薰，xūn）慈仁，谓之君子。以法为分，以名为表（标志），以参（比较）为验，以稽（jī，考核）为决，其数（等次）一二三四是也，百官以此相齿（序列）；以事为常，以衣食为主，蕃（fán，繁殖）息畜（通“蓄”，积蓄）藏，老弱孤寡为意，皆有以养，民之理也。

古之人其备（完备）乎！配神明，醇（借为“准”）天地，育万物，和天下，泽及百姓；明于本数（大道的根本），系于末度（指法度，为道的末节），六通四辟（通畅），小大精粗，其运无乎不在。其明而在数度（指礼乐制度）者，旧法、

他降生的缘由，明王有他成就的原因，都是源于大道的作用。”

不背离大道根本的人，称为天人；不背离大道精纯的人，称为神人；不背离大道本真的人，称为至人。以自然为主宰，以德性为根本，以大道为门径，能够预见变化的征兆，称为圣人。用仁爱来施行恩惠，用道义来分别事理，用礼仪来规范行动，用音乐来调和人们的性情，表现出温和而慈爱的样子，称为君子。以法度来规定各自的本分职位，以名号来标明各人不同的实际，以比较来验证事物，以考核来决断事物，就像列一二三四的等次一样分明，百官以这样确定序列；百姓以耕织等事为常业，以衣食为主要追求，心思用于繁殖生息、积蓄储藏，使老弱孤寡都能得到抚养，这是养民的道理。

古时的得道者不是很完备吗！他们与圣人明王配合一致，以天地为准则，养育万物，调和天下，恩泽施于百姓；不仅通晓大道的根本，而且维系于末节的法度，上下四方通达而春夏秋冬四时畅通，事物不论小大精粗，他参与运行变化无所不在。那些表现于道术和制度的，旧时的法

世传之史尚多有之；其在于《诗》《书》《礼》《乐》者，邹鲁之士（士人，即学者）、搢绅（指官吏。搢，jìn）先生多能明之。《诗》以道志，《书》以道事，《礼》以道行（行为规范），《乐》以道和，《易》以道阴阳，《春秋》以道名分。其数散于天下而设于中国者，百家之学时或称而道之。

天下大乱，贤圣不明，道德不一。天下多得一察（一管之见）焉以自好，譬如耳目鼻口，皆有所明，不能相通；犹百家众技也，皆有所长，时有所用。虽然，不该（完备）不遍（普遍），一曲之士也。判（割裂）天地之美，析（离析）万物之理，察（读为"杀"，损坏）古人之全，寡能备于天地之美，称（相合）神明之容（通"颂"，美）。是故内圣外王之道，暗而不明，郁而不发，天下之人各为其所欲焉以自为方（术）。悲夫！百家往而

令和世传的史书多有记载；那些保存在《诗》《书》《礼》《乐》书中的，邹鲁之地的儒士和官吏大多还能明晓其中的道理。《诗》是用来表达心志的，《书》是记载政事的，《礼》是规范行为的，《乐》是调和情绪的，《易》是推测阴阳变化规律的，《春秋》是讲述名分的。这些道术制度散布于天下而施行于中原地区，百家的学说可以时常称述。

天下大乱之后，贤人圣人不能显现他的作用，道德规范也出现分歧。天下人各执一端而自以为是，就像耳目鼻口各有它的知觉功用，却不能相互替代；就像百家众技一样，各有自己的所长，适时便可有所用处。虽然这样，对于不能兼备众说，看问题只能偏执一端的人。他们割裂了天地的完美，离析了万物的常理，损坏了古人完美的道德，很少能具备天地的自然纯美本性，相称于圣人明王的美德。所以内圣外王的道理，幽暗而不显明，闭塞而不能发挥出来，天下之人各为自己的欲望偏执于一己的方术。可悲啊！百家的学问各走各

不反（通"返"，回归），必不合矣！后世之学者，不幸不见天地之纯，古人之大体。道术将为天下裂。

的路而不知道回归，必定和大道不能相合了！后世的学者，不幸的是不能见到天地纯真的本性和古代圣人完美的道德风貌。古代的道术将要为天下人所割裂毁灭掉了。

【二段】

以本（大道）为精，以物为粗，以有积为不足，淡然独与神明（自然造化）居。古之道术有在于是者，关尹（姓严，名喜，字公度，学于老子）、老聃（老子）闻其风而说（同"悦"，愉悦）之。建之以常无有（即常无、常有），主之以太一（即道），以濡弱（柔弱。濡，rú）谦下为表（外表），以空虚不毁万物为实（里，与"表"相对）。

把大道看作是精妙的，把派生的万物看作是粗疏的，把积蓄外物看作是不足，恬淡无为而独与自然造化融为一体。古代的道术有存在于这方面的，关尹、老聃听到这种治学风尚就喜好它。他们建立常无、常有的学说，把大道作为自己学说的核心，把柔弱谦下作为自己外在的表现，以内心空虚不毁弃万物作为他们学说内在的实质。

关尹曰："在己无居（止），形物自著。"其动若水，其静若镜，其应若响。芴（wù，通"惚"，恍惚）乎若亡（无），寂乎若清。同焉者和，得焉者失。未尝先人而常随人。

关尹说："自己不存有主观私见，有形之物自然就会显露出来。"他活动时像流水一样清澈自然，静处时像镜子一样明净，他们对外界的反应犹如山谷回响。恍惚之中像什么也没有，寂静之间像清静虚无。与万物混同便能和谐，有所得便会有所失。从没有想要超过别人，而常顺随在别人身后。

老聃曰："知其雄，守其雌，为天下谿（xī，与下文"谷"同义，指虚而大，能容纳一切）；知其白（清白，引申为光彩），守其辱，为

老聃说："知道雄性的坚强，却持守雌性的柔弱，但能成为容纳天下的溪谷；认识光明，却持守暗昧，便能

天下谷。”人皆取先，己独取后，曰：“受天下之垢。”人皆取实，己独取虚，无藏也故有余，岿然（形容高大独立的样子。岿，kuī）而有余。其行身（立身行事）也，徐（从容不迫）而不费（耗神），无为也而笑巧。人皆求福，己独曲全（委曲求全），曰：“苟免于咎（jiù，祸）。”以深为根，以约为纪，曰：“坚则毁矣，锐则挫矣。”常宽容于物，不削（侵削）于人，可谓至极。

关尹、老聃乎！古之博大真人哉！

包容一切的山谷。”别人都争先，自己自甘落后，说：“愿意承受天下的污垢。”别人都追求实惠，自己独自坚守虚无，没有储蓄敛藏反倒显得富足有余，富足得如同高山般堆积。他立身行事，从容不迫而不耗费精神，恬淡无为却讥笑那些玩弄智巧之人。别人都追求福佑，唯独自己委曲求全，说：“这样做可以苟且免于祸患。”以深藏为根本，以俭约为纲纪，说：“坚硬的物体容易毁坏，锋利的物体容易挫折。”能够经常宽容地对待外物，不损害别人，可以说达到最高境界了。

关尹、老聃，可谓是古代博大的真人啊！

【三段】

寂漠无形，变化无常，死与生与，天地并与，神明（自然）往与！芒（通“茫”，茫茫的样子）乎何之，忽（恍惚）乎何适（去，往），万物毕罗，莫足以归。古之道术有在于是者，庄周闻其风而说（通“悦”，喜好）之。以谬悠（虚远而不可捉摸。谬，miù）

大道静默不落形迹，随同万物变化而不遵常规，死亡呀，出生呀，皆与天地并存，与自然造化同来往！茫茫然不知从哪里来，恍恍惚惚又不知向哪里去，万物皆包罗其中，而它本身却没有归宿之处。古代的道术有属于这方面的，庄周听到这种治学风尚就喜好它。他用虚远而不可捉摸之说，荒唐（广大而不可测度）之言，无端崖（边际）之辞，时恣纵（恣肆放纵。恣，zì）而傥（偏傥，片面。傥，tǎng），不以觭（jī，通“奇”，一端）见之也。以天下为沉浊，不可与庄语，以卮言（无心之言。卮，zhī）为曼衍（即“漫衍”），以重言（借重先哲先贤之言）为真，以寓言（有所寄托寓意的言论）为广。独与天地精神（大道）往来，而不敖倪（通“傲睨”，轻视）于万物，不谴是非，以与世俗处。其书虽瑰玮（奇特。玮，wěi），而连犿（宛转随和的样子。犿，fān）无伤（不伤道理）也；其辞虽参差（变化多端），而諔诡（chù guǐ，奇异）可观。彼其充实，不可以已，上与造物者（大道）游，而下与外（超脱）死生、无终始者为友。其于本（本源，指道）也，弘大而辟，深闳（hóng，大）而肆（畅达）；其于宗也，可谓稠（通“调”，调和）适而上遂（达）矣。虽然，其应于化而解于物（解脱外物的牵累）也，其理不竭，其来不蜕（tuì，背离），芒乎昧乎，未之尽者。

的学说，广大而不可测度的言论，以及不着边际没有头绪的言语，时常放纵发挥而不囿于成说，不标新立异执持一端之见。他认为天下皆深沉污浊，不能讲论庄重的语言，只可使用无心之言不拘常规来推衍，引用先哲圣贤之言使人觉得真实可信，运用寄托寓意的言论来推广阐发深刻的道理。独自与天地自然大道相往来，从不傲视万物，不谴责谁是谁非，以这样的态度混迹于世俗之中。他的著作虽然奇特宏大，却宛转随和，不损伤为文的道理；他的文辞虽然笔法变化多端，却都奇异变幻，引人入胜。他的内心充实饱满，而没有止境，上与天地大道一同遨游，下与超脱生死没有终始的得道之人结为朋友。他对大道的阐述，既博大而又通达透辟，深邃而又畅达显露；他讲论大道的宗旨，可谓调和切实而达到了最高境界。虽然这样，他顺应自然变化而解脱于外物的束缚，他的道理也没有穷尽，这些道理始终不离大道的根本，然而大道茫昧深渺，还是不能穷尽它的奥妙。

【四段】

惠施（战国时政治家、辩客和哲学家，是名家的代表人物）多方（术），其书五车，其道舛驳（错误杂乱。舛，chuǎn），其言也不中（当，合）。历物（观察分析事物）之意，曰："至大无外，谓之大一；至小无内，谓之小一。无厚，不可积也，其大千里。天与地卑，山与泽平。日方中方睨（nì，斜视，此处取偏斜之意），物方生方死。大同而与小同异，此之谓'小同异'；万物毕同毕异，此之谓'大同异'。南方无穷而有穷，今日适越而昔来。连环可解也。我知天下之中央，燕之北、越之南是也。泛爱万物，天地一体也。"

惠施的学术广博而多样，他的著书有五车之多，他的学说错误驳杂，他的言辞也往往不当于道。他观察分析事物之理，说："大到极点的东西便没有外围，这可以叫作大一；小到极点的东西便没有内核，这可以叫作小一。薄到没有厚度时，便不可再重叠，但可扩展到千里之远。天和地一样低，山和泽一样平。太阳刚刚正中的时候也就是将要偏斜的时候，万物刚刚出生的时候也就是马上转向死亡的时候。大同与小同是有差异的，这可称为'小同异'；万物完全相同也完全相异，这可称为'大同异'。南方是没有穷尽的也是有穷尽的，今天刚到越国去而昨天已经来到。封闭的连环是可以解开的。我知道天下的中央，在燕国的北方也在越国的南方。广泛地热爱万物，天地万物是一个整体。"

阅读指导

大同而与小同异，此之谓‘小同异’：指从事物的性质看，有大同、小同，小异、大异之分，所以称“小同异”。

万物毕同毕异，此之谓‘大同异’：就事物整体而言，从“同”的角度看，事物都是相同的；从“异”的角度看，万物又都是不同的，所以称“大同异”。

今日适越而昔来：这是根据时间相对性提出的命题。“今日”和“昔来”都是相对产生的时间概念，因为客观存在的时间是无限流动的。

【五段】

惠施以此为大，观（显示）于天下而晓（启发）辩者，天下之辩者相与乐之。卵有毛；鸡三足；郢（yǐng，楚国的都城）有天下；犬可以为羊；马有卵；丁子（蛤蟆）有尾；火不热；山出口；轮不蹍（niǎn，踩）地；目不见；指（事物的概念）不至，至不绝；龟长于蛇；矩不方，规不可以为圆；凿（卯眼）不围枘（ruì，榫头）；飞鸟之景（通“影”，影子）未尝动也；镞矢（箭头。镞，zú）之疾，而有不行、不止之时；狗非犬；黄马骊牛三；白狗黑；孤驹未尝有母；一尺之捶（木杖），日取其半，万世不竭。辩者以此与惠施相应，终身无穷。

惠施把这些作为最大的道理，炫耀于天下并启发引导那些善辩者，而天下那些善辩者也喜欢和他谈论这些问题。他们谈论的话题很多，如卵中有毛；鸡有三只脚；楚国的郢都包容天下；犬可以成为羊；马是卵生；蛤蟆有尾巴；火是不热的；山谷可以回响；车轮压不着地面；眼睛看不见东西；事物的概念不能将事物的实质全部反映，即使有所反映也不能全部穷尽；乌龟比蛇长；用矩尺画出来的图形并不方，用圆规画出来的图形并不圆；凿出的卯眼不能完全紧贴榫头；飞鸟的影子并不曾移动；疾速飞行的箭头，有不能前行和不能停止的时候；狗不是犬；黄马骊牛合起来是三个概念；白狗是黑的；孤驹未曾有母亲；一尺长的木杖，每天截去它的一半，万世都截取不尽。善辩者用这些论题和惠施相论辩，终身没完没了。

阅读指导

卵有毛：命题体现了对生物进化及其成长过程的连续观察和认识。

火不热：这也是一个哲学命题，从认识论角度看，火是否热，源于人的感觉，热是主观的，是否热，在我不在火。

目不见：眼睛能看清事物属于眼睛的功能，这一功能却存在条件的限制。

【六段】

桓团（赵人，辩士）、公孙龙（赵国人，名家的重要人物）辩者之徒，饰（蒙蔽）人之心，易（改变）人之意，能胜人之口，不能服人之心，辩者之囿（yòu，局限）也。惠施日以其知与人之辩，特与天下之辩者为怪，此其柢（dǐ，大略）也。

然惠施之口谈，自以为最贤，曰："天地其壮乎！"施存雄而无术。南方有倚（通"奇"，怪异）人焉，曰黄缭（楚人，辩士），问天地所以不坠不陷，风雨雷霆之故。惠施不辞而应，不虑而对，遍为万物说，说而不休，多而无已，犹以为寡，益之以怪。以反人为实，

桓团、公孙龙都是善辩之士，他们蒙蔽迷惑人的思想，改变人们的意志，能够胜过人们的口舌，而不能折服人们的心志，这是善辩之士的局限。惠施每天运用他的智慧和别人展开辩论，专门和天下的善辩者造出一些怪异的命题，这就是他们所辩论的大概情况。

虽然惠施自以为自己的口辩之才最高明，说："天地是多么伟大啊！"但惠施看起来心存雄才，其实并不了解道术。南方有一个怪癖的人叫作黄缭，询问天地为什么不坠落不塌陷，以及风雨雷霆形成的原因。惠施没有推辞地应答，不假思索地即刻回答，遍及万物而又加以解说，说个不停，多得难以停止，还以为自己说得少，更加上一些怪诞之论。他把违反人之常情的事情当作真实的，

而欲以胜人为名，是以与众不适也。弱于德，强于物，其涂（通“途”，道路）隩（ào，深曲）矣。由天地之道观惠施之能，其犹一蚊一虻之劳者也，其于物也何庸（用）！夫充一（充当一家之说）尚可，曰愈贵道（说更贵于道。道，自然之道）！惠施不能以，几矣此自宁，散于万物而不厌，卒（最终）以善辩为名。惜乎！惠施之才，骀荡（放荡。骀，dài）而不得，逐万物而不反，是穷响以声（用声音追逐回响），形与影竞走也。悲夫！

还要以辩胜别人来获取名声，因此他与众人的看法不相吻合。他轻视道德的修养，强调对外物的分析，他走的道路是曲折狭隘的。从天地的自然大道来看惠施的才能，他就像一只蚊子一只牛虻那样徒劳无益，这对于万物有什么用处！他的学说充当一家之言还可以，如果说他比大道还珍贵，那就太危险了！但惠施不能论一家的言论自安于道，他分散自己的心思于万物的分析中却不厌倦，最终以善辩成名。可惜啊！惠施的才能，放荡而不能得到大道，迷惑于万物而不知反省，这实在是好像用声音去追逐回响，以形体和影子来竞走，必然一无所得，可悲啊！